木部則雄
Kibe Norio

こころの発達と精神分析

現代藝術・社会を読み解く

Ψ
金剛出版

こころの発達と精神分析——現代藝術・社会を読み解く〔目次〕

こころの発達と精神分析——現代藝術・社会を読み解く

まえがき

本書は『臨床心理学』誌の連載「クライン派の精神分析入門——こどもの心的世界から」に大幅な加筆修正を施した改訂版です。本書のテーマは、クライン派の理論を中心に、精神分析の概念をできるだけ簡潔に説明することです。いささかの自己紹介も含めて、三五年以上前の個人的な出来事への想起から始めたいと思います。

私は聖路加国際病院小児科レジデントとして医師のスタートを切りました。元々、児童精神科医になる目的で小児科医になったのですが、勤務を始めて間もなく、ある施設で見た「遊戯療法」が印象的でした。私はマジックミラー越しに見ており、若いサイコセラピストの先生と小学校低学年の男の子が入室しました。その先生は男の子に「さあ、今日は何して遊ぼうか」と明るく話しかけました。部屋は二〇畳ほどある広いもので、壁の棚はおもちゃで溢れかえっていました。その男の子は早速、「前の続きね」と言って、バッティング・マシーンを棚から下ろし、その先生に手渡しました。そして、バッティング・マシーンのウィーンという音とともに、二人の歓喜の叫びが部屋に充満しました。その歓喜は嘘偽りなくジョイ（joy）そのものであり、疑いないものでした。セッションは次々と変わる遊びと激しい身体的な運動で、二人とも汗だくになって終了しました。

ただ、私の脳裏には妙な違和感だけでなく、あれあれといった当惑した気持ちが湧いたものでした。

私の横でその遊びを説明してくれた指導者の方は満足した表情で「とてもよくできた遊戯療法でした。こどもと楽しく遊ぶことが何より大切です。きっとこの子も気持ちがすっきりしたでしょう」と話していました。ですが、私は釈然とせず、その男の子の問題を尋ねました。男の子は今でいうところの被虐待児でしたが、当時はよく使われていた愛情剝奪という言葉とともに、その方は「恵まれない子」という表現で集約していました。私の疑問は、〝これがサイコセラピストという専門職の仕事なのだろうか。これなら学校の休み時間や放課後に他のこどもたちと一緒に遊べばいいだろうし、教師や学童の先生が付き合ってあげればいいのではないか〟といった素朴なものでした。さらに、この子は自分が充分な愛情を受けることがないという悩みをきちんと受け取ってもらっているのだろうか、という疑問も浮かびました。私はこどもが悩まないとか、遊べば悩みがなくなるといった大人の勝手な信念は妄信であることを個人的な経験から知っていたので、大きな落胆を感じました。「恵まれない子」はこの施設のセラピーでも「恵まれない子」でした。こどもは優れた藝術家というだけでなく、哲学者でもあります。こどもにとって、愚かな大人を騙すのはたやすいことです。恐ろしいことに、こうした光景が今も展開されていることを散見するたびに、我が国には「お遊戯療法」しかないことを知り、愕然としてしまいます。その後、英国に行ってわかったことですが、英国では心理職の職域が細分化され、心理療法士、教育心理士、学校心理士などが専門職として存在しているために、専門的なアプローチを習得し、臨床実践で発揮することができます。残念ながら、我が国の精神医学でも欧米のように児童、一般、老年精神医学といった区別なく臨床が行われているように、心理職も専門性という点で曖昧であり、自らのセラピストとしての同一性に悩んでいると思います。

当時、私はある程度、精神分析の本を読んでいましたが、この悩みに毅然と答えてくれたのがメラニー・クラインでした。こどもの悩みに真摯に向き合うことはたやすいことではありませんが、こどものプレイの意味を読み取るクラインの方法は魅力的でした。私は二〇〇六年に出版した『こどもの精神分析』(岩崎学術出版社)の「まえがき」に、次のように書きました。

我が国での「プレイ・セラピー」は「遊戯療法」と翻訳されるように、ただ楽しく遊ぶことにのみ視点があるように思える。この「遊戯療法」という用語から「プレイ・セラピー」を想像すると、お遊戯をしているかのように楽しく身体を動かして、攻撃性を発散するという想像しか思い浮かばない。しかし、「Play」という英語の意味は、こどもが無邪気に遊ぶという意味以上に、野球等のスポーツをする、ピアノ等の楽器を演奏する、ある役割を劇で演じるとか、現実で重要な役割を果たすという意味があることに、即座に気づくはずである。クラインの治療記録である『児童分析の記録』のクライアントであるリチャードは、数回目のセッションから「Play」でなく、「Work」という単語で自分の治療を語っているが、これはとても達観した意見である。

本書は、こうしたこどもの悩みに真摯に向き合い、会話をしたいと思っている専門家のために書かれました。昨今、被虐待児、発達障害児などがトピックとなっていますが、こうしたこどもたちには従来の心理療法や遊戯療法では到底太刀打ちできず、ますます、厳密な意味でのクライン派の精神分析療法は意味あるものになっていることを実感しています。

本書の概観

私はクライン派のこどもの精神分析を専門としていますが、クライン派などの精神分析の諸概念は相変わらず難解であるとされ、臨床に応用することが困難という評判をしばしば耳にしています。そこで、本書ではすでに世間で有名な絵本、映画、小説などの素材を用いて、クライン派の諸概念を説明したいと思っています。こうした作品を用いることは、とてもフェアなことと思っています。つまり、私も皆さんも同じ情報をもっているので、自由連想法的に思いを馳せることができます。さらに、こうした作品であれば、クライアントのケースと異なり、プライバシーなどに配慮する必要がないというのも好都合です。

第一章ではまず、モーリス・センダックの絵本について語りたいと思っています。センダックは二〇一二年に八三歳で亡くなりましたが、センダックが自ら選んだ三部作（『かいじゅうたちのいるところ』『まよなかのだいどころ』『まどのそとの そのまたむこう』）が残されています。センダックのこの三部作の絵本のなかに、どんなメッセージが含まれているかについて考えてみようと思っています。ちなみにセンダックは、ミッキーマウスと同じ歳で（一九二八年生まれ）、センダックの自慢だったようです。二〇〇九年には、『かいじゅうたちのいるところ』の映画も公開されました。

次に第二章では、とても有名な映画である宮崎駿監督の「千と千尋の神隠し」を用いて、前思春期の女の子の成長に関して語りたいと思います。世界中の人から賞賛を受けたこの映画の内容を精神分析的に考えてみたいと思っています。

第三章で取り上げるのは、村上春樹の小説『海辺のカフカ』です。ここにはエディプス・コンプレックスだけでなく、母子関係という近親姦のテーマも含まれ、精神分析の視点からみても面白い小説です。

これらの作品を選んだのは、もちろん私が個人的に面白いと感じたからですが、センダックは幼児期、「千と千尋」は前思春期、『カフカ』は思春期と、それぞれ異なるライフサイクルの課題をテーマとしているために、こどものこころの発達を説明することに有用であろうと思われたからです。

さらに第四章では、思春期のグループというテーマから、村上春樹の『色彩を持たない多崎つくると、彼の巡礼の年』について論じて、思春期の考察を深めたいと思います。

このライフサイクル上の問題をクライン派の概念で説明することで、本書のテーマは十分のような気もしているのですが、現代の精神分析というテーマで考えると、さらに自閉スペクトラム障害とそれに関連した藝術について議論したいと思っています。第五章ではまず、シュルレアリスムの藝術家であるルネ・マグリットについて論じます。マグリットは常識人であり、恒常的な日常生活にこだわりました。次に、ヘンリー・ダーガーというアウトサイダー・アート（アール・ブリュット）の作家を取り上げたいと思います。二〇〇四年には「非現実の王国で」というタイトルで映画化もされているダーガーは、生育歴、隣人からの証言、作品から考えると、アスペルガー障害と診断できる人です。そこで、ダーガーの作品を用いて、自閉症の心的世界の描写を行いたいと思っています。ダーガーの作品は原美術館、それ以前にはワタリウム美術館で展示され、現在、世界中でよく知られる作家です。

最後の第六章では、やや藝術を離れて、現代社会について論じました。ここではエディプス不在が現代社会を解くキーワードであると提案しました。

クライン派の精神分析理論の基礎

フロイトとエディプス・コンプレックス

さて、本論に入る前に、ここではまずフロイトからクラインへの精神分析の流れ、特にこどもの精神分析に関して概観してみましょう。フロイトは父ヤコブの死、自らの不安発作を克服する際に、エディプス・コンプレックスを発見し、精神分析の中心概念としました。フロイトが悩んでいた不安発作というのは、今でいうパニック発作のようなものですが、その背景には父親を殺したいという願望が存在していることに気づいたのです。この親殺しのテーマの心性が、ギリシャ神話のエディプスの物語とほとんど類似していることをフロイトは発見しました。エディプスの劇は、繰り返し現代まで演じつづけられていることから、そこには普遍性と人々に訴える何かがあるに違いないとフロイトは確信しました。コンプレックスは英語では複合体を意味しています。つまり、エディプス空想は、母子関係の蜜月と父親存在への気づき、それによって引き起こされる母親を占領していることへの不安（去勢不安）、その必然的な結果としての父親への敗北、という複合体から構成されています。最近は、エディプスをテーマとしているこどもが減っている印象ですが、これは今でも基本的な心的発達のマイルストーンです。敗北したこどもは、捲土重来を期した敗軍の将として、どうしたらいいかを考えなければなりません。そこで、宿敵のことを考えることによって、相手の良いところを取り入れるという戦略に出ますが、こうして父親に同一化することにより超自我は形成されていきます。それは、自己の規範、道徳、理想といったこころの枠組となります。フロイトはこの見解を実際のこどもで検証しようと、ハンスの症例を発表しました。ハンスは馬恐怖に慄いた五歳の男児です。フロイトはエディプス・コンプレックスによる去勢不安がハンスの精神病理の中核であると論じました。

フロイトからクラインへ

さて、このフロイトのエディプス・コンプレックスにさらなる見解を加えたのが、メラニー・クラインでした。クラインはフロイトの直弟子ではなく、フロイトの直弟子であるサンドラ・フェレンツィ、カール・アブラハムから精神分析を受けています。この二人の分析家からこどもの精神分析を勧められ、この道に入りました。クラインは、こどものプレイを自由連想における夢や言語といったコミュニケーションと同等とみなしました。これはまったく意味がないとされていたこどものプレイに対する画期的な見解であり、クラインの卓越した才能を示しています。このプレイテクニックによって、こどもの心の世界だけでなく、統合失調症や躁うつ病といった精神病の心的世界も治療のターゲットにできるようになりました。今であればもちろん、薬物療法が第一選択となり、充分な効果が認められることに誰も異論はないでしょう。しかし、当時は現代のような薬物療法はなかったため、精神分析は無意識へのアプローチを通して治療を試みる画期的な方法でした。

クラインの見解は、父親であるフロイトから直に指導を受けているアンナ・フロイトと根本的に異なっていました。クラインというのは度胸があるというか、自信家とも言えるでしょうが、家元に楯突くわけですから凄い人です。アンナ・フロイトはフロイトの言う超自我の確立が、精神分析をする前提条件であると考えました。ですが、クラインは、幼児との精神分析実践から、フロイトの超自我より早期に過酷な超自我が存在すること、これは死の本能からの派生物であると主張し、早期エディプス状況が存在することを発見したのです。また、この臨床実践は、クラインがこどものプレイに無意識的な意味を見出すことによって、自由連想法をこどもに適用したものでした。客観的に考えれば、クラインはフロイトの技法に忠実であり、フロイトにとって悪い話ではないと思うのですが、そこは親子の情というか、可愛いわが娘のためにフロイトはクラインに同意するわけにはいかなかったのでしょう。

アンナ・フロイトは、こどもの自由連想は言語が自由に操れる一〇歳を過ぎないと適応が難しいこと、親との情緒関係が現実的に存在しているために転移関係が生じないなど、すべての点でクラインと異なった見解を展開しています。この二人の議論は一九二〇年代のものですが、今でも興味が尽きないものです。この議論に関して、クラインは「早期分析の心理学的原則」(一九二六)、「児童分析に関するシンポジウム」(一九二七)(『メラニー・クライン著作集1——子どもの心的発達』(誠信書房)に収録)で自ら主張を展開しています。アンナ・フロイトは『児童分析入門』(一九二八)(岩崎学術出版社)で、クラインへの反論を展開しています。クラインはサラブレットのアンナ・フロイト相手に頑張っていたのですが、擁護者のカール・アブラハムが亡くなると、大陸からロンドンに追いやられてしまいました。しかし、ロンドンでのクラインは水を得た魚のように大活躍しました。ドナルド・ウィニコットやジョン・ボウルビィはすぐにクラインの信奉者となり、ウィーンの精神分析家からみれば精神分析の開発途上の都市に、本格的な精神分析の息吹を吹き込んだということになるでしょう。

フロイトの死と「大論争」

皮肉なことに、ナチスに追われたフロイトは、一九三八年にウィーンからイギリスに亡命し、翌年ロンドンで亡くなりました。今でも、ハムステッドにフロイト・ミュージアムがあります。フロイトという創設者が亡くなると後継者争いが起こります。アンナ・フロイトをはじめとしたウィーンの精神分析家たちは、クラインとその仲間たちへの論争を挑みます。これを「大論争」と言い、一九四一年から起きています。この「大論争」はクライン、スーザン・アイザックス（無意識的空想の概念を確立）、ポーラ・ハイマン（投影と摂取という初期対象関係から性格形成が成されることを提唱。後にクラインと袂を分かち「逆転移」を重視した）の三名がクライン派の理論を展開しました。クラインらは三歳未満の乳幼児の精神生活に関する論考を著し、こうした世界に馴染みのないアンナ・フロイトらは適切な反論もできず幕を閉じてしまいました。こうしたクライン派の乳幼児への関心から、エスター・ビックの「乳幼児観察」という、現代において最も重要な精神分析の訓練のひとつが確立されました。ちなみに、「大論争」のときにクラインの味方だったボウルビィは、その後アンナ・フロイトに協力し、「愛着」理論を確立しました。

「大論争」の結果、英国精神分析協会フロイト派、クライン派、そのどちらにも属さない中間派（独立派）が、相互に関係することなく、並存することになったのでした。アンナ・フロイトとクラインの住居は二、三キロメートルしか離れていないのですが、お互いにほとんど顔を合わすことなく、同じ組織に所属したというのは、いかにも英国らしいことかもしれません。「大論争」の前後より、クラインはこどもの精神分析から、既述したように躁うつ病や統合失調症などへの精神分析の可能性に挑戦を始めたのでした。躁うつ病に関しては、「躁うつ状態の心因論に関する寄与」（一九三五）、「喪とその躁うつ状態との関係」（一九四〇）（『メラニー・クライン著作集3――愛、罪そして償い』（誠信書房）に収録）、統合失調症に関しては、「分裂的機制についての覚書」（一九四六）（『メラニー・クライン著作集4――妄想的・分裂的世界』（誠信書房）に収録）に記述されています。精神病への精神分析はハーバート・ローゼンフェルト、ウィルフレッド・ビオン、ハンナ・シーガルなどのクラインの後継者によって、さらに展開することになりました。この結果を今、振り返ってみると、精神分析が統合失調症の最優先の治療法でないことは明らかですが、この試行は精神病だけでなく、重篤なパーソナリティ障害の人の心的世界を明らかにし、精神分析の裾野を広げたことに間違いはないでしょう。

母子関係と発達理論

もうひとつの大きな理論は、心的発達（こころの発達）に関する理論でした。フロイトは父子関係を起点にエディプス・コンプレックスを提唱し、発達論の中心に据えました。一方クラインは、父子関係の前にある母子関係を発達の中心であると考えました。この二人の意見は折り合い可能ですが、双方の理論の焦点が異なることが妙味です。フロイトは自らの生い立ちのなかで母親からの絶対的な愛情に満たされており、母子関係を考える必要性がなかったのかもしれません。それに対してクラインは、やり手で優れた母親へのライバル心など複雑な心性があったと言われています。ちなみに、クラインの父親はかなり年老いており、クラインが二〇歳前に認知症となり、間もなく亡くなっています。

クライン以前にも母子関係に関心をもったフェレンツィなどの分析家がいましたが、母子関係は言語を越えた領域にあり、当時、言語のみが自由連想法のツールとされていた時代にあって、革新的な視点でした。クラインの母子関係の基本的モデルは授乳の状況であり、登場人物は乳児と乳房です。母乳にしろ、人工乳にしろ、離乳食にしろ、こうしたものは愛情を象徴しています。生まれて間もない赤ん坊と母親の関係を想像してみてください。お腹が空いた赤ん坊は、泣くという形で自身の体験を母親に投げ込みます。これを投影といいます。投影と投影同一化は厳密には異なるものですが、自我心理学は主に投影といい、対象関係論は投影同一化という用語を好むようです。母親はその赤ん坊の泣き声から、赤ん坊の要求を察知し、「あら、お腹が空いているのね」と授乳します。そうすると、乳児の空腹感という名前のない不安は緩和されます。その不安は〝安心感〟〝安定感〟に変わります。早期の母子関係のモデルは非常にシンプルです。このモデルを汎化し、人間関係の枠組みのなかでも同じようなことが展開すれば、よいコミュニケーションになります。満足のいく授乳体験が繰り返されるたびに、不安は緩和され、「よい乳房」というものが乳児のこころに内在化されるようになります。

ですが、母子関係は常に満足のいく関係ばかりではなく、こどもがぐずって泣きやまないときや、母親がすぐに授乳できないときもあるでしょう。これは、授乳関係で言えば、空腹でも自分を満足させてくれない「悪い乳房」の存在を乳児に示すことになります。母子関係は、この二つのモデルによって規定されます。一般的に満足の体験が不満足の体験に勝る場合、その乳児は適切に養育されているということができるでしょう。その結果、乳児は授乳が瞬時になされないときにも、満足したときの授乳体験を想起し、我慢できるようになります。そして、乳児は自分を至福に導く乳房も、不幸のどん底に陥れる乳房も同じものであると気づくようになります。こうした段階に至ると、母子関係は安定したものになります。

不安と妄想分裂ポジション

さて、クライン派の理論的な用語で説明すれば、早期の乳児には満足する体験と不満足な体験はそれぞれ別の体験として存在し、乳児にとって「よい乳房」と「悪い乳房」の二つの乳房が存在していることになります。この心的世界を、クラインは「妄想分裂ポジション」と名称化しました。不安を投げ込まれた母親は、どのような対応をするのでしょうか。

ウィニコットは、出産後間もない母親は、乳児のこころと一体化するかのように乳児のこころを完璧に読むことのできる特異な精神状態にあるとし、原初的母性没頭（primary maternal preoccupation）という用語でそれを描写しています。乳児の不安を処理する母親の機能に関して、ウィニコットはほかに「ホールディング」という抱っこする機能を重視しています。これは、自らの不安に乳児自身がばらばらになってしまいそうな状況で、乳児が壊れてしまわないようしっかりと抱きかかえる機能を意味しています。ビオンは乳児の不安を投げ込まれた母親は「夢想」（reverie）という機能によって不安を理解し、「コンテイン」することを記述しています。ウィニコットにしろ、ビオンにしろ、乳児をもつ母親の機能に関する見解は、精神分析の重要な概念となっています。

母親の機能に対して、乳児の機能はどうでしょうか。養育環境さえきちんとしていれば、こどもはすべて正常に育つのでしょうか。愚かなことですが、四、五〇年前の米国の自我心理学ではそう考えられていたでしょうし、日本でも自閉症は母親の育て方が悪いせいだと非難されていた事実もあります。いくら母親が頑張っても、中核的な自閉症のこどものなかには、変わらない器質的な側面があります。ビオンは乳児の能力として、欲求不満に耐える能力を挙げています。つまり、ほどよい養育環境にある乳児ならば、授乳が遅れたとしても、満足したときの授乳体験を想起し、その状況に耐えることができるというものです。ビオンはこれが思考の源泉となるものであると考え、有名な論文「思考作用の理論」（A theory of thinking）（一九六二）で、このことについて記述しています。こどもにとってだけでなく、私たちにとっても我慢すること、待つことは人としての重要な機能です。母子双方が適切な機能をもっていることが、こどもの正常な発達にとって必須ということになります。

現実を知ることと抑うつポジション

こうして乳児は、瞬時に自分の欲求を満たしてもらえなくても、待っていればきっと授乳してもらえると思えるようになります。つまり、今まで「よい乳房」と「悪い乳房」という二つの乳房が存在していましたが、ここで「よい乳房」も「悪い乳房」も同じものであることに気づくこと、つまり統合がなされます。この心的世界をクラインは「抑うつポジション」と名づけました。理想的な「よい乳房」を失い、現実を知ると、抑うつ感に晒されることになります。しかし、これこそが私たちの生きている現実でしょう。このときの母親はウィニコットによれば、「ほどほどの母親」(good enough mother)と言われるもので、すべての乳児の欲求を瞬時に満たすことなく、家事が忙しいときなどには待たせることもするようになります。やがて乳児は自らの万能感を放棄し、現実を受け入れるようになります。

二つのポジションと対象喪失

この二つのポジションを生涯にわたり往来しながら、人は人生を歩むことになります。人生に試練は付きものです。人生における試練とは、「対象喪失」ということになりますが、こころの成熟がいかになされていても、そうしたときには妄想分裂ポジションに陥ることもあるということです。

クラインのこの発達論は、「妄想分裂」「抑うつ」といった精神病の用語を一般的な発達に適応させたことで多くの批判を浴びました。ですが、これに関して、ジョン・スタイナーは健康な「妄想分裂ポジション」「抑うつポジション」と病的なものが存在すると整理し、こどもの心的発達の理解にクラインの観点が有用であることを示しています。この発達論は、精神分析療法の展開の基本的なプロセスの道標となり、これを熟知することによって、治療者は、クライエントとの間で何が起こっているのかを理解できるようになります。

第一章

幼児のこころの発達

——モーリス・センダックの世界

1 『かいじゅうたちのいるところ』――攻撃性の発達

本章では、モーリス・センダック自らが選んだ三部作に関して精神分析的に考えていきたいと思います。本節では『かいじゅうたちのいるところ』（冨山房）から、攻撃性の発達ということについて論じます。

モーリス・センダックについて

私はセンダックの絵本がとても好きですが、その本の藝術性やらを論じる立場にもありません。私の関心は、そこに描かれている内容にはこどもにとってどんな意味があり、こころの発達という観点からどう理解することができるかということです。

まず、絵本の解説書を読めばすぐにわかることですが、センダックについて簡単に紹介します。センダックはミッキーマウスと同じ年で、二〇一二年に八三歳で亡くなりました。このことはセンダックの自慢でもあり、『まよなかのだいどころ』の主人公の名前はミッキーです。センダックの父親の出身はポーランドで、ユダヤ人です。センダックの父親は第一次世界大戦前にアメリカに移住しました。そこで、センダックの母親となる女性と知り合い結婚をします。センダックはニューヨークのゲットーで成長しました。ポーランドはドイツとロシアの力関係の間で右往左往し、いつも適当に品物のように扱われた国です。なおかつ、ユダヤ人という被差別民族の出身ですから、かなり困窮した生活を送っていたのでしょう。ちなみに、乳幼児観察の創案者であるエスター・ビック、『メラニー・クライン入門』を著したハンナ・シーガルもポーランド系ユダヤ人です。

センダックの両親はアメリカで仕立屋さんを営んで、昼夜を問わず働き、一時まで成功を収めていたようです。しかし、第一次世界大戦後の世界大恐慌の荒波に呑み込まれ、倒産の憂き目にあいました。センダックは一九二八年に生まれていますが、大恐慌のときには一歳の赤ちゃんでした。困窮した生活のなか、高校を卒業してから、ニューヨークで有名な玩具店のショーウィンドウを装飾する仕事に就きました。こどものときから、絵に抜群の才能があったからでしょうが、働きながらデザインの正式な勉強も始めました。そして、二三歳のときにイラストレーターとして独立しています。しかし、「長い修行」の時とセンダック自らが語っているように、一〇年以上の苦労の時がありました。『かいじゅうたちのいるところ』は一九六四年に出版され、アメリカで出版された絵本の世界で最も権威のあるコールデコット賞（The Caldecott Medal）を受賞し、彼は世界的な絵本作家になりました。さらに、二〇〇九年にはこの絵本が映画化され、随分と好評を博しました。

『かいじゅうたちのいるところ』について

この絵本は、二、三分もあれば読めるもので、多くの読者の方にはすでに読んだ経験があるでしょう。一応おさらいとして簡単に筋をまとめましょう。主人公はマックスという悪戯盛りの男の子です。狼のぬいぐるみを着て、部屋を破壊しているところから、この絵本の扉が開きます。当然のことながら、これは母親の逆鱗に触れ、夕食抜きでベッドルームに閉じ込められます。すると、ベッドルームはジャングル、海となって、マックスは航海に出かけます。そして、かいじゅう島に辿り着きます。マックスはかいじゅう島で王様となり、王様生活を満喫しましたが、どこからか漂う夕食の香りで家に帰りたくなりました。そして、必死に引き止めるかいじゅうたちを後に残して、自宅への帰路につきます。ベッドルームにはまだ温かい夕食が用意されていました。めでたし、めでたし、というものです。

精神分析的設問

では、まず『かいじゅうたちのいるところ』に関して、次のことを練習問題として精神分析的に考えてみてください。


(問一) マックスはどうして悪戯をしていたのでしょうか。

(問二) マックスの部屋はなぜジャングル、大海になってしまったのでしょうか。

(問三) かいじゅうたちは何を象徴しているでしょうか。二つ以上解答してください。

(問四) マックスはなぜかいじゅう島の王様になったのでしょうか。

(問五) マックスはなぜかいじゅうたちを夕食抜きで眠らせたのでしょうか。

(問六) マックスはなぜ王様を辞める決心をしたのでしょうか。

(問七) かいじゅうたちはなぜマックスを食べたいと言ったのでしょうか。

(問八) マックスの夕食が温かかったのはなぜでしょうか。

精神分析的解釈

精神分析とは何なのでしょうか、何を意図しているものなのでしょうか。個人的な意見ですが、それはこころの発達や成長について探究し、その発達や成長を阻んでいる病理を明確にするもので、セラピストはクライアントの自分自身に対する情緒的理解を助けるものだと思っています。

問一の解説――こどもの社会化

それでは、最初に「問一」のマックスはどうして悪戯をしていたか、ということについて、想像で構いませんから考えてみてください。すべての問には正解もなければ、専門的な知識を要するわけでもありませんから、自由に考えてみてください。この本はこの悪戯から始まりますが、多くの人は違和感を覚えるのではないでしょうか。つまり、こどもというものはこんなものだろうという共通の認識があるからです。子育て相談では「うちの子はいたずらばかりして困る。どうしたらいたずらが止まるか」というのが最も多い相談のひとつでしょう。悪戯などの破壊的な、混沌とした世界をこどもは好むものであり、こどもの本性というのがひとつの解答です。しかし、こどもは親に依存しなければならない無力な存在であり、この無力さは躾られるという宿命を背負っています。これをここでは「こども性」とでも名づけておきましょう。この結果、親などの保護者から依存の代償として躾を受け入れることになり、こどもは社会化されることになります。スイスの有名な心理療法士であるアリス・ミラーは「すべての躾は虐待である」と語っています。現代では、こどもという存在が尊重され、大切にされているかのような印象がありますが、歴史的には古いものではなく、日本でも「赤い鳥」運動の起きた大正時代の頃からかもしれません。小児科の教科書のはじめによく書いてあるのは、「こどもは小さな大人ではない」という一文ですが、これに気づいたのは近代からです。それ以前は、裕福な人たちにとっては政略結婚などの商品だったでしょうし、貧しい人たちにとっては働き手でしょうし、さらに酷ければ間引きといった嬰児殺しもあったでしょう。こどもは基本的に虐げられる存在であり、程度の差はあるにしても躾られる宿命にあります。そして、躾に対してしばしば反抗する存在です。なぜ子育ては難しいと感じる人がいるのかといえば、それはこどもの欲求に対して、甘えさせて受け入れるべきか、躾のために拒否するべきかという葛藤があるからでしょう。余談ですが、二〇〇九年に亡くなられた土居健郎先生は、「甘え」「腕白」など英語にならない単語から、日本人の心性を解読しています。つまり、日本の社会は欧米の父子関係という契約に基づく社会というより、「甘え」という母子関係の曖昧さに特徴づけられていることを語っています。英国ではこどもは犬より厳しく躾なさいと昔は言われていたようですから、随分お国柄で養育は異なっています。

クラインは発達の起点として、フロイトの本能二元論「生の本能と死の本能」を理論の核に据えました。フロイトは第一次世界大戦というヨーロッパを襲った惨事を、人間の愚かさによるものとして、「死の本能」を概念化しました。クラインはこの「死の本能」を攻撃性として理論を体系化しました。マックスの悪戯は赤ん坊が空腹に耐え兼ねて泣き叫ぶことと同じように、攻撃性の発散ということになります。そして、この攻撃性がどのように洗練化するのかということが、こころの発達の中心ということになります。

問二の解説――空想

次の質問に移りましょう。「問二」マックスの部屋はなぜジャングル、大海になってしまったのか、というものです。この部屋はジャングル、海になりますが、基本的にこういうストーリーのものはたくさんあり、おとぎ話の定番といったところでしょう。現実から空想の世界への入り口です。空想の英語は〝Fantasy〟が一般的で今やこのまま「ファンタジー」という日本語になっています。精神分析では〝Phantasy〟が使われ、幻想と訳されていました。クライン派の重要な概念のひとつに〝Unconscious Phantasy〟というものがあり、これは「無意識的幻想」、あるいは「空想」と訳されます。これはスーザン・アイザックスが「大論争」のときに明確に整理したものですが、本能と意識を結ぶ架け橋となるもので、乳児が自分の欲求をどう意識化するのかという発達の基盤です。それはともかく、マックスは夕食抜きのベッドルームの刑に処せられます。昔の日本では押入れに閉じ込められ、夕食抜きというのがよく知られています。マックスに限らず押入れの刑を受けたこどもは親に許しを請うものの、何度も同じことを繰り返すと親は許すはずもなく、泣き寝入りするしかないということになります。そして、マックスは空想、夢の世界へと招き入れられることになります。

問三の解説──攻撃性

さて、次はこの本の最も重要な主題である質問で、「問三」かいじゅうたちは何を象徴していますか、というものです。この本の原題は *Where the Wild Things Are* です。〝The Wild Things〟とは何でしょうか。それは人間の本質であり、生々しく荒々しく未分化なものを象徴しています。かいじゅうたちはいくつかのものを象徴していますが、マックスにとって主に何を表しているのでしょうか。ここではヒントとして、マックスはどういう気持ちであったかと考えるとわかりやすいかもしれません。マックスは夕飯抜きで、ベッドルームに閉じ込められているわけですから、単純に両親に対する怒りがあります。もうひとつ、親はどんな気持ちでこどもを叱るかといえば、当然のことながら反省してほしいと思っているわけです。マックスの気持ちは「頭にくる親。どうして僕は怒られるのか」という思いだけでなく、「反省」というのもあります。怒りの気持ちが強ければ、かいじゅうは自分を怒るかいじゅうのような親ということになります。これは外的世界への置き換えにすぎません。しかし、マックスの反省の気持ちが大きければ、自分の攻撃性がかいじゅうに投影同一化されます。ここで初めて、かいじゅうが自分の内的世界、心的現実の属性をもつものになります。私たち大人にとっても自分の思い通りにならないものは自分自身の感情であり、それは特に攻撃性、破壊性、衝動性などといったものでしょう。「こども性」として、躾とか、社会性と書きましたが、発達のテーマはいかにして攻撃性を飼い馴らすか、洗練化させるかということです。赤ちゃんがギャーっと泣いておっぱいが欲しいと要求するのは当たり前です。しかし、同じように直接的に攻撃性を表現して、思春期のこどもがギャーっと何かくれーと泣いたり、暴力を振るったとすれば、それは一大事です。思春期のこどもであれば、知恵とか、我慢とか、相手の立場を考えるとか、それなりの防衛を身に付けている必要があります。攻撃性には年齢相応の表現の仕方があります。自閉症の子はこころの発達が未熟ですから、思春期頃になって「ママ抱っこ」と言ったりすることもあります。これに多くの親は当惑しますが、その子たちの心性は乳児のような愛着の始まりの表れなのです。

攻撃性がどう展開するかということに関して、クラインは有名な発達論として論じています。妄想分裂ポジション（Ps）では、攻撃性はとても力があって、対象はとことん破壊され、修復不能です。それに対して、抑うつポジション（D）では、攻撃性に万能性はなく、対象は修復可能です。人間がどんなことをしても自分の力には限界があり、そして修復や償いができると思うことが大切です。償えないと思ったときには、人は妄想分裂ポジションに逆戻りすることになります。

さて、マックスの気持ちに戻ります。親に叱られたときに、どちらの気持ちが強いのかが重要です。しかし、人間には常に葛藤というものがあるわけです。この葛藤のバランスがとても大切です。両親をかいじゅうのような外的対象として感じる、あるいはマックスが自分のなかの攻撃性として自分の悪い子の部分と感じるかが岐路です。バランスが大切と書きましたが、すべてを親のせいにすれば、他罰的になり、こころの発達はなされないでしょう。しかし、すべて自分が悪いということになれば、極論、どんな些細なことであっても、自分のせいという過度な罪責感に苛まれます。マックスの気持ちを適切にみれば、確かに自分は暴れて家を散らかして悪いことをしたけれど、何も母親は夕飯まで抜くことはないだろうという感じでしょうか。繰り返しになりますが、罪の意識と現実検討識のバランスがとても大切です。やや古典的な精神分析の学派的な区分からすれば、自我心理学派は環境を重視し、かいじゅうを外的な親と理解する傾向が強いでしょうし、内的世界を重視するクライン派は攻撃性ということになるでしょう。どちらも、必要な視点です。

問四の解説——万能感と防衛

今のコンテクストの流れで読んでもらえば、「問四」マックスはどうして王様になったのでしょうか、という質問への解答は自明でしょう。まず、母親の支配というか、親をかいじゅうにして自分の家来にするということです。こどもという被支配者から、大人という支配者になることです。こうした気持ちを万能感といいます。これによって世界のすべてを支配することになり、マックスの夢の世界であれば、「夢は願望の充足」ということになります。もうひとつ、かいじゅうが自分の攻撃性であるとすれば、自らの攻撃性を飼い馴らすことになり、より建設的な変化といえると思います。つまり、マックスの反省の気持ちであり、悪い子からよい子になろうということです。

今までいじめられたから一気に仕返しをして、これまでの被支配者の立場が逆転することは、こどもにとっては革命的な発想です。夢のなかでそれを行なうのであれば、それは抑圧が機能していることになります。しかし、現実でこれを発散するのであれば、万能性という乳幼児心性が現実で表現されてしまうということになります。つまり、世界は自分の思うがままになるという意識です。たとえば、長期に及ぶひきこもりのこどもや青年のなかには、自分の欲求の赴くままに親を奴隷以下の存在として取り扱う人たちがいます。これは病的なもので、時に快感を伴うと家庭内暴力は長期化します。

なぜこどものほうが大人より空想が活発なのかというと、こどもは現実的に不自由だからです。こどもは虐げられた存在であればあるだけ、逃げ道を見つけないといけないからです。辛い現実があると、自分が生き延びるために何かをしなければなりません。それが「防衛」です。防衛は原始的防衛、神経症的防衛に大枠に区分され、皆さんもご存知のように、原始的防衛では投影同一化、神経症的防衛では抑圧などが代表的なものです。大人の現実的な行動では、スポーツをしたり、買い物をしたり、稀には勉強しようと思う人もいるし、アルコールを飲む人、絵を描く人などなどがいます。こどもの防衛のなかで、重要なのは空想することです。小学生のとき、どうして居眠りすることなく、つまらない授業なのに椅子に座っていられるのでしょうか。それは授業と関係のないことを空想して時が過ぎるのを待っていたからでしょう。空想は程々が健康であり、肥大化すれば、白昼夢、妄想などになってしまいます。また、まったく空想ができなければ、これは自閉症児のような想像力の貧困さということになり、相手の気持ちがわからないなどという弊害を引き起こすことになってしまいます。

問五の解説——意志と本能

さて、次の質問は、「問五」マックスはなぜ、かいじゅうたちに夕飯抜きで寝るように命令したのか、というものです。絵本を読めば、マックスが母親から受けた罰をかいじゅうたちに科したということになります。この考えによれば、かいじゅうたちは母親などの外的対象を表象していることになるでしょう。これはまさしく置き換えです。クラスメートに暴力を振るってばかりいるこどもがいたとき、教師は家で同じように暴力を振るわれているのではないかと思うということです。これが置き換え、簡単に言えば八つ当たりです。環境重視の自我心理学的には、よって環境の整備が重要であるということになるでしょう。ただ、人はいつでも難事に出遭うことがあるわけですから、環境調整も大切ですが、こればかり重視してもこころの発達は獲得されないでしょう。

さて、もうひとつの答えを考えてみると、かいじゅうがマックスの攻撃性であるとすれば、マックスは反省して、自らの攻撃性を鎮静化したとも言えるでしょう。このときにマックスはどんなこころの状態だったかと考えると、動きたい盛りのこどもであれば、たとえ不貞寝していたとしても、おなかが空いているというのも充分に考えられる可能性です。これは食欲という本能です。本能を制御するということは、こどもが社会化することであり、躾の重要な点です。かいじゅうたちという食欲を制御することで、マックスは空腹を空想内で我慢したということになるでしょう。本能を長期間制御するのは難しいことですが、これを病的に制御してしまうのが、神経性食欲不振症、つまり拒食症です。食欲を自分の意志の支配下に入れるわけです。多くの人がダイエットに挑みますが、ほとんどの人は挫折します。それはこころが健康な証で、本能に意志の力が勝てないということです。拒食症の人は本能を制御するために、過酷な超自我で本能を律します。この人たちのこころのかいじゅうは、この本のひょうきんなかいじゅうではなく、隙なく恐ろしく獰猛なかいじゅうでしょう。そして、厳密なカロリー計算、自分の食欲を満たすために家族に食事を作ってあげ、寸暇を惜しんで運動をしたりします。そして、体重を減らしていくと達成感が得られます。過酷な超自我はきっとお誉めの言葉を呟き、それは悪魔のささやきのようなものです。そして、生命も危ぶまれる危険な状態に突入します。かいじゅうたちを本能であると見立てると、本能と無意識をどう関わらせるかという問題になり、かいじゅうたちは無意識的空想の化身とも考えられます。

問六の解説——ひきこもり

次は、「問六」マックスはどうして王様を辞める決心をしたのでしょうか、というものです。マックスはかいじゅうとの生活で、空想的に満たされたということになります。マックスは空想の世界から、現実の世界に戻る決心をしました。では、現実に戻ることなく王様になっている空想に浸っている人がどういう人なのか考えてみましょう。それは現代のトレンドでもある「ひきこもり」の人の主な心性です。こうした人たちは、統合失調症型、あるいは自己愛型パーソナリティ障害と診断されることが多いでしょう。現実に触れると些細なことで傷つき、外に出られなくなってしまいます。そして、現実に触れないような万能感の世界の住人になります。ただ、まったく現実に触れないわけではなく、いわゆるヴァーチャル・リアリティといわれるネットの世界で、自分の万能感を満たして、延々とその世界で生き抜くということもあります。しかし、チャットやサイトの世界で傷ついたり、恋愛をして失恋したりなど、非現実的世界ですら、傷つくといった人にもしばしば出会います。こうした人は現実を生きていませんから、決して真の意味で経験から学ぶことはありません。この万能感の世界に留まることは、依存でもあり、狂気でもあります。

マックスが空想の世界の住人とならなかったのは、シンプルに空腹に耐えられなかったからでもあります。本能に負けることはとても大切なことです。この本では、この場面で、おいしい食事の匂いがしてきます。つまり、マックスはこの匂いから、よい母親、自分のことを世話してくれる母親のイメージを想起することができたということになります。母親の最大のケアは食事を与えること、それは赤ん坊であれば授乳をすることです。それは愛情そのものとなるわけです。近頃、話題になっていることに「食育」がありますが、これはこどもの食生活が貧困になってきたからだけでなく、母親の愛情不足の警告です。

ちょっと話題が戻ります。夕食の匂いと母親の関係を述べましたが、この匂いだけでなく、他の感覚も含めて感覚というものは、発達上、興味深いテーマです。なぜ匂いから母親を想起できるのかといえば、人間の五感は連結することによってこころにイメージや表象を作ることができるからです。匂いは最も原始的で、ねずみの脳の大部分は臭脳です。新生児は自分の母親の匂いを嗅ぎ分けることができるとされています。触覚という点では、ウィニコットの移行対象も同じことです。感覚から情緒へという問題は、ビオンのβ要素からα要素という重要なこころの発達の視点です。ドナルド・メルツァーは自閉症の基本障害として、五感が連結することなく、これが分解されて、こころにイメージを確立できないこととしています。

問七の解説――投影同一化と虐待の連鎖

さて、次の質問は、「問七」かいじゅうたちはどうしてマックスを食べたいと言ったのでしょうか、というものです。このセンダックのかいじゅうたちはとても口が大きく、まさしく口唇サディズムの権化です。そして、「食べちゃいたいくらいかわいい」とカニバリズムそのものの叫びを上げます。では、マックスが食べられるとは、どのような意味となるのでしょうか。かいじゅうたちを自分に刑罰を加える悪い母親とすれば、その母親の悪い部分に飲み込まれることになり、アンナ・フロイトの有名な「攻撃者への同一化」となります。これは投影同一化の特別なものでもあって、虐待の問題で重要な概念である世代間伝達です。つまり、虐待されていることもは恐怖のあまり自分を虐待している親に同一化することで、この難局を心理的に乗り切るということです。そして、自分が親になったときに、自分の親と同じような虐待を繰り返すことになり、虐待の連鎖が起きます。また、自分の攻撃性に呑み込まれるとすれば、それはよい子になることの断念であり、ますます悪い子になることを意味します。これは行為障害とか、反社会性障害ということになります。これは攻撃者への同一化とも重なりますが、この主な症状である暴力というのは、自らの攻撃性に魅了され、そこに万能的な力を感じてしまうことです。

問八の解説――依存から自立

最後の質問は、「問八」マックスの夕食が温かかったのはなぜでしょうか、というものです。温かい夕食は愛情の暖かさを示すものであり、かいじゅう島の王様よりも、こどもとして両親の愛情を受ける立場のほうが心地よいことを知ったからでしょう。こどもは無力で、親の意のままに支配されています。こどもの立場に甘んじるというのは、きちんと愛情を受けられるというメリットがあって、初めてなされるものです。そして、こどもの立場を満喫してから、この不条理な世界から脱出しようと思うようになります。それが依存から自立という思春期のテーマとなります。こころの発達とは、こどものままでいたいという気持ちと大人になりたいという気持ちを行きつ戻りつしながら、最終的には大人になるほうが優っていくことです。ただ、先進国のこどもは、大人になっても何もいいことがないことをよくわかっているようです。もっと発展途上の国では、こどもができること、大人ができることの区別があり、大人になることは魅力的です。先進国のこどもの周りにはおもちゃが溢れ、中学生にでもなれば、携帯を見れば何でもわかってしまい、大人になっても面白いことがないことは明らかです。「ピーターパン・シンドローム」などはその好例です。

こころの発達に関して、攻撃性がどのように洗練されるかは大きな問題です。クラインは攻撃性に関して、これは死の本能から派生し、「羨望⇓嫉妬⇓競争心⇓創造性」といった発達をすると論じています。コミュニケーションの原点は攻撃性です。赤ん坊が空腹で泣き叫ぶのは、恐怖の投影です。もし、授乳が上手くなされなければ、赤ん坊の攻撃性によって乳房は破壊されてしまいます。しかし、一般的には適切に養育されれば、赤ん坊は攻撃性が万能的でなく、すべての対象を破壊することはできず、自らの攻撃性の限界を知ることになります。つまり、人は人との関係のなかで、コミュニケーションを学び、修練していきますが、これは攻撃性が適切に発達することを意味しています。

さいごに

センダックのほとんどの本は、きっと親たちがこどもに与えたいものではないでしょう。それはこどもの視点を正直に描き出しているからでしょう。しかし、この本は精神分析家たちには好評です。英国の子育て支援の専門家のテキストブック *Mother-Infant Psychodynamic*（『母子関係の精神力動』）の副題にもなっていて、複数の執筆者がこの本に言及しています。たとえば、妊婦、母親になることの世界的な専門家であるジョアン・ラファエル＝レフは、新生児が母親のかいじゅうたちを刺激することが早期母子関係の障害になることについて、この本を比喩的に引用して説明しています。つまり、かいじゅうたちは、こどもだけでなく、大人のこころにも住みついていて、すべての人の一生の発達の課題となることを啓示しているかのようです。

2 『まよなかのだいどころ』――知の本能（認知愛的本能）の発達

さて、ここではセンダックの二作目、『まよなかのだいどころ』について考えてみましょう。この絵本はクライン派の精神分析に関心のある人の必読書で、是非とも読んでいただきたいものです。私の印象はと言えば、抱腹絶倒、そして絶句といった感じです。おそらく良識的なご両親が与えたくない絵本の栄誉あるナンバーワンとなるでしょう。この絵本のテーマは「好奇心」、クライン派の用語で言えば「知の本能」あるいは「認知愛的本能」ということになります。

『まよなかのだいどころ』について

主人公のミッキーはまだ幼児の体型で、三、四歳といったところでしょう。ミッキーが真夜中の騒音で目を覚ますところから、このお話は始まります。騒音の源は両親の寝室です。そこで、ミッキーが「うるさい！　しずかにしろ！」と叫ぶと、ミッキーは暗闇に落ち込み、裸になってしまいました。そして、両親の寝室を通り過ぎて、真夜中の台所に落ちてきます。そこには奇妙なパン屋さんが歌を歌いながら、朝のケーキを焼いていました。ミッキーは小麦粉の入ったボールに入れられ、かき混ぜられてしまいます。パン屋さんたちは「しあげはミルク！」と言いながら、ミルクではなく、ミッキーが入ったねり粉を朝のケーキを作るためにオーブンに入れてしまいます。オーブンで焼かれている最中に、ミッキーは頭を突き出して、「ぼくとミルクをまちがえるなよ。ミルクはミルク ぼくはミッキー!」と言いながら、オーブンから飛び出します。そして、ミッキーはパンのねり粉をこねて飛行機を作ります。ミッキーがその飛行機に乗り込んで夜空に向かって飛び立とうとすると、パン屋さんたちが「ミルクがないと、朝のケーキがつくれない!」と悲壮な顔付きでミッキーに叫びました。ミッキーは、天の川に行けばミルクがいっぱいあると言って、コップを受け取り飛び立ちました。そして、ミッキーは真夜中の台所の天の川に辿り着き、大きなミルク瓶の頂上からそのなかに飛び込みました。ミッキーは「ぼくがミルクのなかにいて、ミルクはぼくのなかにある」「ミルク、ばんざい! ぼく、ばんざい!」と歓喜の雄叫びを上げます。それから、巨大なミルク瓶に上り、下でミルクを待っているパン屋さんにミルクを分けてあげました。パン屋さんは大喜びで粉を練り、ケーキを焼くことができて、「しあげはミルク! しあげはミルク!」と大声で歌いながら上機嫌でした。ミッキーは大きなミルク瓶の頂上で「コケコッコー!」と雄叫びを上げて、ミルク瓶を滑り落ちると真っ直ぐに自分のベッドに戻って、安らかな眠りにつきました。最後のページでは「ミッキー、どうもありがとう。これですっかりわかったよ。ぼくらがまいあさかかさずにケーキをたべられるわけが」となっています。

精神分析的設問

まず、次の設問を再び、精神分析的に考えてみてください。もちろん正解も不正解もありませんから、ご自由に連想してみてください。

（問一）ミッキーは何の物音で起こされたのでしょうか。

（問二）ミッキーはなぜ暗闇に裸で落ちてしまったのでしょうか。

（問三）ミッキーはなぜ両親の寝室を通り過ぎてしまったのでしょうか。

（問四）「まよなかのだいどころ」とは、どこでしょうか。

（問五）ミッキーがパン屋さんたちにミルクと間違われ、オーブンに入れられたのは、なぜでしょうか。

（問六）ミッキーはなぜ飛行機を作ったのでしょうか。

（問七）パン屋さんはなぜミッキーにミルクを頼んだのでしょうか。

（問八）ミッキーが天の川に行って、巨大な牛乳瓶に入ったのはなぜでしょうか。

（問九）なぜパン屋さんたちは三人なのでしょうか。

（問一〇）パン屋さんたちがケーキを焼くことは、何のメタファーでしょうか。

（問一一）ミッキーが牛乳瓶から滑り落ちたことには、どんな意味があるでしょうか。

（問一二）「これですっかりわかったよ」とは、どんな意味でしょうか。

精神分析的解釈

私がこの絵本を使って講義したいと思っているのは「知の本能」「原光景」、そして「早期エディプス状況」に関することです。これはクラインが精神分析で体験したことの根幹となるテーマです。

古来の教育の基本姿勢は「三猿」に集約されています。つまり、「見ざる、聞かざる、言わざる」ということになります。こどもは余計なことを聞いてはいけない、言ってはいけない、見てはいけないということが、教育の基本的なスタイルでした。こどもが大人の話に口出しすれば、大人は「こどもはそんなこといちいち言わなくていい、聞かなくていい」としばしば叱ります。こどもは「ぼくはどこから生まれてきたの？　どうやって赤ちゃんは生まれるの？」などと次々に質問をしてきます。たとえば、あるお母さんが「コウノトリが運んできたのよ」と言っても、こどもは納得しません。お母さんのお腹が段々大きくなって、そして弟や妹が生まれることを見てきたこどもは、自分もこうしてお母さんのお腹のなかから生まれてきたのだと秘かに実感するのかもしれません。これに加えて、こどもには父親と母親の関係、父親の存在に関する疑問も湧いてきます。「ママとパパは、ぼくが寝た後に何をしているのかな？」という素朴な疑問です。この疑問に主人公のミッキーが果敢に挑戦しているということを、この絵本が描いているのは間違いないでしょう。

さて、設問について考えながら、ミッキーの大冒険の世界に向かいましょう。

問一の解説――原光景と本能

まず設問の「問一」からです。ミッキーは何の物音で起きたのでしょうか、という素朴な質問です。原作では「ロケット」となっていますが、日本語版では「さわがしいおと」となっています。この質問は愚問かもしれません。この質問で連想が湧かない人がいたとしたら、きっと精神的にかなり不自由な人で、無意識を相手にするサイコセラピストという職業は適していないかもしれません。本書の読者のなかにも、両親の夫婦生活を見たり、母親の呻き声を聞いたことのある人はかなりいると思います。日本人の住宅事情というか、寝室の使い方は、欧米諸国の人とはかなり異なり、「うさぎ小屋」「川の字」文化ですから、そうした機会は多いかもしれません。英国人の心理療法や心理学の専門家は、「川の字」の寝室を知っていて、夫婦生活はどうなっているのかという質問が時にあります。ご存知のように、欧米では、夫婦とこどもがそれぞれ別の寝室で過ごすことは常識です。乳幼児であっても、夫婦とは別の寝室です。フロイトに症例報告された馬恐怖の五歳の少年ハンスは、夜に怖くて夫婦の寝室に来てしまうことが、大きな問題として記述されています。ハンスの父親は、夫婦の寝室に来なければ、ご褒美をあげる約束をしたりしています。この日本と欧米の寝室の使用法は、母親という一人の女性のなかにある母親の役割を重視するのか、それとも女性の役割を重視するのかといった問題に関連してくることになります。一般的に、日本では母親の役割が重視され、母子関係の距離が近いとされています。精神分析の基礎トレーニングとして有名な「乳幼児観察」に参加した経験からすれば、欧米の母親に比して、日本人の母親は実にきめ細かく、衛生的な養育態度ですが、時にこどもの自立を阻むような過干渉と思われる関わりも見られます。

さて、こどもの成長は本能に裏づけられています。食欲、睡眠、性欲が本能であることには異論がないでしょう。ボウルビィは、こどもから母親への養育を促すのはアタッチメント、愛着という本能があるからであるとしています。愛着は自我心理学の重要な研究テーマとなり、今ではこれを知らない臨床心理関係の人はいないでしょう。クラインはこどもの心的発達にとって重要なこととして、世界を整理するための知の本能、知識本能を挙げて、本能のひとつであると考えました。今で言うところの、DNAに埋め込まれた知能、認知能力といった才能に属するものです。ハイハイや歩きはじめのこどもが、親の目を盗んで戸棚や引き出しを開けて、なかのものを引っ張りだすことはよくあることです。これは探究心、あるいは好奇心ですが、これがなければ、こどもの心的、認知的発達はなされません。つまり、ミッキーは両親の寝室の物音は何なのかということに関心をもったということです。それは本能に裏づけられたものです。

問二・三の解説——退行と知の本能

次は「問二」と「問三」をまとめて考えてみましょう。ミッキーはどうして暗闇に裸で落ちてしまったのでしょうか。月の窓もパパとママの部屋も通り過ぎていくと記述されています。ミッキーはとても騒がしい音を聞いて、「うるさい。しずかにしろ」と怒鳴りました。ミッキーには、それが何の音かわかりません。未知の相手に怒鳴ってしまったわけです。もし、それが怪物の音であるとしたら、ミッキーは怪物に襲われるかもしれません。ミッキーは恐怖に慄き、どこかに逃げ出さなければならないでしょう。そして、幼児であれば、行き先は抱っこしてくれる母親の元ですが、両親の寝室に入ることはできません。それは意識的、無意識的にもこどもの知るべきことではない禁止事項です。フロイトによるヒステリーの原因としての性の抑圧という概念はいささか時代遅れの感がありますが、未だに大人とこどもの間にはこの問題が存在しているといってもよいのかもしれません。わからないことによって欲求不満に陥ったり、自分の願望が満たされないときにどう対応するかが、その人のパーソナリティ、防衛というわけです。

両親の寝室に入れないとなれば、ますます、こどもになるという選択枝しか残らなくなります。これを「退行」といいますが、退行は一般的には態度や行動を指し示す用語であるために、クライン派では自我心理学のようには多用しません。真夜中の騒音はこどもにとってストレス状況となります。なぜなら、真夜中のとても大きな音というのは、泥棒が入ってきたかもしれないと怯えたり、母親の呻き声が聞こえれば母親の安否を気遣うというように、さまざまな空想を引き起こします。しかし、その一方で人間には怖いもの見たさという心性があります。父親と母親が裸でベッドのなかで何かしているに違いないと思えば、自分も同じ裸になろうというのは、こどもにとってはシンプルな行動パターンです。大人はこどもがそんなことは考えていないだろうと思いがちですが、精神分析にはこの幼児期の空想に苛まされた多くの症例の記録があります。

フロイトの「ある幼児期神経症の病歴より（狼男）」では、両親の性交の場面を見た一八カ月の狼男が、この心的外傷によって多彩な神経症症状を呈します。フロイトは、こうした幼児期にこどもが目撃した両親の性交場面を「原光景」として記載しました。これはミッキーのように、性交を連想させるような声や物音を聞くこと、ほかには動物の性交場面を見ることなどを手がかりにして、こどもが空想するものであるとされています。この体験は大きな性的興奮を伴うために、時には虜になってしまうこともあるとされています。狼男はまさしくこの好例で、父親から犯されるとみなされた母親と自分を同一化していたことが、神経症症状の原因であるとされています。ミッキーもママとパパと同じ裸になって、夫婦の関係に参加するということも裸の意味のひとつでしょう。

たとえば、今ここに、ＵＦＯの宇宙船が来たとしたらどうしますか。これには両極端の二つの方法しかないでしょう。つまり、怖くて逃げるか、あるいはなかに侵入して探索するかという二つの選択枝です。恐ろしくて逃げ出すのは退行、恐怖よりも探索したいと思ってそのなかに侵入するのが好奇心、知の本能です。この二つの方向を往来するのが、こどものこころの発達となります。「聞くは一時の恥、聞かぬは一生の恥」という格言がありますが、同時に「知らぬが仏」という格言もあります。戯曲『オィディプス』をお読みになったことのある人は、オィディプス王が疫病の原因を知りたいと思わなければ、すべては順風に時が過ぎたのに思うかもしれません。しかし、人には知りたいという本能があるために、後先を考えることなく、知るための行動へと駆りたてられることになります。

問四の解説——「両親の寝室」のメタファー

さて、ここまで読んで、この知の本能について理解していれば、「問四」の「まよなかのだいどころ」がどこを意味しているかは自明です。ミッキーの関心の的は、両親の寝室に違いありませんが、両親の寝室に入ることはできませんでした。知ることのできなかった欲求不満状態のミッキーが空想上ではどこに行くか、それは現実に知ることのできない両親の寝室です。時々、学生に尋ねられるのは、プレイセラピーで台所でのプレイばかりしているこどもがいるのですが、これは両親の寝室を想像しているのでしょうか、ということです。プレイそれだけを取り出しても、その子にとっての意味はわかりません。もしかしたら、ネグレクトする母親に代わって自ら家族の世話をするために、台所のプレイをしているのかもしれません。要するに、こうした連想はプレイの脈絡に沿って、勘案すべきであるということです。真夜中に騒音が聞こえてきたことでミッキーは不安になり、母親がいつもいる台所に向かったというのは一案です。そこで母親からの愛情を受けたいと思ったということも考えられるかもしれません。その後、ミッキーがおいしい食事を与えられるとすれば文脈的に正しいことになりますが、お話はその方向には向かわないため、どうも違っているようです。両親の寝室は「まよなかのだいどころ」というメタファーで、フィールドを変えたということです。

問五の解説――知ることの禁止／懲罰と早期超自我

さて「問五」は、ミッキーがミルクと間違えられ、オーブンに入れられたことは何を意味しているのでしょうか、という設問です。もし、これが母親の愛情を受けるための台所であるとすれば、オーブンに入れられることはないでしょう。ミッキーは両親の寝室に秘かに侵入して、そこで行われていることを知りたいという本能に突き動かされています。しかし、これはタブーへの挑戦であり、両親から知ることの禁止、つまり懲罰を受けなければなりません。この禁止、懲罰という用語は、精神分析に少しでも馴染んだ人であれば、超自我という用語を連想させると思います。これはフロイトの語ったエディプス・コンプレックスの副産物としての「超自我」ではなく、あくまでも残酷で容赦のない超自我であり、クラインはこれを「早期超自我」と呼びました。

この早期超自我に関して、アンナ・フロイトとクラインは一九二〇年代に激しい議論を交わしました。このことは、アンナ・フロイトの『児童分析入門』、クラインの『メラニー・クライン著作集1』に収録されている「児童分析に関するシンポジウム」に記載されています。お互いに悪口言い放題というか、「大論争」の下地になっているこどもの精神分析に関する意見の根本的な相違が書かれていますので、一読することをお勧めします。センダックはユダヤ人であると前節で記載しましたが、『センダックの世界』（セルマ・G・レインズ＝著／渡辺茂男＝訳、岩波書店）には、同じ民族であるユダヤ人のなかに、オーブンに閉じ込められるシーンから強制収容所のガス室を連想した人がいたことが書いてあります。懲罰的な印象を受けるものとしてガス室を連想する日本人は少ないと思いますが、そこに民族の深い悲しみを感じます。そういう意味では、連想には民族や文化の背景もあり、個人を超えたものの存在にも目を向ける必要性を感じます。

問六の解説――恐怖を超える知の本能

さて、話を戻しますが、このオーブンから飛び出した後に、ミッキーはなぜ飛行機を作ったのでしょう、というのが問六の設問です。この状況では、ミッキーは、奇妙な顔をした死刑執行人のようなパン屋さんから逃げ出すしかないことは明らかなようです。相手の追ってこないところに逃げるしかありません。そこで、ミッキーは飛行機を作って、安全なところに逃げるという文脈が思い浮かびます。しかし、飛行機は逃げ出すという手段だけの意味かというと、それだけでなく、ミッキーは、（空の上から）下で行われていることを、安全に観察することができます。こうした意味で、飛行機というマテリアルは実に面白く、ここでは二つの意味をもっています。こどもの知の本能とは、決して恐怖にも怯むことなく両目をしっかり開けて、自分の知りたいことを見つめるものだと示しているかのようです。絵本のこの記述を読むと、こどもの心的発達における知の本能の重要性を思い知らされます。また、大人になった私たちにも、新たな領域に興味と関心を広げることの重要性を示唆しているかのようです。

問七の解説——性的光景と地理的混乱

次に、「問七」パン屋さんは、どうしてミッキーにミルクを頼んだのでしょうか、という設問です。ちなみに、ミッキーは天の川にミルクを取りに行くわけですが、英語ではミッキー（Mickey）、ミルク（Milk）、天の川（Milky Way）とMiが文頭の文字であり、リズミカルになっています。ミッキーは、好奇心旺盛な禁断の園を覗き込む赤ん坊ですが、ママのおっぱいは赤ん坊しか吸えません。ミルクは赤ん坊の特権です。パンを作るためにはミルクが必要であることを考えれば、赤ん坊ミッキーに頼むのは自然でしょう。

さて別の視点から見てみると、ミッキーの関心は両親の寝室にあったはずです。パン屋さんたちが、ねり粉の入ったボールに大きなスプーンを入れて掻き混ぜています。これはかなりセクシャルな光景であり、こどもを作るのに必要なミルクとは、おそらくミルク＝精液というシェーマも一案として考えられます。なお、クラインは解剖学的用語を多用し、解釈に応用しています。これは『児童分析の記録』などのクラインの著作に記載されています。しかし、解剖学的用語は大人のクライアントにとっては奇妙な解釈となり、こうした解釈の傾向は漸減しつつあります。しかし、こどもの精神分析では今でも有効な解釈となりえることを経験しています。こどもの空想では「こどもはどこから生まれてくるの？」という質問に「お尻から」と答える子が多いということです。こどもにとって、赤ん坊はしばしばウンチと同等視されます。ほかには、乳首とペニスの同一視も、時に治療過程で散見されることがあります。メルツァーはこうした身体各部の混乱を「地理的混乱」と呼び、こどもの精神病状態などで見出されることを記述しています。ミッキーは夫婦関係の参加者なので、ミルク＝精液という連想は不思議なことではありません。

問八の解説――究極の退行＝子宮への回帰

さて次に、「問八」ミッキーはどうして巨大な瓶に飛び込んだのでしょう、という設問です。ミッキーは、ミルクのなかに浸りきります。最も安全な場所である、ママのミルクの詰まった子宮のなかで胎児になります。これは究極の退行であり、母親の子宮に逃げ込むということです。しかし、この牛乳瓶の形状は、子宮よりもペニスに似ていることは深読みすぎると叱られるかもしれませんが、どうもその牛乳瓶には父親の存在も背後に見出せる気がしています。

問九の解説――早期エディプス状況

この解釈に関連して、「問九」どうしてパン屋さんたちは三人なのでしょうか、という設問の解答も同じような意味があるように思えます。ミッキーは逃げ出しただけでなく、その場にもきちんと居つづけたということになるのではないでしょうか。こうした意味では、飛行機でサーベイするだけでなく、パパとママの営みに三人目として参加していることになります。ここまで見せつけられると、こどもの知の本能は凄まじいものです。クラインが本能と名づけただけのことはあります。多くのこどもは三歳になれば、自分の周りで起きていることの大枠を理解しているのですから、当然かもしれません。クラインの症例ピーターは、夫婦関係に参加するこどもの恐怖と興奮を早期エディプス状況の一例として提示されています。

問一〇の解説——メタファーと逆転移

さて、「問一〇」パン屋さんがケーキを焼くというのはどんなメタファーか、という設問ですが、これはあまりに自明かもしれません。キリスト教世界では、聖体拝領としてキリストの身体はパンで象徴され、それを頂くことが神聖な儀式であることは常識です。つまり、ミッキーだけでなく多くのこどもは意識的、無意識的に、ケーキが焼けるということをこどもができることと同等視できます。これが象徴であり、メタファーです。象徴が機能しないと、コミュニケーションも機能しません。たとえば、ある男性がある女性にバラの花束をあげたときに、その女性が、このバラはナポレオンの皇后ジョゼフィーヌが改良したバラと英国のオールドローズをかけ合わせてできたものであることや、学名などを語ったとしたら、その男性はとても困惑するでしょう。ここには、情緒的なコミュニケーションはまったく存在していません。あるいは、その女性はその男性に関心がないのかもしれませんが。

コミュニケーションの本質は実際の言語ではありません。クラインの死後、精神分析の技法で重視されてきたのは、「逆転移」です。それは分析家がクライアントから受け取る無意識的コミュニケーションのなせる業で、これをいかに感じ取るかが分析家の役割とさえ言われるようになりました。クライン死後と記載しましたが、フロイト、クラインともに、分析家に生じる感情は、すべて分析家の教育分析が不充分であることに起因すると考えていました。それに対して、この分析家に生じる感情は精神分析療法のツールとなることを主張したのが、ポーラ・ハイマンです。ハイマンはクラインの寵愛を受けた人ですが、この主張をした論文を契機にクラインと決別しています。この逆転移の技法論の展開は、ベティ・ジョセフによって洗練化されました。しかし、昨今の逆転移ブームには困ったものと個人的には思っています。

自閉症や統合失調症の人はメタファーを十分に活用できません。自閉症のこどもに典型的な、ミニカーのタイヤを回して、それを眺めつづけるという現象がありますが、ミニカーを実際の自動車と同一視できず、回るタイヤだけに注目します。それは、まさに「ものそのもの」（Thing itself）です。人がコミュニケーションを深めたければメタファーを使えばいいし、深めたくなければものそのものを使えばいいのかもしれません。

問一一の解説——こどもの知恵の誕生

いよいよミッキーの大冒険も終わりに近づいています。「問一一」ミッキーが滑り落ちたのにはどんな意味がありますか、というものです。ミッキーは牛乳瓶を一気に滑り落ちていきます。それは出産を表しているかもしれませんが、そのように読むとおもしろいことにミッキーは逆子となります。もしかしたら、センダックは逆子で生まれたのかもしれないと邪推してしまいます。こどものプレイでおもしろいのは、帝王切開で生まれた子が、出産の場所をソファーの縫い目などで表現する場合があるということです。しかし、出産というだけでは知恵と想像力が足りません。ミッキーの何が誕生したかという答えが重要です。誕生したもの、それはミッキーは自分で、あの騒音という疑問に対する自分なりの解答を得たということでしょう。つまりミッキーは、寝室の騒音はパン作りの騒音であり、そして、そのメタファーはこどもを作ることだと理解したということのようです。ミッキーの知恵の誕生です。ビオンの語るように、欲求不満状態になったときに、思考（知恵）が誕生することの実例のようです。

問一二の解説——早期エディプスの勝利者

最後の設問です。「問一二」「ミッキーどうもありがとう、これですっかりわかったよ」とはどのような意味か、というものです。ミッキーは牛乳瓶を抱えながら、自慢気な表情でヒーローのようです。この得意げなミッキーが、読者のこどもたちに教えたのは、どうして赤ちゃんが生まれるのかということでしょう。今のような少子化時代にあっても、多くのこどもにとって、どこから、どのようにして、なぜ赤ん坊が生まれるのかは、ベールに包まれた大きな問題です。ミッキーはこの疑問に果敢に挑戦して、ひとつの結論を見出したのですから、こどものヒーローであるに違いありません。ミッキーが牛乳瓶を抱えていることは、ミルクという母親、牛乳瓶という父親を自分の掌中に収めたエディプスの勝利者の宣言のようでもあります。『かいじゅうたちのいるところ』でも同じでしたが、ここでも口唇期的なテーマで語られているのは興味深いことです。生まれてくるきょうだいは、決して歓迎されるものではなく、食べて破壊してしまいたい、そのようなカニバリズムも暗示しているようです。

さいごに

ここでの私の精神分析的な理解は、あくまでも精神分析的理解のひとつであり、もちろん、精神分析実践の解釈と同じように正解はありません。ただ、この絵本はエディプス・コンプレックスという全体対象としての母親、父親を取り扱っているわけではなく、両親の寝室からのおぼろげな関係性を推測したもので、これがフロイトの「原光景」です。そして、クラインは「原光景」の詳細を描き出し、母親の身体への投影による攻撃性によって開始される残酷な世界を、「早期エディプス状況」として明らかにしました。さらに、その攻撃性を緩和するために、象徴機能の重要性を論じています。

この絵本は、まさしくクラインの「早期エディプス状況」の一端を描いていると思われ、精神分析に関心のある人には是非ともお勧めです。

3 『まどのそとの そのまたむこう』——きょうだい葛藤とエディプス・コンプレックス

本節では、センダック三部作の最後の一冊『まどのそとの そのまたむこう』を取り上げます。この本はあまり評判が良くないようで、邦訳では絶版になっていて、新刊書を手に入れることは困難なようです。私もどうも不気味な印象で、やや苦手です。その理由は、本書について精神分析的に考察したことで自ら納得しましたが、臨床実践でも、どうも不快感だけが残る面接であったとしたら、それを逆転移としてクライアントから投影された情緒として安易に考えることを止めることなく、その理由を考えてほしいものです。

一方、センダックはこの本を自らの独自性がよく表現され、とてもお気に入りであると語っています。センダックは幼児期に病弱であり、いつも死の不安に苛まれていました。その頃の個人的な記憶や出来事をふんだんに詰め込んだ本であり、おそらく本書はセンダックにとって、個人史の集大成であるからでしょう。さらに、センダックはアイダのモデルとして姉のナタリーについて言及しています。センダックは九歳年上のナタリーと関連させて「両親がどちらも仕事に追われていて時間がなかったために、私は否応なしに彼女に押しつけられてしまったのでした。……赤ん坊の世話をしなければならない姉さんのアイダは、新しくやってきたその子を、愛し、かつ憎んでいるのです」(『センダックの絵本論』岩波書店)と本作品の全貌の種明かしをしています。

さて、このように本書は『かいじゅうたちのいるところ』、『まよなかのだいどころ』に比して、文字数が多く、アイダ、母親や妹の表情などが複雑です。読み取らなければならない内容は豊富ですが、皆さんと一緒に精神分析的に考えてみましょう。

『まどのそとの そのまたむこう』について

主人公はアイダという七、八歳の少女です。船乗りの父親が海に出航するところから本作品は始まります。庭のあずまやで呆然としている母親の後ろで、アイダは泣き喚くまだ乳飲み子の妹を抱えています。アイダは母親の代わりにこの妹の世話をすることになっているようです。アイダがこの妹の子守として魔法のホルンを吹いている隙に、ゴブリンたちは乳飲み子の妹を連れ去り、その代わりに氷の人形を置いていきました。アイダはその氷の人形を抱きしめ、「だいすきよ」と囁くと、その人形は溶けてしまいます。アイダはゴブリンたちの仕業であると気づき、母親の黄色いレインコートを着て、窓から後ろ向きになって飛び立ちます。このできごとの最中の窓の外の光景には、平穏な船旅から嵐に巻き込まれ難破した船が描かれています。アイダは後ろ向きだったために洞窟を通り過ぎてしまったときに、「うしろむきではなんにもならぬ　くるりまわってホルンをおふき　あかんぼうきらいのゴブリンたちのけっこんしきがはじまるよ！」という父親の歌が聞こえてきます。アイダはくるりと回って、結婚式のなかに飛び込みます。しかし、ゴブリンたちは赤ん坊ばかりで、足をばたばたさせ、鼻をぶうぶうならしていました。アイダは魔法のホルンを吹き、ゴブリンたちは無理やり踊らされ、川に飲み込まれてしまいます。しかし、一人だけ卵の殻にすっぽり収まっている赤ん坊がいました。それこそがアイダの妹であり、アイダはその赤ん坊を抱きしめ、家路につきます。家に帰ると、母親には父親からの手紙が届いていました。手紙には「……いつもアイダのことをおもっているパパのために、あかちゃんとママをみていてくれることとおもいます」と書いてありました。そして、アイダは父親の手紙の通りに行動したという結末になっています。

精神分析的設問

では、今までと同じように、『まどのそとの そのまたむこう』について、次のことを精神分析的に考えてみてください。


（問一）アイダの母親について、どのように思いますか。

（問二）アイダはなぜホルンを吹いていたのでしょうか。

（問三）ゴブリンとは何のメタファーでしょうか。

（問四）アイダはなぜ最初に氷の人形に気づかなかったのでしょうか。

（問五）アイダはなぜホルンを持って、黄色いレインコートに包まれたのでしょうか。

（問六）アイダはなぜ後ろ向きになって窓を飛び出たのでしょうか。

（問七）アイダはなぜ洞窟を通り過ぎていってしまったのでしょうか。

（問八）ここまでの窓の光景の変化、のどかな航海から船が難破するまでの光景をどのように考えますか。

（問九）ゴブリンたちはなぜ皆、赤ん坊になっていたのでしょうか。

（問一〇）ゴブリンたちが川に飲み込まれたことは、何を意味していますか。

（問一一）アイダはどのようにして妹を見つけたのでしょうか。

（問一二）妹はなぜ母親を見て、泣き出しそうなのでしょうか。

（問一三）父親からの手紙はアイダに何を期待していますか。

（問一四）この家族にとって、アイダの役割はどのようなものでしょうか。

精神分析的解釈

この本はアイダという姉がいかにして自分の妹を受け入れるかというテーマで描かれています。しかし、そこには母親の愛情をお互いに競い合う健全なきょうだい葛藤というテーマはなく、母親に代わって妹を救出し、世話をするという役割を担わされる形式で顚末を迎えます。

問一の解説——原初的母性没頭とその失敗

まず、「問一」から始めましょう。これは絵本を見ていただかないとわからないのですが、この母親の表情はとても不可思議、不気味です。遠くを呆然と見つめ、泣き喚いている背後の乳飲み子にまったく関心を払っていません。母親は母親としての機能を放棄し、海の彼方を見つめているものの、かといって船出した夫を危惧しているようにも見えません。

センダックの絵本は常に批判に晒されていますが、ここでも「怪物のような酷い母親だ」という批判を受けたようです。センダックはこの批判に対して、この母親はこどもたちに無関心なわけではなく、たまたま夫の不在を寂しく思い、ほんの一瞬赤ん坊をほったらかしにしただけであると言い訳をしています。そして、こうしたたまたまの機会は、愛情深い母親ですら家事などをしなければならないときに、同じようなことになることも追記しています。しかし、絵本の顚末を見ても、この母親は自分のことに精一杯で、赤ん坊に関心を一切向けることができないようです。

この母親の表情の状態が恒常的であるとすれば、この母親は産後うつ病などの精神疾患を患っているかのようです。産後うつ病の母親と赤ん坊の精神医学的研究は盛んに行なわれています。もちろん、赤ん坊によい影響があるはずはありませんが、多くの赤ん坊は母親以外の愛着対象を見つけ、定型的な発達をすることができるとされています。それには実家の祖父母の援助などの外的なリソースが必須です。しかし、まったくサポートがない場合には悲惨なこととなり、特に母親が自分自身の生育歴にまで遡って恨み辛みが溢れてくると、赤ん坊は虐待の対象となることもあります。こうした育児困難に至っている母子の精神分析的アプローチの先駆的な臨床研究を行なったセルマ・フライバーグは、乳幼児精神医学において重要な存在です。フライバーグは世代間伝達を「赤ちゃん部屋のおばけ」として最初に論じました。今では、これはこどものメンタルヘルスに関わる専門職には周知されていることです。母子臨床、虐待などの臨床現場で、これはしばしば認められます。私の個人的な経験として、ある育児困難に陥っていた母親が、「私は育ててもらっていないのだから、どう育てたらいいのか、まったくわかりません」と大粒の涙を流しながら叫んだことを思い出します。

センダックが語るように、母親の一時の精神状態であるとすると、それは確かにしばしば起こりうることでしょう。ウィニコットはこの過程を原初的母性没頭から、「ほどほどの母親」として記述しています。出産後間もない母親は乳児の要望をすべて知ることができ、それは精神病的であるとして、これをウィニコットは「原初的母性没頭」と命名しました。そして、母親は現実的になるにつれて、この没頭からほどほどに赤ん坊の要望を満たす母親になります。このときには、母親は赤ん坊の意図よりも現実的なことを優先する場合もあるということです。

しかし、この一瞬の母親の表情の陰りに敏感に反応する赤ん坊のことに関して、フランスの精神分析家であるアンドレ・グリーンは、明白な母性剝奪がない場合であっても、世話をする母親の注意が他者や他のものに専心され、自分に愛情を向けられないときに、赤ん坊は母親への愛情の備給を断念し、それを脱備給すると記述しています。それと同時に、世話のできない母親と同一化してしまいます。この母親は死んだかのように生きていない存在と認識され、これを「デッドマザー・コンプレックス」と称しました。このコンプレックスは、脱備給とデッドマザーとの無意識的同一化が同時に起きることによって、複雑な様相を呈することになります。つまり、脱備給は愛情を与えない母親に対して報復的になされ、対象の排除を目的とします。その一方、鏡映同一化は無意識的に母親そのものと同一化してしまうことになります。この双方は相反する目的を有し、決して結論のつかない悪循環に陥ってしまいます。つまり、快楽の源泉でも、目的でもある乳房は構築されても、すぐに破壊されてしまいます。そして、このデッドマザーは赤ん坊のパーソナリティの中心に位置し、赤ん坊は必死にデッドマザーを生き返らせるために、偽りの償いを行なうことになります。この償いは決して完結することなく、パーソナリティの基盤をなしてしまうと記述しています。これはちょっと難しいテーマですが、母親の養育能力だけでなく、赤ん坊ですら、そのこどもの特質、素因が重要であることを意味しています。母子関係は、母親の養育能力だけでなく、こどもの側の能力も考慮しなければなりません。つまり、誰が育てても育てにくい子が存在しているということです。

最後に、センダックの時代的な背景を考慮すると、センダックの実家の家業は世界大恐慌で潰れてしまい、両親は必死に働かなくてはならないために、こどもの世話をしたいと思ってもできない状況であったのでしょう。センダックは両親に悪意を感じることなく、仕方ないこととして受け入れているようです。これはネグレクトという虐待に属するのかと言えば、悪意がなく、虐待の範疇にはありません。しかし、社会背景に基づく養育環境の不良という観点から、マターナル・ディプリベーションと言えるでしょう。このボウルビィのWHOへの提言は、多くの開発途上国から批判を浴びましたが、今も途上国では、こどもが必死に働いている姿が見受けられます。

問二の解説——少女のエディプス・コンプレックス

次に「問二」について考えてみましょう。母親も父親も不在で、妹の世話を強いられたアイダは魔法のホルンを持ち、巧みにホルンを吹きました。アイダという少女とホルンは不釣合いな印象です。ホルンは元々「角」の意味をもった言葉であり、古くから「角笛」を意味してもいたと言われています。こうしたシンボル的な観点に立てば、ホルンが意味しているのは父親であり、おそらくホルンをアイダに教えたのも父親だったのでしょう。アイダはやむをえず妹の面倒をみることになり、ここでは「アイダは あかちゃんのおもり。まほうの ホルンを ふいてあげよう。だけど、あかちゃんを みないでいたら」という文章があります。この時のアイダは妹の面倒をみる気はなく、遠く旅立った父親に聞こえるようにホルンを吹いています。そして、アイダはシンボリックにホルンで表象される父親と結合しているかのようです。まったく機能しない母親はすでにアイダのライバルではなく、母親の地位は失墜しています。それであれば、アイダは母親に成り代わって父親の妻となることになります。これはエディプス・コンプレックスの女の子版ですが、アイダは父親に対しておそらく女性としての愛情というメッセージを送っているのでしょう。

問三の解説——母親、妹への羨望

「問三」のゴブリンのメタファーは何か、という設問の解答は難しいものではないでしょう。ゴブリンは妹を誘拐し、この世から亡き者にしようと試みました。妹の面倒を無理矢理に押しつけられたアイダの気持ちは、妹を無視するという行動（ネグレクト）を導いて、そのときにゴブリンが侵入して妹をさらっていってしまいます。無視という行動で示されたアイダの意識的な怒りはそれだけでは不充分で、無意識的にゴブリンという化身で表現されたのでしょう。このゴブリンはアイダの「妹なんか、いらない！」という無意識的な怒りの叫びを現したものと考えると納得できるでしょう。こう考えると、ゴブリンの象徴しているものは、まず妹への敵意でしょう。妹への敵意ばかりでなく、エディプスというコンテクストからすれば、アイダの敵意は母親にも向けられているようです。アイダは心的にエディプスの勝者ですが、エディプス・コンプレックスの現実というのは、こどもには性的行為を実行できないことです。クラインの症例には、女の子が母親の生殖機能への羨望を抱くというテーマがしばしば記述されています。クライン自身が優秀な自分の母親への羨望を抱いたということが内実でしょう。一方、アイダは妹そのものの存在、つまり両親からの愛情が削減させるきょうだいへの葛藤だけでなく、アイダは父親と母親の愛情の証である妹、そして自分にない母親の生殖能力への羨望を抱いたのでしょう。これがゴブリンの実態であり、アイダの無意識的な敵意なのでしょう。

ここで羨望という用語を記載しましたが、クライン派の基本的な用語では、羨望と嫉妬は異なるものです。羨望はクライン派の定義上では二者関係に生じることで、外的現実や第三者は考慮されません。クラインは自分に栄養を与えてくれる母親の乳房に対して、それを貪欲に欲するがあまり、それを獲得しようとして攻撃して破壊してしまうと説明しています。つまり、母親の乳房の破壊ということになります。嫉妬というのは三者関係で言えることで、三人目の人には自分よりも優れている、よい面があると知っています。きょうだい葛藤であれば、自分の弟や妹は自分より可愛くて、両親の愛情が注がれることを知っています。こうした意味で、嫉妬は第三者のなかによいものがあると認めることができます。嫉妬は羨望よりも心的には発達した情緒です。ここでは、アイダは妹＝母親の生殖能力を亡き者に破壊しようとしているわけですから、羨望という用語が適切なようです。

問四の解説——妹への空想的殺意

「問四」はアイダの心情を理解すれば簡単でしょう。妹の代わりに置き換えられた氷の人形を抱きしめたとき、最初、アイダはまったく気づいていませんが、アイダの妹に対する殺人的な怒りは、氷の人形で現実化したことになります。つまり、〝Dreams come true〟です。アイダは氷の人形を愛おしく、頬ずりしながら抱きしめています。人は不満になったときに、何らかの感情が湧いてきますが、満足であれば違和感や葛藤を感じることはありません。自分の空想が現実を凌駕することは万能感といい、羨望も万能的な破壊性をもっていることになりますが、アイダは万能感に陶酔しているということになるでしょう。〝Dreams come true〟——こんなことは現実的には起こりえないことです。これが起きるのは、夢や白昼夢の世界、あるいは精神病の世界です。

問五・六・七の解説——偽りの成熟

「問五」「問六」「問七」の設問に関しては、是非とも絵本のアイダの表情の描写を見てほしいところです。アイダは右手を大きく上げて、助けに行くぞ！ という感じです。そして、黄色いレインコートを着るアイダの表情は麗しい女性の雰囲気を漂わせています。大きな黄色いレインコートは母親のコートであり、母親の身なりになって、父親を象徴するホルンをポケットに入れていることを考えると、両親になるということでしょう。アイダは両親が妹の安否を危惧し、救出したいという願望を引き受けたということになります。

アイダの決心は窮地に立たされて渋々受け入れたものですから、躊躇するというのも当然でしょう。アイダは自分がこどもであり、こどもでいたいという気持ちが湧き出てきても、それは必然的なことです。それは後ろ向きになって窓を飛び立つアイダとして表現され、完全に両親に成り代わって妹を救出する決心の躊躇を示唆しています。これは「問七」でも同じことです。洞窟を通り過ぎたのは躊躇してしまったからであり、「後ろ向きではどうにもならない」と妹の救出を躊躇するアイダに、父親が再度自分の願いを伝えるための歌が聞こえてきます。アイダはアンビバレンツな気持ちに苛まれています。

それにしても、アイダのミッションは無理なことです。アイダは両親になって妹の実際のケアをするということです。アイダは自らケアされることを放棄して、自らを偽って成長しなければなりません。これはセンダックの幼児期の頃、あるいは子沢山の時代であれば、上のきょうだいが両親に成り代わって実際に養育することであり、ある意味、きょうだい葛藤の健康な解決策であったのかもしれません。現代では、たとえば、上の子が幼稚園児くらいの女の子だと、下の子が生まれると嬉しくてお母さんに同一化してお世話の真似をすることはあり、それは母親の機能の内在化ということになります。しかし、あくまでもお世話の真似であり、実際の養育ではありません。

問八の解説――アイダのエディプスの顛末

「問八」の窓の外の光景は意味深です。タイトルに『まどのそとの　そのまたむこう』とあるように、窓の外にはとても重要な意味が隠されています。最初、順調に船が航海をしています。次に、雷というか嵐に巻き込まれて、最後にはとても平穏になった絵が描かれています。つまり、窓の外では父親の船が難破して父親の死が表現されています。父親の死を背後にして、前述のようにアイダは両手を高く上げて父の願いを受け入れ、妹を救おうと決心したようです。これは父親の遺言であり、いかにアイダの意志に反していたとしても、これに逆らうことは決してできないでしょう。死者はしばしば生きている人以上に多くを語ることができます。父の死は絵本で正面から語られることはありませんし、センダック自身もこのことに触れていないようです。父親の死がアイダのこころのなかで対象喪失として「喪の作業」がなされることなく、まったく同一化されてしまったために語ることができないのでしょう。

問九・一〇・一一の解説——羨望の放棄

次は、ゴブリンの世界に関連した「問九」「問一〇」「問一一」について考えてみましょう。父親の歌にある「……あかんぼうきらいのゴブリンたちのけっこんしきがはじまるよ！」とは、誰のこと、そして何を意味しているのでしょうか。ゴブリンというのは母親と妹へのアイダの敵意であり、羨望そのものという激しい攻撃性でした。そして、実際に妹を氷にしてしまうほど激烈なものでした。しかし、この時点では、アイダは父親の遺言によって怒りを我慢しなければならなくなっています。赤ん坊嫌いのゴブリンの結婚式とは、赤ん坊である妹を嫌うアイダが、赤ん坊を受け入れる儀式のことを意味しているのでしょう。

アイダが飛び込んだゴブリンたちの結婚式では、ゴブリンたちは結婚のできるような大人ではなく、皆赤ん坊になっていましたが、このことは、アイダの怒りの化身であるゴブリンが、アイダが怒りを我慢、あるいは抑圧するにつれて、段々と小さくなったことを示しています。そして、アイダは黄色いレインコートを羽織りながら魔法のホルンを吹いて、ゴブリンたちを川に沈めてしまいますが、まさしくアイダは両親の化身となって、妹に対する自らの怒りを川に流した後に、妹を発見できたということになるでしょう。水に流すとは、恨みや怒りを忘れるという意味です。

別の観点から考えてみると、赤ん坊のゴブリンたちは母親の体内にいるかもしれない大勢の同胞たちであって、アイダは妹だけを受け入れることはできますが、これ以上の同胞は受け入れられないと語っているとも考えられます。クラインは母親の体内にはペニスや大勢の赤ん坊が存在する豊饒の海であると乳児がみなしていることを記しています。アイダの母親の生殖性への羨望は解消されているわけではなく、それを破壊しているかのような印象もあります。

怒りは何も生み出さないとは、よく一般的に言われることですが、まさにその通りです。怒りとは攻撃性の投影というだけの行為であり、摂取という過程が働かない限り、コミュニケーションとして成立しないからです。コミュニケーションがなされない限り、人にこころの発達はありません。アイダは怒りを鎮静化するにつれて、冷静に現実を見ることができるようになり、妹を発見できたのでしょう。妹を発見した場面では、すでに黄色いレインコートはなく、ホルンを後ろに置いたアイダには、妹の両親となることを決心したかのような雰囲気が漂っています。

問一二の解説——母親機能の欠落

「問一二」は、ゴブリンの世界から脱出し、自宅に戻った瞬間の妹の表情、態度に関してのものです。ちなみに、帰路の背景にピアノを弾いている人がいますが、これは当時、センダックが演出していた「魔笛」の作曲者モーツァルトです。この本のアイダなどの登場人物はその当時の服装をしています。

さて、母親と会った瞬間の妹の態度と表情は奇妙です。というより、アイダも母親の表情も複雑です。妹を抱えて家路についたアイダは母親と再会しますが、その場面は再会を喜ぶ感動的なものではなく、アイダは当惑した表情で、妹は母親を指差しながら今にも泣き出さんばかりの表情をしています。母親はアイダや赤ん坊を心配していた素振りもなく、二人の父親である夫からの手紙を差し出そうとしていました。アイダの母親にはアイダや妹の安否を危惧していた様子もなく、夫からの手紙を無表情にアイダに差し出すことしかできない人のようです。母親にはまったく母性や包容機能がありません。妹の目は母親を見ていなくて、遥か遠く彼方を見て、二人はまったく視線が合っていません。それどころか今にも泣き出しそうな妹は鬼のような怖いものを見つけてしまったかのようです。妹は母親の機能のなさを責めているかのようで、母親の元に行きたいという気持ちがまったく見られません。ここには壊滅的な母子関係が描かれ、アイダの当惑した表情は、「自分がこの子の世話をするしかないのね」といった感じです。

問一三・一四の解説――「偽りの自己」

「問一三」「問一四」ともに父親からの手紙に関することです。アイダは父親が自分に対して、母親以上に愛情の込もったラブレターであることを期待していたのでしょう。つまり、名実ともに機能しない母親に成り代わって父親と結婚すること、つまりエディプスの勝者となることです。しかし、父親からの手紙は、今までのプロセスのダメ押しのように母親と妹の世話を期待しています。こどものこころの発達において、エディプスの勝者になることは好ましいことではありません。それは自分が世話をされた経験がなく、成長することになるからです。こうして成長した人のなかには、世話を受けたことのない赤ん坊の部分がパーソナリティの中心に位置しつづけることがあります。これはウィニコットの「偽りの自己」、メルツァーの「偽成熟」といった概念で包括されます。時に、ネグレクトなどの虐待環境で養育されたこどものなかには、大人以上にとても気が利いて、大人の気持ちを一瞬にして読み取ることに長けている子もいます。こうした子たちは乳児期から母親などの養育者の機嫌を感じることにだけ神経を尖らせています。なぜなら、もしご機嫌を損ねれば、食事も与えてもらえない可能性もあり、生命の危機に晒されてしまうからです。乳幼児観察の創案者のビックは「附着性同一化」という概念を提案しましたが、その場の人や雰囲気にぴったりとセロハンテープのように貼りついて、その場に一見、とても上手に適応しているかのようなこどもが存在します。しかし、この子たちには心的空間がなく、情緒的体験をすることが困難です。アイダの将来もとても心配です。

父親からアイダへの手紙は、母親と妹の世話を頼むといった内容であり、最後のページにそれが遂行されていることが書かれています。つまり、アイダは妹にとっての母親、母親にとっての夫という役割を背負わされながら、これから成長していかなければならないことを示唆しているのでしょう。このようなアイダの心的状況は、決して好ましいこどものこころの発達とは言えません。両親の離婚や片親の死など実質的な家庭崩壊だけではなくて、精神的に親に依存できないこどもたちが、過剰適応しながら生き抜く姿を本作品は表現しているようです。

こうした内容が、本節冒頭の私の不快感に繋がったようです。つまり、現代であれば、ネグレクトの母親から乳飲み子の世話を無理矢理させられているこどもということで、こんな話を聞いて、気持ちがよいはずはありません。

モーリス・センダック三部作のまとめ

センダックが自ら三部作と称しているこれらの作品では、こどもの異なるこころの情景が描かれていることを論じてきました。これらに共通していることは、こどもの想像力、空想することです。こどもがいかに巧みに想像力を駆使して現実の厳しさから逃れ、生き抜いていくのかを、これらの作品は見事に描写しています。昨今、こどもが「キレる」とか、残酷な犯罪が報道されています。空想することは行動することの抑止となるのですが、現代の一部のこどもに失われつつある能力なのかもしれません。

日々のこどもとの臨床実践において、私たちは言語表現もままならないこどものこころの情景を知り、こどもたちの悩みを見つけ出す困難な作業に取り組まなければなりません。こどもの悩みごとにもその子なりの個別性があり、心的内容の詳細は異なりますが、センダックの三部作で描かれた世界は、臨床実践でのこどもの悩みやこころの発達のスキーマを提示するものであり、こどもの臨床に関わる専門家にとって、とても示唆的な本です。

❖文献（本書では *The Standard Edition of the Complete Psychological Works of Sigmund Freud* を SE、*The Writings of Melanie Klein* を WMK と略す）

攻撃性の発達論

Klein, M.（1923）Early analysis. WMK 1.（堤啓＝訳（一九八三）「早期分析」、『メラニー・クライン著作集１』誠信書房、九一―一二三頁）

Klein, M.（1926）The psychological principles of early analysis. WMK 1.（長尾博＝訳（一九八三）「早期分析の心理学的原則」、『メラニー・クライン著作集１』誠信書房、一五一―一六三頁）

Klein, M.（1928）Early stages of the Oedipus conflict. WMK 1.（柴山謙二＝訳（一九八三）「エディプス葛藤の早期段階」、『メラニー・クライン著作集１』誠信書房、二二五―二三八頁）

Klein, M.（1930）The importance of symbol-formation in the development the ego. WMK 1.（村田豊久・藤岡宏＝訳（一九八三）「自我の発達における象徴形成の重要性」、『メラニー・クライン著作集１』誠信書房、二六五―二八一頁）

Klein, M.（1933）The early development of conscience in the child. WMK 1, pp.248-257.（田嶌誠一＝訳（一九八三）「子どもにおける良心の早期発達」、『メラニー・クライン著作集３』誠信書房、三―一四頁）

Hinshelwood, R.D.（1991）*A Dictionary of Kleinian Though.* 2nd ed. London : Free Association Books.（衣笠隆幸＝総監訳、福本修・奥寺崇・木部則雄・小川豊昭・小野泉＝監訳（二〇一四）『クライン派用語辞典』誠信書房、五〇―六二頁）

Segal, H.（1973）*Introduction to the Work of Melanie Klein.* London : Hogarth Press, Institute of Psycho-analysis, 1973.（岩崎徹也＝訳（一九七七）『メラニー・クライン入門』岩崎学術出版社、一二六―一四二頁）

無意識的空想

Freud, S.（1911）Formulations on the Two Principles of Mental Functioning. SE 12.（高田珠樹＝訳（二〇〇九）「心的生起の二原理に関する定式」、『フロイト全集11』岩波書店、二五九―二六七頁）

Hinshelwood, R.D.（1991）*A Dictionary of Kleinian Though.* 2nd ed. London : Free Association Books.（衣笠隆幸＝総監訳、福本修・奥寺崇・木部則雄・小川豊昭・小野泉＝監訳（二〇一四）『クライン派用語辞典』誠信書房、三四―四九頁）

Hinshelwood, R.D.（1994）*Clinical Klein.* London : Free Association Books.（福本修・木部則雄・平井正三＝訳（一九九九）『クリニカル・クライン・

クライン』誠信書房、一九―二八頁）
Isaacs, S.（1948）The Nature and function of phantasy. In : M. Klein, P. Heimann, S. Isaacs, & J. Riviere（eds.）（1952）*Developments in Psycho-Analysis*. Hogarth, pp.67-221 ; originally read in 1943 in the Controversial Discussions of the British Psycho-Analytical Society 1943-44 ; published Int. *F. Psycho-Anal.* 29 ; 73-97.（一木仁美＝訳（二〇〇三）「空想の性質と機能」、『対象関係論の基礎』新曜社）
Riviere, J.（1936a）On the genesis of psychical conflict in earliest infancy. *Int. J. Psycho-Anal* 17 ; 395-422 ; reprinted in M. Klein, P. Heimann, S. Isaacs, & J. Riviere（1952）*Developments in Psycho-Analysis*. London : Hogarth Press, pp.37-66 ; reprinted（1989）Karnac, and in J. Riviere（1991）*The Inner World and Joan Riviere*. Karnac, pp.272-300.
Segal, H.（1973）*Introduction to the work of Melanie Klein*. London : Hogarth Press, Institute of Psycho-analysis.（岩崎徹也＝訳（一九七七）『メラニー・クライン入門』岩崎学術出版社、一六―三三頁）

無意識的罪悪感

Freud, S.（1924）The economic problem of masochism. SE 19, pp.157-170.（本間直樹＝訳（二〇〇七）「マゾヒズムの経済論的問題」、『フロイト全集18』岩波書店、二八七―三〇〇頁）
Klein, M.（1927）Criminal tendencies in normal children. WMK 1, pp.170-185.（野島一彦＝訳（一九八三）「正常な子どもにおける犯罪傾向」、『メラニー・クライン著作集 1』誠信書房、二〇五―二二四頁）
Klein, M.（1929）Personification in the play of children. WMK 1, pp.199-209.（安倍恒久＝訳（一九八三）「子どもの遊びにおける人格化」、『メラニー・クライン著作集 1』誠信書房、二三九―二五一頁）
Klein, M.（1930）The importance of symbol-formation in the development the ego. WMK 1.（村田豊久・藤岡宏＝訳（一九八三）「自我の発達における象徴形成の重要性」、『メラニー・クライン著作集 1』誠信書房、二六五―二八一頁）
Klein, M.（1932）The psycho-analysis of children. WMK 2.（衣笠隆幸＝訳（一九八三）『メラニー・クライン著作集 2』誠信書房）

妄想分裂ポジション

Fairbairn, R.（1943）The repression and the return of bad objects. *Br. F. Med. Psychol* 19 ; 327-341 ; republished with amendments in R. Fairbairn（1952）*Psycho-Analytic Studies of the Personality*. Routledge & Kegan Paul, pp.59-81.（山口泰司＝訳（二〇〇二）「抑圧と、悪い対象の回帰」、『人格の精神分析学的研究』文化書房博文社）

Klein, M.（1932）The psycho-analysis of children. WMK 2.（衣笠隆幸＝訳（一九九七）『メラニー・クライン著作集 2』誠信書房）
Klein, M.（1946）Notes on some schizoid mechanism. WMK 3. pp.1-24.（狩野力八郎・渡辺明子・相田信男＝訳（一九八五）「分裂的機制についての覚書」，『メラニー・クライン著作集 4』誠信書房，三―三二頁）
Searl, M.（1932）A note on depersonalization. *Int. F. Psycho-Anal* 13 ; 329-347.

抑うつポジション

Brierley, M.（1950）Review of Klein's contributions to psycho-analysis. *Int. F. Psycho-Anal* 31 ; 209-211.
Fairbairn, R.（1941）A revised psychopathology of the psychoses and psychoneuroses. In : R. Fairbairn（1952）*Psycho-Analytic Studies of the Personality*. Routledge & Kegan Paul.（山口泰司＝訳（一九九五）「精神病と精神神経症の，修正された精神病理学」，『人格の精神分析』講談社／山口泰司＝訳（二〇〇二）『人格の精神分析学的研究』文化書房博文社）
Glover, E.（1945）An examination of the Klein system of child psychology. *Psychoanal. Study Child* 1 ; 3-43.
Hinshelwood, R.D.（1991）*A Dictionary of Kleinian Though*. 2nd ed. London : Free Association Books.（衣笠隆幸＝総監訳，福本修・奥寺崇・木部則雄・小川豊昭・小野泉＝監訳（二〇一四）『クライン派用語辞典』誠信書房，一六三―一八六頁）
Hinshelwood, R.D.（1994）*Clinical Klein*. London : Free Association Books.（福本修・木部則雄・平井正三＝訳（一九九九）『クリニカル・クライン』誠信書房，七八―九九頁）
Joseph, B.（1978）Different types of anxiety and their handling in the analytic situatetion. *Int. F. Psycho-Anal* 59 ; 223-228.（小川豊昭＝訳（二〇〇五）「さまざまなタイプの不安と分析状況におけるその取り扱い」，『心的平衡と心的変化』岩崎学術出版社）
Klein, M.（1929a）Personification in the play of children. WMK 1. pp.199-209.（安倍恒久＝訳（一九八三）「子どもの遊びにおける人格化」，西園昌久・牛島定信＝責任編訳『メラニー・クライン著作集 1』誠信書房，二三九―二五一頁）
Klein, M.（1933）The early development of conscience in the child. WMK 1, pp.248-257.（田嶌誠一＝訳（一九八三）「子どもにおける良心の早期発達」，『メラニー・クライン著作集 3』誠信書房，三―一四頁）
Klein, M.（1935）A contribution to the osychogenesis of manic-depressive states. WMK 1, pp.262-289.（安岡誉＝訳（一九八三）「躁うつ状態の心因論に関する寄与」，『メラニー・クライン著作集 3』誠信書房，二一―五四頁）
Klein, M.（1940）Mourning and its relation to manic-depressive states. WMK 1, pp.344-369.（森山研介＝訳（一九八三）「喪とその躁うつ状

態との関係」、『メラニー・クライン著作集3』誠信書房、一二三―一五五頁）
Klein, M.（1945）The Oedipus complex in the light of early anxieties. WMK 1, pp.128-138.（牛島定信＝訳（一九八三）「早期不安に照らしてみたエディプス・コンプレックス」、『メラニー・クライン著作集3』誠信書房、一五七―二一八頁）
Klein, M.（1960）A note on depression in the schizopherenic. WMK 3, pp.264-267.（皆川邦直＝訳（一九九六）「分裂病者における抑うつに関する覚書」、『メラニー・クライン著作集5』誠信書房、一二五―一二八頁）
Klein, M.（1961）*Narrative of a Child Analysis*. London : Hogarth Press.
Riviere, J.（1936）A contribution to the analysis of the negative therapeutic reactions. *Int. F. Psycho-Anal* 17 ; 304-320.（椋田容世＝訳（二〇〇三）「陰性治療反応の分析への寄与」、松木邦裕＝編・監訳『対象関係論の基礎』新曜社）
Scott, W., & Clifford, M.（1947）On the intense affects encountered in treating a severe manic-depressive disorder. *Int. F. Psycho-Anal* 28 ; 139-143.

万能感

Hinshelwood, R.D.（1991）*A Dictionary of Kleinian Though*. 2nd ed. London : Free Association Books.（衣笠隆幸＝総監訳、福本修・奥寺崇・木部則雄・小川豊昭・小野泉＝監訳（二〇一四）『クライン派用語辞典』誠信書房、一四四―一六二、四九八―五〇〇頁）
Klein, M.（1933）The early development of conscience in the child. WMK 1.（田嶌誠一＝訳（一九八三）「子どもにおける良心の早期発達」、『メラニー・クライン著作集3』誠信書房、三―一四頁）
Rosenfeld, H.（1987）*Impasse and Interpretation*. Tavistock.（神田橋篠治＝監訳、館直彦・後藤素規ほか＝訳（二〇〇一）『治療の行き詰まりと解釈――精神分析療法における治療的／半治療的要因』誠信書房）
Segal, H.（1983）Some clinical implications of Melanie Klein's work. *Int. F. Psychco-Anal* 64 ; 269-276.（松木邦裕＝訳（一九八八）『クライン派の臨床――ハンナ・スィーガル論文集』岩崎学術出版社）
Winnicott, D.W.（1953）Transitional objects and transitional phenomena. *Int. F. Psycho-Anal* 34 ; 89-96 ; republished in D.W. Winnicott（1971）*Playing and Reality*. Tavistock.（橋本雅雄＝訳（一九七九）「移行対象と移行現象」、『遊ぶことと現実』岩崎学術出版社）

原始的防衛（投影同一視）

Freud, S.（1926）Inhibitions, symptoms and anxiety. SE 20, pp.77-175.（大宮勘一郎・加藤敏＝訳（二〇一〇）「制止、症状、不安」、『フロ

イト全集19』岩波書店、九一―一〇一頁）

Hinshelwood, R.D.（1991）*A Dictionary of Kleinian Though.* 2nd ed. London : Free Association Books.（衣笠隆幸＝総監訳、福本修・奥寺崇・木部則雄・小川豊昭・小野泉＝監訳（二〇一四）『クライン派用語辞典』誠信書房、一四四―一六二頁）

Klein, M.（1930）The importance of symbol-formation in the development the ego. WMK 1.（村田豊久・藤岡宏＝訳（一九八三）「自我の発達における象徴形成の重要性」、『メラニー・クライン著作集１』誠信書房、二六五―二八一頁）

Klein, M.（1933）The early development of conscience in the child. WMK 1.（田嶌誠一＝訳（一九八三）「子どもにおける良心の早期発達」、『メラニー・クライン著作集３』誠信書房、三―一四頁）

Klein, M.（1946）Notes on some schizoid mechanism. WMK 3. pp.1-24.（狩野力八郎・渡辺明子・相田信男＝訳（一九八五）「分裂的機制についての覚書」、『メラニー・クライン著作集４』誠信書房、三―三二頁）

Harnik, J.（1932）On introjection and projection in the mechanism of depression. *Int. F. Psycho-Anal.* 13 ; 425-432.

Stephen, K.（1934）Introjection and projection : Guilt and rage. *Br. F. Med. Psychol.* 14 ; 316-331.

Bion, W.（1959）Attacks on linking. *Int. F. Psycho-Anal* 40 ; 308-315 ; republished in W. Bion（1967）*Second Thoughts.* Heinemann, pp.93-109.（中川慎一郎＝訳（一九九三）「連結することへの攻撃」、松木邦裕＝監訳『メラニー・クライン トゥデイ①』岩崎学術出版社／中川慎一郎＝訳（二〇〇七）「連結することへの攻撃」、松木邦裕＝監訳『再考 精神病の精神分析論』金剛出版、一〇〇―一一五頁）

内的対象、外的対象

Brenman, E.（1980）The value of reconstruction in adult psychoanalysis. *Int. F. Psycho-Anal* 61 ; 53-60.

Grinberg, L.（1962）On a specific aspect of counter-transference due to the patient's projective identification. *Int. F. Psycho-Anal.* 43 ; 436-444.

Hinshelwood, R.D.（1991）*A Dictionary of Kleinian Though.* 2nd ed. London : Free Association Books.（衣笠隆幸＝総監訳、福本修・奥寺崇・木部則雄・小川豊昭・小野泉＝監訳（二〇一四）『クライン派用語辞典』誠信書房、七七―九六、一四四―一六二頁）

Hinshelwood, R.D.（1994）*Clinical Klein.* London : Free Association Books.（福本修・木部則雄・平井正三＝訳（一九九九）『クリニカル・クライン』誠信書房、五六―七七頁）

Klein, M.（1927）Criminal tendencies in normal children. WMK 1, pp.170-185.（野島一彦＝訳（一九八三）「正常な子どもにおける犯罪傾向」、『メラニー・クライン著作集１』誠信書房、二〇五―二二四頁）

Klein, M.（1929a）Personification in the play of children. WMK 1, pp.199-209.（安倍恒久＝訳（一九八三）「子どもの遊びにおける人格化」、『メラニー・クライン著作集 1』誠信書房、二三九―二五一頁）

Klein, M.（1935）A contribution to the osychogenesis of manic-depressive states. WMK 1, pp.262-289.（安岡誉＝訳（一九八三）「躁うつ状態の心因論に関する寄与」、『メラニー・クライン著作集 3』誠信書房、二一―五四頁）

Klein, M.（1946）Notes on some schizoid mechanism. WMK 3, pp.1-24.（狩野力八郎・渡辺明子・相田信男＝訳（一九八五）「分裂的機制についての覚書」、『メラニー・クライン著作集 4』誠信書房、三三―五四頁）

Klein, M.（1948）On the theory of anxiety and guilt. WMK 3, pp.25-42.（杉博＝訳（一九八五）「不安と罪悪感の理論について」、小此木啓吾・岩崎徹也＝責任編訳『メラニー・クライン著作集 4――妄想的・分裂的世界』誠信書房）

Segal, H.（1956）Depression in the schizophrenic. *Int. F. Psycho-Anal* 37 ; 339-343 ; republished in H. Segal（1981）*The Work of Hanna Segal : A Kleinian Approach to Clinical Practice*. New York : Jason Aronson, pp.121-129.（松木邦裕＝訳（一九八八）「精神分裂病者での抑うつ」、『クライン派の臨床―ハンナ・スィーガル論文集』岩崎学術出版社／松木邦裕＝訳（一九九三）「精神分裂病者での抑うつ」、松木邦裕＝監訳『メラニー・クライン トゥデイ①』岩崎学術出版社）

Stanford, B.（1952）An obsessional man's need to be kept. *Int. F. Psycho-Anal.* 33 ; 144-152 ; republished in M. Klein, P. Heimann, & R. Money-Kyrle（eds.）（1955）*New Directions in Psycho-Analysis*. London : Hogarth Press, pp.266-181.

無様式知覚、アルファ機能

Bion, W.（1962a）A theory of thinking. In : W.R. Bion（1967）*Second Thoughts*. Heinemann, pp.110-119 ; previously published（1962）*Int. F. Psycho-Anal.* 43 ; 306-310.（白峰克彦＝訳（一九九三）「思索についての理論」、松木邦裕＝監訳『メラニー・クライン トゥデイ②』岩崎学術出版社／中川慎一郎＝訳（二〇〇七）「考えることに関する理論」、松木邦裕＝監訳『再考 精神病の精神分析論』金剛出版、一一六―一二四頁）

Bion, W.（1962b）*Learning from Experience*. Heinemann.（福本修＝訳（一九九九）「経験から学ぶこと」、『精神分析の方法I――セブン・サーヴァンツ』法政大学出版局）

Bion, W.（1970）*Attention and Interpretation*. Tavistock.（福本修・平井正三＝訳（二〇〇二）「注意と解釈」、『精神分析の方法II――セブン・サーヴァンツ』法政大学出版局）

Isaacs, S.（1948）The nature and function of phantasy. In : M. Klein, P. Heimann, S. Isaacs, & J. Riviere（eds.）（1952）*Developments in Psycho-*

Analysis. London : Hogarth Press, pp.67-221 ; originally read in 1943 in the Controversial Discussions of the British Psycho-Analytical Society 1943-44 ; published *Int. F. Psycho-Anal.* 29 ; 73-97.（一木仁美＝訳（二〇〇三）「空想の性質と機能」、『対象関係論の基礎』新曜社）

Hinshelwood, R.D.（1991）*A Dictionary of Kleinian Though.* 2nd ed. London : Free Association Books.（衣笠隆幸＝総監訳、福本修・奥寺崇・木部則雄・小川豊昭・小野泉＝監訳（二〇一四）『クライン派用語辞典』誠信書房、七七―九六、一四四―一六二頁）

Hinshelwood, R.D.（1994）*Clinical Klein.* London : Free Association Books.（福本修・木部則雄・平井正三＝訳（一九九九）『クリニカル・クライン』誠信書房）

攻撃者との同一化

Freud, A.（1936）*The Ego and the Mechanisms of Defence.* Hogarth.（外林大作＝訳（一九五八／一九八五）『自我と防衛機制』誠信書房／牧田清志・黒丸正四郎＝監修（一九八二）『アンナ・フロイト著作集 2――自我と防衛機制』岩崎学術出版社）

満足

Klein, M.（1952）Some theoreticl conclusions regarding the emotional life of the infant. In : M. Klein, P. Heimann, S. Isaacs, & J. Riviere : *Developments in Psycho-Analysis.* pp.198-236.（佐藤五十男＝訳（一九八五）「幼児の情緒生活についての二、三の理論的結論」、小此木啓吾・岩崎徹也＝責任編訳『メラニー・クライン著作集 4』誠信書房、七七―一一六頁）

攻撃性の創造的な発達

「羨望→嫉妬→競争心→創造性」

Hinshelwood, R.D.（1994）*Clinical Klein.* London : Free Association Books.（福本修・木部則雄・平井正三＝訳（一九九九）『クリニカル・クライン』誠信書房、一五二、一五六頁）

Klein, M.（1930）The importance of symbol-formation in the development the ego. WMK 1.（村田豊久・藤岡宏＝訳（一九八三）「自我の発達における象徴形成の重要性」、『メラニー・クライン著作集 1』誠信書房、二六五―二八一頁）

知識本能

Freud, S.（1916-1917）Introductory lectures. SE 15, 16.（高田珠樹・新宮一成・須藤訓任・道籏泰三＝訳（二〇一二）「精神分析入門講義」、『フロイト全集15』岩波書店、一—五六三頁／道籏泰三＝訳「続・精神分析入門講義」、『フロイト全集21』岩波書店、一—二四〇頁）

Klein, M.（1923）The role of the school in the libidinal development of the child. WMK 1. pp.59-76.（村山正治＝訳（一九八三）「子どものリビドー発達における学校の役割」、『メラニー・クライン著作集 1』誠信書房、六九—九〇頁）

Klein, M.（1930a）The importance of symbol-formation in the development the ego. WMK 1.（村田豊久・藤岡宏＝訳（一九八三）「自我の発達における象徴形成の重要性」、『メラニー・クライン著作集 1』誠信書房、二六五—二八一頁）

Klein, M.（1930b）The psychotherapy of the psychoses. WMK 1, pp.233-235.（増井武士＝訳（一九八三）「精神病の精神療法」、『メラニー・クライン著作集 1』誠信書房、二八三—二八六頁）

Klein, M.（1931）A contribution on the theory of intellectual development. WMK 1, pp.236-247.（坂口信貴＝訳（一九八三）「知性の制止についての理論的寄与」、『メラニー・クライン著作集 1』誠信書房、二八七—三〇二頁）

退行

Klein, M.（1923）Early analysis. WMK 1.（堤啓＝訳（一九八三）「早期分析」、『メラニー・クライン著作集 1』誠信書房、九一—一二三頁）

Klein, M.（1927）Criminal tendencies in normal children. WMK 1. pp.170-185.（野島一彦＝訳（一九八三）「正常な子どもにおける犯罪傾向」、『メラニー・クライン著作集 1』誠信書房、二〇五—二二四頁）

原光景

Freud, S.（1918）From the history an infantile neurosis. SE 17, pp.3-123.（須藤訓任＝訳（二〇一〇）「ある幼児期神経症の病歴より〔狼男〕」、『フロイト全集14』岩波書店、一—一三〇頁）

早期超自我

Freud, S.（1930）Civilization and its discontents. SE 21, pp.59-145.（嶺秀樹・高田珠樹＝訳（二〇一一）「文化の中の居心地悪さ」、『フロイト全集20』岩波書店、六五—一六二頁）

Klein, M.（1926）The psychological principles of early analysis. WMK 1.（長尾博＝訳（一九八三）「早期分析の心理学的原則」、『メラニー・

クライン著作集1』誠信書房、一五一―一六三頁）

Klein, M.（1928）Early stages of the Oedipus conflict. WMK 1.（柴山謙二＝訳（一九八三）「エディプス葛藤の早期段階」、『メラニー・クライン著作集1』誠信書房、二二五―二三八頁）

Klein, M.（1933）The early development of conscience in the child. WMK 1.（田嶌誠一＝訳（一九八三）「子どもにおける良心の早期発達」、『メラニー・クライン著作集3』誠信書房、三―一四頁）

Hinshelwood, R.D.（1991）*A Dictionary of Kleinian Though.* 2nd ed. London : Free Association Books.（衣笠隆幸＝総監訳、福本修・奥寺崇・木部則雄・小川豊昭・小野泉＝監訳（二〇一四）『クライン派用語辞典』誠信書房、三四―四九頁）

地理的混乱

Cassese, S.F.(2002) *Introduction to the Work of Donald Meltzer.* London : Stylus Pub.（木部則雄・脇谷順子＝訳、山上千鶴子＝訳・解題（二〇〇五）『入門メルツァーの精神分析論考――フロイト・クライン・ビオンからの系譜』岩崎学術出版社）

Meltzer, D.（1967）*Psychoanalytical Process.* London : Heinemann.（松木邦裕＝監訳、飛谷渉＝訳（二〇一〇）『精神分析過程』金剛出版）

早期エディプス期

Heimann, P.（1952）A contribution to the re-evaluation of the oedipus complex. *Int. F. Psycho-Anal.* 33 ; 84-92 ; repblished in M. Klein et al.（1955）*New Directions in Psycho-Analysis.* Routledge.

Hinshelwood, R.D.（1994）*Clinical Klein.* London : Free Association Books.（福本修・木部則雄・平井正三＝訳（一九九九）『クリニカル・クライン』誠信書房、四九、六四頁）

Klein, M.（1927）Criminal tendencies in normal children. WMK 1, pp.170-185.（野島一彦＝訳（一九八三）「正常な子どもにおける犯罪傾向」、『メラニー・クライン著作集1』誠信書房、二〇五―二二四頁）

Klein, M.（1928）Early stages of the Oedipus conflict. WMK 1.（柴山謙二＝訳（一九八三）「エディプス葛藤の早期段階」、『メラニー・クライン著作集1』誠信書房、二二五―二三八頁）

Klein, M.（1932）The Psycho-Analysis of Children. WMK 2.（衣笠隆幸＝訳（一九八八）『メラニー・クライン著作集2』誠信書房）

Klein, M.（1933）The early development of conscience in the child. WMK 1.（田嶌誠一＝訳（一九八三）「子どもにおける良心の早期発達」、『メ

ラニー・クライン著作集3』誠信書房、三一一四頁）

Klein, M.（1945）The Oedipus complex in the light of early anxieties. WMK 1. pp.128-138.（牛島定信＝訳（一九八三）「早期不安に照らしてみたエディプス・コンプレックス」、『メラニー・クライン著作集3』誠信書房、一五七―二一八頁）

Segal, H.（1973）*Introduction to the Work of Melanie Klein*. London : Hogarth Press, Institute of Psycho-analysis.（岩崎徹也＝訳（一九七七）『メラニー・クライン入門』岩崎学術出版社、一四九―一六〇頁）

結合両親像

Hinshelwood, R.D.（1994）*Clinical Klein*. London : Free Association Books.（福本修・木部則雄・平井正三＝訳（一九九九）『クリニカル・クライン』誠信書房、六三、一五五頁）

Klein, M.（1923）The role of the school in the libidinal development of the child. WMK 1, pp.59-76.（村山正治＝訳（一九八三）「子どものリビドー発達における学校の役割」、『メラニー・クライン著作集1』誠信書房、六九―九〇頁）

Klein, M.（1929）Infantile anxiety-situations reflected in a work of art and in the creative impulse. WMK 1, pp.210-218.（坂口信貴＝訳（一九八三）「芸術作品および創造的衝動に表われた幼児期不安状況」、『メラニー・クライン著作集1』誠信書房、二五三―二六四頁）

Klein, M.（1932）The Psycho-Analysis of Children. WMK 2.（衣笠隆幸＝訳（一九九七）『メラニー・クライン著作集2』誠信書房）

原初的母性没頭、ほどほどの母親

ジョーン・ラファエル－レフ＝編、木部則雄＝監訳、長沼佐代子・長尾牧子・坂井直子・金沢聡子＝訳（二〇一一）『母子臨床の精神力動――精神分析・発達心理学から子育て支援へ』岩崎学術出版社、二五一―二七八頁

Klein, M.（1952）Some theoretical conclusions regarding the emotional life of the infant. ; repblished in M. Klein（1975）*Envy and Gratitude*. London : Hogarth Press.（佐藤五十男＝訳（二〇〇〇）「幼児の情緒生活についての二、三の理論的結論」、『メラニー・クライン著作集4』誠信書房、七七―一一六頁）

Raphael-Leff, J.（1999）Primary maternal presecution. In : B. Kahr（ed.）*Forensic Psychotherary and Psychopathology Winnicottian Perspectives*. London : Karnac.

Winnicott, D.W.（1948）Paediatrics and psychiatry. In : D.W. Winnicott（1992）*Collected Works : Through Paediatrics to Psychoanalysis*. London :

Karnac.（北山修＝監訳（一九九九）『小児医学から児童精神分析へ――ウィニコット臨床論文集Ⅰ』岩崎学術出版社）

Winnicott, D.W.（1956）Primary maternal preoccupation. In : D.W. Winnicott（1992）*Collected Works : Through Paediatrics to Psychoanalysis*. London : Karnac.（小坂和子＝訳（二〇〇五）「原初の母性的没頭」、北山修＝監訳『小児医学から児童精神分析へ――ウィニコット臨床論文集』岩崎学術出版社）

Winnicott, D.W.（1960）Ego distortion in terms of true and false self. In : *The Maturational Processes and the Facilitating Environment*. London : Hogarth Press, pp.140-152.（牛島定信＝訳（一九七七）「本当の、および偽りの自己という観点からみた自我の歪曲」、『情緒発達の精神分析理論』岩崎学術出版社）

羨望、嫉妬

Bick, E.（1964）Notes on infant observation in psycho-analytic training. *Int. F. Psycho-Anal* 45 ; 558-566 ; republished in M. Harris, & E. Bick（1987）*The Collected Papers of Martha Harris and Esther Bick*. Perth : Clunie, pp.240-256.

Bick, E.（1968）The experience of the skin in early object relations. *Int. F. Psycho-Anal* 49 ; 484-486 ; republished in M. Harris, & E. Bick（1987）*The Collected Papers of Martha Harris and Esther Bick*. Perth : Clunie, pp.114-118.（古賀靖彦＝訳（一九九三）「早期対象関係における皮膚の体験」、松木邦裕＝監訳『メラニー・クライントゥデイ②』岩崎学術出版社）

Bick, E.（1986）Further considerations of the function of the skin in early object relations. *Br. F. Psycho-Anal* 68 ; 48-61.

Eisler, M.J.（1921）Pleasure in sleep and the disturbed capacity for sleep. *Int. F. Psycho-Anal* 3 ; 30-42.

Hinshelwood, R.D.（1991）*A Dictionary of Kleinian Though*. 2nd ed. London : Free Association Books.（衣笠隆幸＝総監訳、福本修・奥寺崇・木部則雄・小川豊昭・小野泉＝監訳（二〇一四）『クライン派用語辞典』誠信書房、二〇一―二一六）

Hinshelwood, R.D.（1994）*Clinical Klein*. London : Free Association Books.（福本修・木部則雄・平井正三＝訳（一九九九）『クリニカル・クライン』誠信書房、一四四、一四九―一五二、一五六頁）

Klein, M.（1932）The Psycho-Analysis of Children. WMK 2.（衣笠隆幸＝訳（一九九七）『メラニー・クライン著作集２』誠信書房）

Klein, M.（1952b）On observing the behavior of young infants. WMK 3, pp.92-121.（小此木啓吾＝訳（一九八五）「乳幼児の行動観察について」、『メラニー・クライン著作集４』誠信書房、一一七―一五六頁）

Klein, M.（1955a）The psycho-analytic play technique : Its history and significance. WMK 3, pp.122-140.（渡辺久子＝訳（一九八五）「精神分析的遊戯技法」、『メラニー・クライン著作集４』誠信書房、一五七―一八一頁）

Klein, M.（1955b）On identification. WMK 3, pp.141-175.（伊藤洸＝訳（一九八五）「同一視について」、『メラニー・クライン著作集 4』誠信書房、一八三―二二六頁）

Klein, M.（1957）Envy and gratitude. WMK 3, pp.176-235.（松本善男＝訳（一九九六）「羨望と感謝」、『メラニー・クライン著作集 5』誠信書房、三―八九頁）

Meltzer, D.（1963）A contribution to the metapsychology of cyclothymic states. *Int. F. Psycho-Anal* 44 ; 83-96.

Riviere, J.（1936）A contribution to the analysis of the negative therapeutic reactions. *Int. F. Psycho-Anal* 17 ; 304-320.（椋田容世＝訳（二〇〇三）「陰性治療反応の分析への寄与」、松木邦裕＝編・監訳『対象関係論の基礎』新曜社）

Rosenfeld, H.（1952）Notes on the psycho-analysis of the superego conflict in an acute schizophrenic. In : H. Rosenfeld（1985）*Psychonic States*. Routledge, pp.63-103 ; originally published *Int. F. Psycho-Anal* 33 ; 111-131 ; republished in M. Klein, P. Heimann, & R. Money-Kyrle（eds.）（1955）*New Directions in Psycho-Analysis*. London : Hogarth Press, pp.180-219.（古賀靖彦＝訳（一九九三）「急性精神分裂者の弔辞が葛藤の精神分析」松木邦裕＝監訳『メラニー・クライントゥデイ①』岩崎学術出版社）

万能

Winnicott, D.W.（1953）Transitional objects and transitional phenomena. *Int. F. Psycho-Anal.* 34 ; 89-96 ; republished in D.W. Winnicott（1971）*Playing and Reality*. Tavistock.（橋本雅雄＝訳（一九七九）「移行対象と移行現象」、『遊ぶことと現実』岩崎学術出版社）

Hinshelwood, R.D.（1994）Clinical Klein. London : Free Association Books.（福本修・木部則雄・平井正三＝訳（一九九九）『クリニカル・クライン』誠信書房、一二五、一五三、二二四頁）

Klein, M.（1946）Notes on some schizoid mechanism. WMK 3, pp.1-24.（狩野力八郎・渡辺明子・相田信男＝訳（一九八五）「分裂的機制についての覚書」、『メラニー・クライン著作集 4』誠信書房、三―三二頁）

Rosenfeld, H.（1987）*Impasse and Interpretation*. Tavistock.（神田橋條治＝監訳、館直彦・後藤素規他＝訳（二〇〇一）『治療の行き詰まりと解釈――精神分析療法における治療的／半治療的要因』誠信書房）

Segal, H.（1983）Some clinical implications of Melanie Klein's work. *Int. F. Psycho-Anal* 34 ; 269-276.（松木邦裕＝訳（一九八八）「メラニー・クラインの技法」、『クライン派の臨床――ハンナ・スィーガル論文集』岩崎学術出版社）

喪

Freud, S.（1917）Mourning and melancholia. SE 14, pp.237-260.（伊藤正博＝訳（二〇一〇）「喪とメランコリー」、『フロイト全集14』岩波書店、二七三－二九三頁）

Hinshelwood, R.D.（1994）*Clinical Klein*. London : Free Association Books.（福本修・木部則雄・平井正三＝訳（一九九九）『クリニカル・クライン』誠信書房、一二一－一八、五七、七八－八〇、九四－九八頁）

Klein, M.（1935）A contribution to the osychogenesis of manic-depressive states. WMK 1, pp.262-289.（安岡誉＝訳（一九八三）「躁うつ状態の心因論に関する寄与」、『メラニー・クライン著作集 3』誠信書房、二一－五四頁）

Klein, M.（1940）Mourning and its relation to manic-depressive states. WMK 1, pp.344-369.（森山研介＝訳（一九八三）「喪とその躁うつ状態との関係」、『メラニー・クライン著作集 3』誠信書房、一二三－一五五頁）

Segal, H.（1973）*Introduction to the Work of Melanie Klein*. London : Hogarth Press, Institute of Psycho-analysis.（岩崎徹也＝訳（一九七七）『メラニー・クライン入門』岩崎学術出版社）

偽りの自己

ジャン・エイブラム＝著、館直彦＝監訳（二〇〇六）『ウィニコット用語辞典』誠信書房

附着性同一化

Bick, E.（1964）Notes on infant observation in psycho-analytic training. *Int. F. Psycho-Anal* 45 ; 558-566 ; republished in M. Harris, & E. Bick（1987）*The Collected Papers of Martha Harris and Esther Bick*. Perth : Clunie, pp.240-256.

Bick, E.（1968）The experience of the skin in early object relations. *Int. F. Psycho-Anal* 49 ; 484-486 ; republished in M. Harris, & E. Bick（1987）*The Collected Papers of Martha Harris and Esther Bick*. Perth : Clunie, pp. 114-118.（古賀靖彦＝訳（一九九三）「早期対象関係における皮膚の体験」、松木邦裕＝監訳『メラニー・クライン トゥデイ②』岩崎学術出版社）

Bick, E.（1986）Further considerations of the function of the skin in early object relations. *Br. F. Psychother* 2 ; 292-299.

Meltzer, D.（1975）Adhesive identification. *Contemporary Psycho-Analysis* 11 ; 289-310.

Meltzer, D., Bremner, J., Hoxter, S., Weddell, D., & Wittmberg, I.（1975）*Exploration in Autism*. Perth : Clunie.

第二章

前思春期のこころの発達

——「千と千尋の神隠し」の世界

1　女性化段階について

本章では、宮崎駿監督の映画「千と千尋の神隠し」（二〇〇一年公開）を資料として用いながら、精神分析、特にクライン派の観点から考えてみることにします。今さら「千と千尋の神隠し」というのは、随分と昔といった印象であり、ノスタルジックな雰囲気さえ漂います。しかし、ここで語られていることは、普遍的なこころ、特に女の子の発達のテーマであり、この映画は後世まで多くの人に感動を与えるに違いないと思います。本節では、なぜこの映画が多くの人のこころを魅惑することができたのかについて概観し、「少女の成長」というコンテクストを中心にクラインの女性化段階に関して精神分析的に考察してみましょう。

「千と千尋の神隠し」について

「千と千尋の神隠し」のストーリーは周知の通りですが、本書で取り上げる視点を中心に、あらすじをまとめてみます。

本作品は、一〇歳の千尋と両親が引越しをする途中の車中での会話から始まり、千尋は不機嫌そうな顔つきをして、車のシートに横になっているうちにふて寝をしてしまいます。そのとき、千尋は花束と名前の書かれたカードを大切そうに抱えていました。父親は、新居への道を間違えたにもかかわらず、その道を爆走し、千尋一家は奇妙な門に出会います。両親は興味津々でこの門をくぐって、トンネルを進み、千尋は嫌々ながらこれに従います。その先に見えた街を古いパビリオンと勘違いした両親は先へ進み、そこにある中華料理店で無銭飲食を始めてしまいました。千尋は、両親と別れてこの一帯の探索に出かけ、湯屋「油屋」の建物に行き着きました。そこで千尋はハクという少年に出会い、これ以上先に進むことは危険であり、即刻立ち去るように言われます。千尋は必死に両親のいるところに戻りますが、そこで両親が豚になってしまった有様を見て驚き、一人でその場から逃げ出します。しかし、時はすでに夕刻となり、小川は大河となって、千尋はその川を渡ることができなくなってしまいました。千尋は身体が消えそうになり途方に暮れたときに、ハクに助けられ、「油屋」の内部に連れて行かれます。千尋は橋を渡るとき、決して息をしてはいけないとハクに注意されましたが、渡り終える寸前で息をしてしまいます。ハクは千尋に、釜爺のところに行って「働きたい」とだけ言いつづけるように助言をします。千尋は、この忠告に従って釜爺《かまじい》に働きたいと頼みますが、釜爺は「油屋」の世界の支配者が湯婆婆《ゆばーば》であり、彼女に頼むしかないと言います。そして、そこに居合わせた女中のリンに案内をしてもらいます。千尋は途中までリンと一緒に行きますが、最後には一人で湯婆婆との交渉に挑みました。交渉の途中に、坊という頭の大きな湯婆婆の赤ん坊が泣き出しました。このアクシデントのために、働きたいという千尋の意志が湯婆婆に受け入れられました。ただし、千尋という名前は「尋」(たずねる)を取られ、千という名前に省略されてしまいました。

千は「油屋」の従業員の一員となり、一生懸命に働きました。ある日、ヘドロだらけの神様を助けて、にが団子という妙薬を手に入れました。千は掃除の最中に、外で寂しそうにしているカオナシを見つけ、泊まり客と間違えて宿に招き入れてしまいました。とてもおとなしかったカオナシでしたが、魔法で金塊を出しながら従業員を騙し、貪欲に食べ物だけでなく「油屋」の従業員までも食べてしまうという、暴挙の限りを尽くす悪漢に変身してしまいました。暴走したカオナシは「油屋」を破壊しそうな勢いを呈し、千は責任を取ってカオナシと対決するように湯婆婆から命令されました。千はカオナシの誘惑を退け、にが団子をカオナシに飲ませて元のおとなしいカオナシにすることができました。

同じ頃、龍に姿を変えたハクが紙の鳥（式神）に追われて、瀕死の状態で湯婆婆の部屋に行くのを千は見かけました。湯婆婆はハクを役立たずとして、ハクを助けようとする千と一緒に地下に落としてしまいました。

この直後に、湯婆婆の双子の姉である銭婆《ぜにーば》が登場し、坊を坊ネズミに、湯バードをハエドリに変身させました。そして頭《かしら》を坊に変身させました。千は必死にハクを労り、にが団子を飲ませて、銭婆から盗んだ魔女の刻印を吐き出させることに成功しました。千はこれを銭婆に返すために、坊ネズミとハエドリ、カオナシを同伴して、列車で銭婆のところに旅立つ決心をしました。噂と異なり、銭婆は優しく対応してくれ、髪留めを皆の協力で作ることが大切であると千に語りました。このとき、回復したハクが迎えに来て、これに乗って大空を舞いながら「油屋」に帰りました。

最後に湯婆婆は、千尋が一〇匹ほどの豚のなかから両親を見つけ出すことができれば、両親を返すと約束しました。千尋は湯婆婆の質問に、ここにはいないと明言し、正解することができました。両親はめでたく救出されますが、新居に向かう両親にはこの記憶がまったくなく、何事もなかったかのようでした。トンネルを抜ける千尋の髪には、銭婆のところで作った髪留めが光っていました。

思春期のエディプス

皆さんはこの映画を見て、どんな感想を抱いたでしょうか。おそらく、千尋が成長したことに異論を唱える人はいないでしょう。

まず、この一〇歳の女の子の成長という観点から考えてみましょう。主人公の千尋は、映画での印象の限りでは、まだ初潮のおとずれを感じさせない少女です。一〇歳の少女は何を考え、どのような宿命を背負い、どのような心理的な課題を克服しなければならないのでしょうか。一〇歳という年齢は、フロイトの発達論では潜伏期から性器期の境界線上に位置します。また、発達心理学などのライフサイクルの視点からは、思春期の入口である前思春期、青年期前期に相当するでしょう。映画は引越しのシーンから始まりますが、この幕開は一〇歳の少女から女性へという移行のテーマを象徴し、この映画のプレリュードに相応しいように感じられます。

エディプス・コンプレックスと思春期

思春期には、誰しもが自立と依存の葛藤に苛まれることになります。精神分析では、思春期は乳幼児期のやり直し、あるいは乳幼児期にやり残したことへの再挑戦の時期と言われています。これに関して、精神分析の専門家でなくても、思春期がこうした時期であることに同意されるでしょう。自立するためにはその基盤が必要であり、それは乳幼児期に確立された母子関係、エディプス・コンプレックスの問題といったことが大きく関係します。この問題は男女問わず、直面しなければならないものです。しかし、思春期の同性の親への同一化という問題における男女差に関して、エディプス・コンプレックスの概念は私たちに解答を与えていません。エディプス・コンプレックスは男の子の父親への同一化の概念であり、女の子は女性になるにあたり、母親との同一化という大きな問題を克服しなければなりません。この問題を考えるにあたり、エディプス・コンプレックスをおさらいし、クラインの「女性化段階」の概念を概観してみましょう。

フロイトは、エディプス・コンプレックスという概念を男の子の発達に関して提案し、精神分析の領域を越えて周知されています。エディプス期は幼稚園の年中・年長児の年齢に相当しますが、こどもたちに「大きくなったら、だれと結婚したいの？」と尋ねれば、男の子は「ママ！」と大声を上げることもあるでしょうし、女の子であれば「パパ……」と恥ずかしそうに小声で呟くこともあるでしょう。私たちはこれを近親姦願望などといった不謹慎なものと感じることなく、母子・父子関係の良好な兆しと考えます。しかし、これは精神分析の観点からは、明らかなエディプス願望にほかなりません。その後、男の子は父親から近親姦願望を壊され、母親を断念し、父親から道徳、理想などで構成される超自我を取り入れることで、社会に適応する基盤が形成されると考えられています。その一方、女の子は母親からエディプス願望を破壊され、父親を断念します。しかし、女の子は数年後に、母親と対等な女性になるといった生理的変化に直面しなければなりません。

「女性化段階」の概念

フロイトは、女の子の発達について明確な結論を導くことができず、謎としてブラックボックスに入れたままでした。そのために、フロイト以後の女性の精神分析家たちは女性の発達に関心を寄せ、母親との同一化の過程を中心にそれを論じました。この点に関して、ヘレーネ・ドイチェ、カレン・ホーナイ、アンナ・フロイト、クラインの女性のエディプスの理論とその背景をまとめたジャネット・セイヤーズの *Mothering Psychoanalysis* (Penguin Books) を参照してほしいと思います。

クラインは「女性化段階」という概念を提出し、フロイトのエディプス・コンプレックスの再構成を行なっています。クラインの心的発達に関する理論は、妄想分裂ポジションから抑うつポジションへの展開として、それまでのすべてのアイディアが集約されています。そして、「女性化段階」という概念もこの発達理論に集約されました。これは、「早期不安に照らしてみたエディプス・コンプレックス」(一九四五)という論文に詳細が記載されています。

クラインは、情緒的発達だけでなく性的発達も含めたすべての心的発達の根幹は、乳房との関係に集約されると考えました。クラインの発達論は、情緒的関係を中心に論じられますが、ここには性的発達も含まれていることを忘れてはいけません。つまり、エディプス・コンプレックスは人生の最早期から始まり、男子、女子にかかわらず、両性ともに乳房との関係を起点と考えました。この概念は、よい乳房と悪い乳房というスプリッティングから始まる妄想分裂ポジションです。最初の赤ん坊の満足と欲求不満の体験は妄想分裂ポジションを構成することになり、満足はよい乳房、欲求不満は悪い乳房となります。そして、悪い乳房からの攻撃を受けるという空想を抱くようになります。赤ん坊は乳房を統合すること、つまり抑うつポジションに至ると、母親の身体内部を父親のペニスや赤ん坊などのすべて価値あるものが含まれている豊饒の海とみなすようになります。男児、女児ともにこのプロセスは同じであり、よい乳房に同一化することが正常な発達の基盤となります。クラインはこの同一化過程を「女子化段階」と名づけました。

フロイトが、父親という全体対象、ひとりの人物との関係によってエディプス・コンプレックスを論じたことに比べて、大きな相違を感じますが、クラインはあくまでも自分の学説はフロイトのエディプス理論を詳細に論じただけで、その枠組みを超えたものではないと記しています。しかし、クラインとフロイトのエディプス理論は別物であり、その二つの理論を結びつけようとすること自体が難しいように思います。フロイトのエディプスは、父親という全体対象、意識、言語の領域であり、一方、クラインのエディプスは、部分対象、無意識、非言語の領域で論じていることからみても、双方の基本的なフィールドに大きな違いがあるわけですから、その相違も当然のことでしょう。

女性化段階の性的差異

ここで、その後の男児、女児それぞれの発達の相違に関して、クラインの性的発達の見解をみてみましょう。

男児はよい乳房との体験が優れていれば、その背後にある父親の創造的なよいペニスに同一化し、男性性を確立します。しかし、悪い乳房との体験が勝れば、その背後にある破壊的な悪いペニスに同一化するか、あるいはペニスそのものを排除することになります。この両者は単独に存在することなく、葛藤的な状態に置かれます。男児の性的発達において、創造的なよいペニスへの同一化は、陽性的なエディプス欲求を発展させます。結果として、母親に向けた性的欲求はサディスティックな攻撃となり、その背後にある悪いペニスからの攻撃を受けることになります。このことが、クラインの去勢不安ということになります。

一方、女児は本来、受容的な性格を保持しているために、ペニスを受け入れるという欲求に気づき、自らの身体に潜在的なこどもを内蔵しているという無意識的知識をもっていることを、クラインは女児の心的発達の重要な起点と考えました。これは必然的に、女児が生得的に母親とのライバル関係にあることを意味しています。赤ん坊である女児は、母親の身体内部がペニス、赤ん坊などを含む豊饒の海であることを知ると、悪い乳房との関係をそのまま母親に向けることになります。つまり、母親の身体内部にある母親と快楽を耽るペニス、母親の生殖性を象徴する赤ん坊に攻撃性を向け、それを強奪する空想を抱くようになります。その結果、母親からの攻撃を受けることになり、クラインはそれが女児の最も重要な不安であるとしました。他方、満足を与えるよい乳房との関係性は、母親の創造性やこどもをもつ能力として理想化され取り入れられます。この葛藤関係、つまりスプリッティングの統合によって、女性性の同一化を獲得していくと考えました。

クラインの女児の性的発達に関する記述を読むと、クラインとその優秀な母親とのライバル関係といった個人史を想起してしまい、フロイトがエディプスについて述べていることを読むと、万時順風だったフロイトの母子関係を想起してしまうのはあながち間違いと言えないでしょう。

一〇歳の少女と母への同一化

さて、本題の千尋のこころに発達に関することに戻りましょう。前思春期は、女の子にとって重要な意味をもち、母親のような女性になりたいと思うのか、あるいは母親のようにはなりたくないと思うのかといったことが大きな問題となります。すでに古典となっていますが、ヒルデ・ブルックは「ゴールデンケージ」という用語で、一〇代女子の神経性食欲不振症は、母親への同一化の拒否という成因のもとに発症すると結論しています。このように、一〇歳という年齢では、母親への同一化ということがライフサイクル上の大きなテーマとなります。これは心的なテーマですが、身体的な変化に揺さぶられた結果でもあります。一〇歳の初潮前の女子には、どのような身体的な変化が起きるのでしょうか。これは宿命ですが、生理的なホルモンの変化によって身体が丸みを帯び、当然のことながら食欲も増して女性らしい身体に変化します。映画のなかでは、カオナシは得体の知れない登場人物ですが、千が「油屋」のなかに何気なく入れたカオナシ、これこそ欲動、本能と考えても差し支えないものでしょう。本能を示す心的表象でありながら、これを意識することは難しく、実態は見えません。この年齢での身体的な変化やその兆しは、本人にはまったく実態のわからないもので、まさしく「カオナシ」と直面しなければならない状態なのではないでしょうか。千尋は思春期の到来の足音に耳を澄ませながら、必然的に欲動の象徴と考えられるカオナシに出会わなければならなかったのでしょう。

千尋の思春期

ここから映画のストーリーに沿って、クライン派の対象関係論の概念を用いながら、千尋の女性への道程を考えてみましょう。一〇歳の千尋は必然的にホルモンの変化を経験し、どこにその救いを求め、どのように脱出することができるのかというのが、この映画の本質的なテーマであろうと思っています。

母の体内への探求と思春期の到来

千尋は途方に暮れた後に、ハクに教えられて「油屋」の建物に入ります。千尋にとって「油屋」の世界はどのような場所であったのでしょうか。千尋はハクから、橋を渡るときに息を止めなければならないと指示されます。人生のなかで息をしてはならないところは産道であり、ここを逆戻りしたかのようです。「油屋」の建物は薄暗く、くねくねとした廊下が複雑に入り組んだラビリンスのようなものであり、それは腹部のなかの胃腸のような感じがします。そのなかには汚れた神々とお湯、そして湯婆婆の息子である坊、頭《かしら》と呼ばれている分節化したペニスのようなものなどが存在しています。この光景は、クラインの描写した母親の体内ときわめて類似したものと考えられます。つまり、ここには千尋の思春期の到来が暗示されています。思春期という不安定になる時期には、母親の体内の世界に安住の地を見出そうとし、さらに、思春期の課題である母親との同一化の拒否かもしれない旅に、千尋は向かったと考えることができるでしょう。このことは、この年齢の女の子の必然的なテーマであり、母親との同一化の問題が、ブルックの指摘する神経性食欲不振症だけでなく、臨床上重要なテーマとなることがしばしばあります。

迫害的あるいは創造的な結合両親像

母体という「油屋」の世界に侵入した千尋は、釜爺から、「油屋」の世界ではこどもとして生きていくことはできず、働かなければならないことを教えられ、湯婆婆に許可をもらいに行かされます。湯婆婆から「油屋」で働くことを許可された千尋は、千という名前を与えられますが、千は千尋とは違って泣き虫のこどもではなく、懸命に働き自分で考えて行動をする賢い前思春期の少女です。前述したように、思春期は自立と依存の葛藤があり、これをいかに乗り切って自立への歩みを進めるかが課題です。千尋はハクやその他の対象群に助けられながら、自立に向かって歩みはじめることができました。

釜爺は八本の手足をもち、釜を焚きつづける奇妙な登場人物です。クラインによれば、乳児にとって、母親だけでなく父親の存在が意味をもってくると、母親と父親は永続的に結合し、新たなライバルであり同胞である赤ん坊をつくりつづけます。こうした迫害的な結合両親像を巡る空想は複雑な様相を呈します。これが女性化段階で記述した、悪い乳房と連結した悪いペニスのカップルです。しかしこのような両親像だけでなく、創造的なよい結合両親像も存在することをクラインは記しています。すなわち、よい乳房とよいペニスのカップルです。幼児に人気のある合体するおもちゃが、合体することで力が倍増し、正義の味方として振る舞うことなどは、こうしたことの無意識的な表象とも言えるかもしれません。そして、釜爺は千を湯婆婆へ紹介することをリンに託したり、銭婆のところに行く鉄道のチケットを与えたりすることなどで、可能な限りの援助を千に与えています。このことから、釜爺は千尋の自立を助ける創造的な結合両親像を象徴していると考えられます。釜爺は、銭婆のところに行くためのチケットを千尋に与えることで、千尋の物理的、心的空間を拡げたのです。これは千尋のこころにある両親像が、協力的に千尋の自立を促す機能をもっていたことを示しています。こうした過程は、男女問わずに直面しなければならないことでしょう。現代では、ひきこもりが大きな社会問題になっていますが、これらの若者たちの多くがこのテーマを乗り越えることができずに、四苦八苦している状態にあると言えるでしょう。ただ、千尋を見ればわかるように、多くの登場人物の援助があって初めて自立への道を歩みだせたということです。千尋が適切な養育を受け、元来、健全なこころの発達の素因を備えていた結果として、釜爺のような対象が存在することになります。こうした観点からみれば、ひきこもりの若者に、思春期になってからあれこれ策を弄しても遅いのかもしれません。予防的な見地から、この問題を考える必要があるのかもしれないと、日々の臨床で感じています。

母親との同一化——女性性の獲得

思春期の自立というテーマと並行して、千尋は「女性性」という重要な課題に直面しなければならないことは容易に想像できることでしょう。初潮を迎える女の子は母親に相談し、不安を克服するのが一般的であり、こうした現実的な関わりのなかで母親と外的に同一化していきます。では、母親になるための準備の条件はどのようなものなのでしょうか。千尋は「油屋」という母親の身体を冒険し、そこで多くの援助してくれる対象から自立のための授乳を受け成長します。これは、クラインの女性化段階の当初のよい乳房とその対応物であるペニスとの体験ともみなすことができます。千尋は十分にそれを体験することで、羨望による母親の身体への攻撃、その機能を搾取するなど攻撃的な行動に至らなかったと考えられます。千尋は「油屋」から脱出して、傷ついたハクを救い、その過ちを正すために、釜爺という創造的な結合両親像から電車の切符を受け取っています。

さて、女の子が女性になることはどういう意味をもつのでしょうか。千尋は銭婆のところに行くときに、坊の変身した坊ネズミ、湯バードの変身したハエドリ、カオナシを一緒に連れて行きましたが、これはなぜでしょうか。初潮を迎えるということは、母親になることができる生理的機能を有することを意味します。さらに成長して、実際に母親になることができます。こうした過程では、まず生理的な生殖機能が必要で、それは卵子あるいは受精卵のことを意味しています。次に性交を行ないたいという本能、つまり性欲が必要です。これらは身体的なホルモンに影響されています。これに対して、母親になりたい、こどもを育てたいと思うことは心理的過程であり、母性として一括されるでしょう。

以上のことを勘案しながら、千尋が連れて行った坊ネズミ、ハエドリ、カオナシの意味を考えてみましょう。坊ネズミは坊という赤ん坊のミニチュアであり、赤ん坊のミニチュアは胎児、受精卵、卵子とでも言えるもので、坊ネズミは生殖機能そのものを隠喩しているのでしょう。カオナシは「油屋」のなかで貪欲な食欲を表します。これが欲動、本能であることは前述しましたが、思春期になって欲動はどのように変化するのでしょうか。それは、まだ千尋自身も感じていない性欲を隠喩していると考えられます。これで、母親になる生理的機能はセットアップされたことになります。最後に、ハエドリが意味していることは何でしょうか。ハエドリは湯バードのミニチュアであり、湯バードは湯婆婆の分身です。千尋は「油屋」の女主である湯婆婆から、仕事に対する熱心さ、坊に対する絶対的な愛情といった母親としての超自我を教えてもらったようです。これは母性の素であり、赤ん坊を養育するときに必要なもので、自分が育てられたようにしか育てることができないという母親の心性の基盤です。カオナシ以外はミニチュアですが、母親になるためには、自らの母親とどのように同一化するかといった問題が重要であることを示しているようです。千尋は、「油屋」の冒険を通して、女の子の達成すべき母親への同一化という心的基盤を形成できたとも言えるでしょう。銭婆のところにカオナシは残りましたが、来たるべき思春期という性欲を感じる時期まで、無意識の世界である銭婆のところに居残ったのでしょう。また、欲動や本能が意識上に上がり、日常生活をすべて支配したとしたら、それは精神病状態であり、ここに残らなければならないとも言えます。

この映画は、千尋が豚になった両親を見つけることで結末を迎えますが、これは思春期を迎える千尋が達成すべき課題を成し遂げたことを意味しているようです。今や千尋にとって、こどものときのような理想的な両親像は破壊されましたが、現実の両親を受け入れたことになります。つまり、千尋が円滑に女性化段階のプロセスを歩んだことを示しています。

思春期の総仕上げ

千尋は、銭婆のところから、ハクの背中に乗って「油屋」に舞い戻ります。ここには、初恋とも思えるような仄かな香りが漂い、思春期という大空を自由に飛び舞います。ここで、ハクは幼い頃の千尋を助けたことを思い出します。しかし、現実に千尋を助けたのは父親、あるいは母親でしょう。ハクには、こうした援助する対象としての機能が終始一貫して存在しています。恋愛における対象選択には、良かれ悪しかれ、両親との養育関係が関与していることを示しているのでしょう。

もうひとつ、思春期の重要な総仕上げとして、最後のトンネルのシーンで、銭婆のところで作った千尋の髪留めがピカッと光ります。銭婆のところで髪留めを作ったときに、銭婆の語ったことを思い出すことができるでしょうか。このとき、銭婆は魔法で作るのではなく、皆で協力して作ることが大切であると語っていますが、これこそがこどもの魔法の世界から、現実の思春期の世界への引越しを意味しています。こどもは、童謡「魔法のポケット」のように、自らの願望が現実化するという魔法の世界に住んでいます。しかし思春期になると、現実にぶつかる経験をしなければなりません。このとき、両親の力はそこに及ぶことなく、友だちからの助言や援助によって、思春期の危機を乗り越えることになります。思春期にできた友だちは一生の友となり、同じ思春期を過ごした戦友のような存在となります。

この映画が清々しく、多くの人に感動を巻き起こしたのは、思春期への健康な第一歩を歩みだした千尋への賛美があり、大人は自らの思春期を振り返り、こどもは来たるべき思春期の理想的な姿として感じられたからでしょう。

本節では、千尋の思春期への対応に関して論じましたが、最初に述べたように、次節以降は夢、登場人物からみた千尋の心的発達を中心に論じたいと思います。

2 夢は考える

前節では、思春期を迎えつつある千尋のこころの発達、自立といったテーマを中心に論じました。「千と千尋の神隠し」とは、とても妙味のあるタイトルですが、千尋の世界と千の世界、つまり油屋の世界とはどのような関係にあるのでしょうか。

この映画の冒頭部分は、一〇歳になる千尋のふて寝のシーンから始まります。トンネルを潜ると、そこには日常世界とまったく異なる奇妙な世界が展開します。私たちはこうした世界をどこで体験するのでしょうか。薬物による人工的な夢幻状態を除けば、おそらく夢の世界にしか存在しないでしょう。つまり、引越しに不満を抱きながら千尋はうたた寝をしてしまい、この油屋の世界を夢見たということになるでしょう。私たちも妙な時間に昼寝をしたり、授業中にうたた寝をしたりすると、しばしば奇妙な夢を見る経験をします。油屋の世界はまさしく千尋の無意識の世界であり、そこで展開された物語は、無意識という世界における成長のストーリーであったということです。

夢について

千尋の夢の主人公、アバターが千であることは自明ですが、ここで精神分析における夢に関する見解をまとめてみます。

フロイトが夢という神秘的なフィールドに風穴を開け、それを科学という俎上に乗せてから、すでに百年以上の年月が流れました。フロイトは『夢判断』（一九〇〇）で、自らの父親の死に対して抱く感情を明確にし、従来は夢占いなどの非科学的な現象とみなされていた夢の科学的実証を試みました。フロイトは夢を顕在夢と潜在夢に区別し、夢の意味を解読するためには願望が抑圧された潜在夢の内容を解明することが必要であり、それが深層心理への探求の道であると考えました。フロイトは睡眠が局所的退行であり、夢による退行は、発達した正常な思考や表現形式がより原始的な形式に退行したものであるとみなしました。そして、「夢は願望の充足である」と夢の機能を位置づけました。また、「夢は無意識への王道である」として、夢は無意識の探求に欠くことのできない人間の隠された精神活動であることを示しました。フロイトによれば、無意識の内容は抑圧を受けており、意識・前意識・無意識との間には検閲が働き、妥協産物として夢は偽装されて表現されます。さらに、無意識過程は快楽原則に従う一次原則に支配され、現実性や理論性を欠き、時間や道徳も欠如しています。

フロイトの見解に従えば、千尋が抑圧したものは、思春期というライフサイクル上に生じる両親への嫌悪感、引越しへの怒りだったのでしょう。そして、千尋はその嫌悪感、怒りによって両親を豚に変身させました。これは、その時点での千尋の願望を示していたのでしょう。また、油屋という妖怪変化、魑魅魍魎の住む世界に現実性が乏しいことは明らかであり、最後に両親がまったく時間の経過を認識してなかったことは、時間感覚の欠落を示しているのでしょう。千尋は、引越しや思春期特有の両親への不快さゆえに、現実からの逃避として眠りに落ちましたが、千尋の無意識、夢は物語を展開しました。それは、両親が引越しを決めたことに対する怒りから、親を許して、心理的、現実的な引越しを受け入れたいということを示していると考えられます。

クラインは臨床的知見から、内的世界を外的世界のような生命空間であることを認め、夢が内的世界を描写していることを論じました。クラインは、こどもの精神分析の実践から乳幼児の無意識的世界の存在を確信し、フロイトが「無意識について」（一九一五）で記述した原幻想を発展させ、「無意識的空想」としました。これは、ある意味ではイドの詳細な記述とも考えることができます。クラインが英国移住した後の初期の弟子であるスーザン・アイザックスは、無意識的空想を本能や欲動などと内的対象関係との橋渡しと考え、これによって生理的現象と心理的現象を結びつけることを可能にしました。カオナシが得体の知れない存在であり、食べて吐くという本能的な行為でしか自分を表現できないことは、本能と関連した無意識的空想を示しているとも考えられます。アイザックスは夭折していますが、ロンドン大学で初めて発達心理学講座を開講し、精神分析、発達心理学的見地から幼稚園を運営し、こどもの発達に関する大きな貢献をしました。クライン派の立場からは、この映画で千尋の内的対象群がいかに相互に関係し合い、生命空間として生き生きしているかということが読み取れます。これはフロイトの夢の見解よりも、より力動的な心的空間の存在を仮定しているからです。クライン派の精神分析では、アセスメント時から夢に現れるセラピストの存在を転移として捉えることにも関連しています。クライン派は汎幻想主義とも言われますが、心的世界が現実世界より豊かで複雑であることに異論を唱える人はいないように思います。この映画はとても興味深い無意識の世界を描いていると言えるでしょう。

メルツァーは『ドリーム・ライフ（夢生活）』（一九八四）で夢の詳細な検討を行ないました。同書によれば、フロイトの夢についての記述は神経生理学的な心的モデルが中心であり、睡眠に奉仕する大脳機能として夢を捉え、内的世界を表現するものではないとフロイトの夢の理解の不十分さを指摘しています。そして、前述のクラインの夢に対する見解を記した後に、ビオンの認識論観点から夢と母子関係の関連を論じました。母親の包容機能は、乳児の情緒体験の感覚印象を乳児が受け入れることのできるα要素に変換させ、思考と夢の基盤となるものです。ビオンは母子関係と夢を関連させることで、夢の内容に思考という展望を加えました。メルツァーは夢の過程には情緒的経験を考えることが含まれ、夢は無意識的な思考過程であるとしました。夢の登場人物は内的世界の劇場で演技する内的対象であり、この映画では、それは千尋のこころの一部を表象する象徴であり、メルツァーは無意識的空想にきわめて類似したものであることを強調しています。また、夢の光景には、二つの象徴的な形式である「内的言語」と「視覚的イメージ」が、意味を創造するための相互関係を通して表現されることも記載しています。内的言語は、言語発達以前の身振りを中心とした幼児の言語のように、主に身振りや音で構成されています。視覚的イメージは、意味を表現する際の言語よりも効果的であるとメルツァーは考えました。さらに、夢で表現される世界は、言語発達以前の世界であり、藝術によって喚起される経験と同じようなものであるとメルツァーは述べています。こうした観点からすれば、映画は視覚的媒体を用いることで無意識的マテリアルを表現するのに格好の藝術的手段とも言えるかもしれません。この映画は、千尋の無意識的思考を表現し、内的言語と視覚的イメージを創造的に相互に関連させていると考えられます。たとえば、ハクとの対話において、千尋が川で溺れハクに救出されたというシーンがありますが、これこそ前言語的な世界での出来事でしょうし、ここでの体験は千尋が両親から救われた経験を示唆しているのでしょう。これを契機に、千尋が両親を見つけることができたのは興味深いことです。

臨床症例

精神分析の創成期に、夢は「無意識の王道」と称された中核的なテーマでしたが、現代の精神分析では、夢が単独で精神分析的な考察の素材として議論されることは稀になっているようです。夢は治療過程あるいは治療関係のコンテクストの枠組みから理解され、重要な転機の一コマの証拠として提示されることが一般的かもしれません。しかし、時に夢のフィールドは、それだけで治療的な効果を示すこともあります。

ここでは、すでに『精神分析研究』(第五〇巻第二号［九六―一〇四頁］)で発表している臨床例を提示してみます。この症例は千尋と年齢も近く、夢の世界を理解することで治癒しました。ここでは、二回のアセスメント、症状がほぼ消失する七回目までの面接の経過を述べてみます。

症例は小学校四年生女児で、初診時九歳六カ月、主訴は夜驚、夢遊病状態というものでした。この女の子（以下、A）は、母親とともに精神科クリニックを初診しましたが、やや痩せ気味で身長もやや低く、小柄でまだこどものような体格でした。母親からの情報では、Aは三カ月前よりほぼ毎晩、布団に入って三〇分くらいしてから、「怖い！」と言いながら寝ぼけ眼で起き、二階の寝室から母親のいる一階に降りてくるということでした。Aは「落ち着かない。お腹がスカスカする」と言って、「外の空気を吸わないと苦しい！」と叫びながら、母親の制止を振り切って真夜中に外に走って出てしまうということでした。Aは幼い頃から夜驚を起こし、両親、特に母親の長年の悩みの種でした。

私はこの訴えをとても奇妙なものと感じました。こうした不安な状況では、こどもは母親を求め、もう一度布団に寝かせてもらうものです。しかし、Aは恐怖に慄いているのに、なぜ母親から逃げるように外に出ていってしまうのでしょうか。

Aの家族は六人で、祖父母、会社員の父親、専業主婦の母親、三歳年下で幼稚園年長の弟でした。母親によれば、Aは弟といつも一緒に遊んであげているということでした。Aの妊娠、出産に異常はなく、発育発達にも問題なく学校生活も順調でした。ただ、正確な時期はわからないものの、幼い頃から夜驚が始まり、今回のように悪化することも時々あったということでした。

私は母親の退室を依頼して、Aと二人だけで話すことにしました。Aは、両親が仲良しであり、父親はいろいろなところに連れて行ってくれること、母親はとても優しいことなどを素直に語りました。私が〈夢を見ることがあるかな〉と尋ねると、Aは「ある、ある……時々、夢でびっくりさせられて起きてしまうこともあるよ」と言って、ちょっと頭を傾けながら、「昨日見た夢は、学校でお泊まりをして朝から鬼ごっことか自分の大好きな遊びをずっとする夢だった」と語りました。私はＡの治療への期待を感じながら、〈今日、ここに来ることをどんなふうに思っていたのかな〉と尋ねると、Ａは「寝ぼけるのがなくなればよいなと思っていたので、怖くなかった」とにこにこしながら答えました。

次のアセスメント面接で、Ａは果物の絵を描きながら、「毎日、弟の面倒をみなくてはならないので、お姉さんが本当は欲しかったのに……」とコメントしました。さらに、Ａは夜驚のときに見る怖いものについて描画をし、「滝と岩がごつごつしている。滝に自分が流されてしまうかもしれない」と説明しています。最後に私はＡと母親に隔週五〇分間の面接を提案して、次回よりＡに対して精神分析的アプローチに基づいた面接を行なうことにしました。

二回のアセスメント面接の結果、私はＡと母親を中心とした養育環境に大きな問題はないように感じました。ここまでで明らかになったＡの心的世界から読み取れることは、Ａの夜驚時に母親はサポートする対象として機能しないこと、弟の面倒をみるよい姉として機能しているが、決して本心からこれを行なっているわけではないこと、滝というあたかも原光景的な性交そのものを連想させる存在などでした。

次に、夢を中心に治療経過の重要なポイントを簡潔に記述してみます。

〈#1〉

Ａの語りからさらにわかる家庭環境は、躾の厳しさ、何か欲しいものがあるときの母親への遠慮した要求の態度などでした。たとえば、Ａは自分が欲しいものがあっても、自分で直接それを選ぶことはなく、両親がある日突然買ってきてくれるというシナリオがあり、Ａはそれにとても満足したかのような反応を示し、「お母さんが選んでくれたものは、みんなよいものだから……」と、決して裏があるとは思えないような発言をしていました。この回に、私はＡに一般的な精神分析的面接の説明と夢の重要性について伝えました。

（#2）

夢①――運動会だった。走ることが楽しい。大玉ころがしが特にとても楽しかった。

そして、Ａは自転車を買ってもらえたことを喜びながら語り、その絵を描きました。二カ月ほど前に、父親から新しい自転車を買ってもよいと言われたが延び延びになってしまっていたこと、そして数日前に学校から帰宅したら新しい自転車が突然届いていたことを嬉々として語りました。それは自分が選んだものではありませんが、とても気に入っているということでした。この描画には、ピンク色の自転車とその大きさの半分以上の大きな鍵が描かれていました。

私はこの描画の自転車と鍵の関係から両親の性交を思い浮かべ、それは弟の誕生という連想に繋がりました。私は、〈自転車が家に突然に来たように、弟が自分の家に来たときのことを覚えているかな〉という質問をＡに投げかけました。Ａは生き生きとした表情になり、「覚えてる！　覚えてる！……おばあちゃんの家で、『お母さん』と大声で寝ぼけて泣いた！　すっごい、大声だったことを覚えている。お母さんが帰ってきたときに、お母さんと思わなかった。暗いところにいたので怖かった。抱っこしてもらうのも怖かった。それはいつものお母さんと違っていたから……」と興奮して一気にしゃべりました。私は、〈今、寝ぼけているときに会うお母さんに似ているかな〉と尋ねると、Ａは「似てる！　似てる！」と即座に反応しました。私は、〈寝ぼけているときには、昔、弟がお家に初めてきたときのお母さんを思い出しているのかもしれない〉と伝えました。Ａは少し考えてから、「それって、おもしろいかもしれない」とにこにこしながら答えました。

私の弟への連想は、Ａの反応からすると適切だったようでした。Ａの明確な記憶とそのときの情景、特に出産後に帰宅した母親とのエピソードは、Ａの夜驚時の行動ときわめて酷似していました。また、お腹がスカスカするという症状は出産後の母親の腹部を暗示しているかのようでした。

（＃3）

夢②——映画を観に行った。楽しい話の映画だった。夏の海、イルカの親子が出てきて、子イルカが母イルカとはぐれてしまって、水族館に保護された。そして一週間後に海に戻されて、母親に出会うことができた。

私は「一週間」についてＡの連想を尋ねました。Ａには思い当たることはありませんでしたが、私は〈赤ちゃんを産むためにお母さんが入院するとすれば、一週間が普通なんだけれど……〉と話しました。Ａは「じゃあ、その子イルカは、もしかしたら私のことじゃないの？」とちょっと感動した声を上げました。私は〈きっと、そうかもしれないね〉とＡに伝えました。

このとき、私の脳裏に自転車に関する懸念が浮かび、〈自転車の乗り心地はどうかな〉と尋ねました。Ａは「小さな用水路に落ちちゃったので、雑草が詰まってしまったけれど、傷はつかなかった」と語りました。私は〈その自転車は弟に似ているように思う。お父さんとお母さんが勝手に買ってくれたけれど、お気に入りで大切に思っている。だけど、ちょっと嫌なところもあるので、用水路に落としてしまったのかもしれない〉と解釈をしました。Ａは「私は赤ちゃんのこと大好きなんだけど、今は弟も五歳だし、面倒をみるのが大変かな」と自問するように答えました。

夢②は＃２の弟の誕生に関するエピソードを端的に表現していました。それは＃２でのＡの意識的な想起に基づく、夢という無意識的思考を示していたようでした。Ａの無意識的な弟への敵意は、自転車を用水路に落とすという錯誤行為によって表現されたようで興味深いものでした。思春期を間近にしたＡは千尋のように、良かれ悪しかれ母親の生殖機能に大きな関心を抱いていました。

（＃4）

夢③——また、映画館だった。歴史博物館のような感じで、大人が観るような映画だった。学校の皆のなかから、自分が選ばれて映画のなかに出演していた。合奏会でいろいろな楽器があって、私は打楽器、四つのダイヤ付きのボンゴだった。最後の合奏会だったけれど、先生が辞めて、新しい男の先生になった。あんまり厳しくない、励ましてくれる、絶対に怒らない先生だった。学校の先生じゃなくて、誰だかよくわからない。でも、その先生は合唱コンクールの三日前に辞めてしまうことになったので、とても哀しかった。その後、合奏会になって、舞台が明るくなって自分にスポットライトが当たった。

Aはその日の朝、目が覚めたとき、とても嬉しかったと感想を付け加えました。私は〈おそらく、その先生は私のことで、私は今まで決して怒ることはなかったし、Aのいくつかの心の動きについて教えたけれど、まだすべてに納得のできるところまで辿り着いていないのかもしれないので、最終ゴールの合唱大会に辿り着けなかったのかもしれない〉と解釈しました。Aは肯きながら、「その先生は、先生だったかもしれない。でも、なぜお別れしたのかな」と呟きました。私は〈もしかしたら、次の面接は二週間後ではなく、三週間後なので三日前ということになったのかな〉と伝えました。Aは「そういえば、次は三週間後なんだね」と休みを再確認したかのように納得した表情になりました。Aは昔、夏休みに海で溺れそうになったことがあって、海は危険だけどプールは大好きだと語りました。私は〈夢の最後で、先生がいなくなり不安を抱えながらも、立派に演奏会でボンゴを叩いたように、きっと不安だけでなく、一人でも大丈夫という気持ちもあるのかもしれない〉と伝えました。Aは「夏休みは楽しいし、これからきっと海にも行くと思う」と笑顔で話しました。私のセラピストとしての役割は、「千と千尋の神隠し」の映画で言えば、ハクの役割のように感じました。ある意味、私は理想的な両親であり、Aの自立を援助する対象でした。

（#5）

夢④——皆から嫌われている女の子に自転車を盗まれた。とても暑かったので私はジュースを買いにお店に行ったが、そのときに自転車がなくなっていた。すぐに気がついて、自転車のタイヤを持って止めた。とっても変なんだけれど、その子は自転車にロープを繋いで走っていた。その子は自分の自転車がぼろだったから、Aの自転車を取った。

Aはこの子の自転車は実際には新しいものなので、夢はおもしろいと付け加えました。そして、Aは別の夢かなと頭を傾けながら、次の夢の話に移りました。

夢⑤——おばあちゃんの家の近くに引越していた。お母さんのお姉さんのこども、一歳の赤ん坊がいた。その赤ん坊はハイハイしながら動く。すっごく広いマンションの部屋だった。お母さんと二人で弟は出てこなかった。それからお母さんと車に乗って、スーパーに出かけた。暴走族に追いかけられて、今までいなかった弟と一緒に捕まってしまった。お母さんはなぜだか自宅に戻っていた。私は周りから炎が噴出している赤いバイクに、弟は水が噴出している青いバイクに乗せられた。怖くなかったけれど、それぞれ別の場所に連れて行かれた。そして、暴走族にどこかのお家の屋根の上に連れて行かれた。そして、鳥のように田んぼの向こうまで飛べと言われた。私のジャンプ力はとってもすごかった。一キロメートル先のラーメン屋の前まで飛ぶことができた。そのラーメン屋で、ラーメンを一人で食べた。そして自分の家に帰ると、お母さんと弟が〝お帰り〟と言って出迎えてくれた。

Aはラーメン屋の連想として、そこはよく行くスーパーの近くにあるお店で、数日前にその店の前で事故があったことを思い出しました。そこには自転車が倒れていました。Aはふと思い浮かべたように「そう言えば、弟に自転車をぶつけられて、とてもショックだった」と、この三週間の出来事を付け加えました。そして、Aは「ジャンプはすごかったんだよ。夢では本当に何でもできちゃうんだね」と感心したように語りました。私は〈すごいジャンプだったけれど、これってこどもではなく大人のジャンプかな。一人でラーメンを食べるのも、大人みたいだね〉とコメントしました。Aは「そう、そう、すっごいジャンプだったからこどもじゃない。早く大人になりたいと思っている。この夢の赤ちゃんは従兄弟ですっごく可愛いので、赤ちゃんも欲しいな」とはっきりと答えました。私が〈どうして夢のなかで、お母さんがいなくなってしまったんだろう〉と尋ねると、Aは「どうしてかな。私が友だちと遊んで家に帰ると、いつも弟と一緒だからかな」と腑に落ちないような雰囲気で答えました。私は〈この夢も弟が生まれたときのことを教えているのかもしれない。そして、Aは気づかないかもしれないけれど、お休みにした私は、きっと夢のなかでAを見捨てたお母さんのようなものだったのかもしれない〉と解釈しました。Aは「そうだね、ちょっと長かったよね」と恥ずかしそうに肯定しました。さらに、私は奇妙なバイクについて〈赤ちゃんは、お腹のなかにいるときは水のなかだから弟のバイクみたいだね〉と子宮内の情景をコメントしました。Aは「そう言えば、赤ちゃんはお腹のなかでは水のなかだね」と納得したように返答しました。私は〈Aのバイクは火を噴いていて、とっても怒っているように思うけれど、弟が生まれたとき、Aは怒っていなかったのかな〉と尋ねると、Aは「赤ちゃんは大好きだから、きっとそんなことはなかった」ときっぱり答えました。Aは母親の生殖機能を嫌悪するだけでなく、それを欲していました。これは千尋が隠喩的に行なった母親の生殖機能を獲得することと同じもののようでした。

Aの夢への関心が夢を複雑にさせ、Aの心的内容をより語っているかのように私には感じられ、Aと話した内容以外にもいくつかの連想を思い浮かべました。たとえば、紐のついた自転車は臍帯のついた胎児あるいは新生児であり、弟を出産した当時の母親とAとの取り合いの情景かもしれないこと、つまり嫌な友だちは母親を示唆していること、母親への敵意は暴走族となりAを再び襲ってきたことなどに表れていたようでした。この関連は、千尋が母親を豚に変身させたような母親への怒りを隠喩していたようでした。

（#6）

夢⑥——学校のクラスの皆が一〜六班まで六人ずつに分かれた。先生から地図をもらって、宝探しに出かけた。まず、とんがり山、その頂上まで毒が塗ってある。ビニールの靴となかに硬いものが入っている手袋を先生からもらった。頂上に宝があるが、そこは平らだった。そこを二〇回掘ると王冠が見つかった。次に、つり橋に狼がいた。そこで体重が軽くなるための道具を先生からもらった。つり橋の上には金の時計があった。私は六班で、一番早かった。次に、妖精が住んでいる小さな村、スモールライトを先生からもらって、小さくなって曲がり角を曲がっていった。鬼みたいな女の子が出てきた。口裂け女のようで、「私、綺麗……?」と尋ねて、私たちを追いかけてきた。その村を逃げまくって、七つ目の角にネックレスがあった。その村を逃げまわった。もっと小さくなるスモールライトで口裂け女を小さくした。ある男の子がそれを踏み潰した。私にはできなかった。次に、恐怖のボールが投げられているところで、軽くなる手袋でぶつけられないように、ふわふわ空を飛んで、星のキーホルダーを手に入れた。そのほかに、ブレスレット、めがね、金のサッカーボールを手に入れ、担任にあげた。

面接の大半を要してこの夢を報告したAは「よく覚えていたでしょう」と自賛するかのように微笑みました。私は〈すっごく盛りだくさんの夢だね〉と感心を示しながら、〈きっと担任の先生は私のことで、たくさんの宝物のような夢をここに持ってきてくれたことを示しているのかもしれない〉と伝えました。Aは「夢って宝の山みたいだね。夜怖いこともほとんどなくなったし、不思議だね」と病状が治癒しつつあることを語りました。私が〈ところで六班、六人にはどういう意味があるのかな?〉と尋ねると、Aは「わかんないな……口裂け女はとっても怖かったよ」と少し興奮して話した。

夢の概略は今までの面接の大枠とその収穫を示唆し、この面接が六回目であるのは興味深いことです。とんがり山は毒付きの乳房であり、乳首が存在していないため授乳することはできないもののようです。口裂け女はAの夜驚時の母親を示唆しているように私は連想していましたが、Aはこれを踏みつけることができず、母親への思いやりの萌芽を感じました。こうした個々の連想に加えて、私はこの宝探しのフィールドは油屋の世界のような母親の身体内であろうという連想に駆られましたが、この内容をAに伝えることは困難であろうとも感じ、伝えていません。

（#7）

夢⑦——私の家には一三〇センチメートルのズボンしかなくて、ウエストがきつくてお腹が痛くなった。そしたら、一四〇センチメートルのズボンと上のシャツを二枚ずつ、お母さんから買ってもらえた。

Aは、やや声を高くして「これって正夢だったの。この夢の次の日に、ズボン三本とシャツを一枚、お母さんが買ってくれた」と満面の笑みを浮かべて私に伝えました。Aは三本のズボンとシャツについて熱心に詳細な説明をし、「とっても気に入った」と話しました。これらの洋服は、Aが学校に行っているときに母親が買ったので、Aが選んだものではありませんでした。この後に、とても気に入ったと語ったズボンのうちの一枚が、嫌な友だちのものと似ていることを想起し、その友だちの悪口をひとしきり話しました。

私は〈すべてとっても気に入っていると思っていたけれど、そのなかに嫌なものがあるということだね。きっと、今まですべてお母さんの趣味で大丈夫と思っていたけれど、ちょっとお母さんと自分が違っていることを意味しているように思うけれど……〉と伝えました。今までの面接の経過でもあったように、〈この夢でも、早く大きくなりたいと思っているんだね〉という私の解釈に、Aは保育園のときに「チビ」と言われたので、それからたくさん食べるようにしようと思ったことを語りました。小学校に入ったときには前から二番目だったけれど、段々と大きくなり、三、五、八番目になったと背筋を伸ばしながら自慢そうに語りました。大人になったら、恥ずかしそうに「アナウンサー」になりたい、そして「赤ちゃん」を育てたいと付け加えました。Aは、赤ちゃんは大きくなってしまうけれど赤ちゃんのままでいてほしいと話し、従兄弟の赤ちゃんはとても可愛いことを強調しました。隣の家の二匹の犬はこどもになつかないけれど、Aにはなついていること、だけど踵を噛まれたこともあると語りました。

#6の夢におけるAの母親への思いやりが、この夢の理由となったのでしょうか。Aは、母親から一方的に与えられた洋服に今まで満足していましたが、自立というテーマのもとに歩みだしたと考えられました。しかし、

それは犬に噛まれることでもあり、実際にはこどもであることも認識されていました。思いやりは思春期を適切に乗り切る原動力となりますが、これは千尋にもＡにも当てはまることでした。

しかし、Ａの思春期のスタートは千尋のような髪留めではなく、犬に噛まれるという痛みでした。

この定期的な面接は一八回で終了しました。#17で、今まで見たことのないポシェットを持参しました。Ａは当初、なぜそれを持ってきたのかわかりませんでしたが、弟と母親が保育園の遠足で水族館に行ったときに、お土産としてもらったものでした。Ａは「すっごく遅く帰ってきたので、とっても寂しかった」と語りました。私は〈間もなく定期的な面接が終了することも、とても寂しいし、不安かもしれない〉と伝えました。Ａは「そう、不安だよね」と返答しました。それ以後、ほとんど夜驚の症状は認められていません。

さいごに

この臨床例を読んで、皆さんはどのように感じたでしょうか。Ａの夢を中心とした治療展開は、千尋の心的世界との類似点を多々見出すことができると思います。この映画は、普通の前思春期の女の子の心的な世界を描き出したと言えるでしょう。

3　内的対象と「Ps⇕D」

この映画の油屋の世界の住人たちは、それぞれ個性的であり、奇妙な人やものたちです。しかし、私たちのこころの世界を覗いてみると、そこには油屋同様に妖怪変化魑魅魍魎と思えるような奇妙な住人たちが棲みついていることに気づくことでしょう。これは精神分析的に言えば、「内的対象」ということになります。ここでは内的対象、妄想分裂ポジション、抑うつポジションを中心として考えてみたいと思います。

フロイトにとっての内的対象

まず、千、湯婆婆、カオナシという、油屋の世界の代表的なキャラクターを取り上げて論じてみます。

フロイトは、欲動、目的、対象に関して論じましたが、フロイトの主な関心はエネルギー論に基づく欲動に向けられていました。フロイトの心的モデルとしては局所論、構造論、発達論が重要なものですが、これらを見てもフロイトの対象関係への関心は乏しかったようです。フロイトにとっての対象は、性の衝動に対応する目標、対象選択の際の人物を指しています。フロイトは『悲哀とメランコリー』(一九一七)で悲哀の外的対象と同一化し、それを摂取することによって内的対象に置き換わること、『自我とエス』(一九二三)で両親の機能が内在化されることで超自我が形成されることを論じていますが、フロイトの内的対象に関する記述はこれだけです。フロイトはこの超自我の概念を組み込み、自我、超自我、イドによって構成されるパーソナリティを想定しました。これがフロイトの構造論です。結論から述べれば、自我は千、超自我は湯婆婆、イドはカオナシに対応すると考えることができるでしょう。フロイトによれば、自我はイドから発生し、欲動をコントロールし、超自我に認められないイドに対して自我に脅威を与えるものとして防衛的に働き、現実に則した適応行動を取るように働くものです。

これを自我と千の関係で考えると、千は両親を救うという目的のために、油屋での厳しい就労に耐えながら、その機会を窺い、自我の中心的な機能である適応行動を遂行しています。また、暴走するカオナシの行動の制止を湯婆婆に命じられ、千はカオナシと対決します。これは超自我（湯婆婆）とイド（カオナシ）の調整作業であり、自我の重要な機能です。千という自我は、両親が豚になってしまったという事実を受け止めて、その救出を成功裏に終わらせることができたことからすれば、とても良好に機能したと考えられます。また、現実適応ということに関しては、精神分析では自我は防衛機制を中心として論じられることが多いのですが、私としては日常生活でも、千のように「待つこと」が最も重要なことのように感じます。これに関しては、たくさんのことわざがあり、「急がば回れ」「果報は寝て待て」などなど古人の知恵は多くを教えてくれます。

次に、この映画のなかで、湯婆婆は「働かざるものは油屋に存在するべからず」という〝Must〟、つまり超自我として君臨しています。さらに、湯婆婆自身も働きたいと言いつづける人を拒絶しないという掟に束縛されており、湯婆婆のなかに存在する超自我に縛られています。これは家訓のようなものでもあり、世代間伝達とも言えるような興味深い事象を示唆しています。フロイトは、超自我がエディプス・コンプレックスの解消の産物として摂取されることによって形成されると主に論じましたが、両親の超自我との同一化やこども自身の攻撃性の関与についても論じています。また、湯婆婆は〝Must〟の世界を代表していますが、坊に対しては親馬鹿を地で行くような態度を示したり、表情や身振りは恐怖より、どこかおもしろさを醸し出す雰囲気があります。これは、厳格な超自我というより、ほどほどの厳格さを要求する超自我とみなすことができるでしょう。

最後に控えているのは、カオナシです。イドはリビドーと攻撃性という欲動から成り立ちますが、これはカオナシの属性を正しく言い当てています。カオナシはリビドーという本能の一部である貪欲な食欲と、油屋の従業員を飲み干してしまう攻撃性の権化です。前思春期になれば、まず食欲が増進し、自分のなかに何かわからないものを感じますが、これがカオナシの正体と考えることができるでしょう。このカオナシというネーミングは素晴らしいと思います。欲動や本能にカオはなく、これに翻弄されてしまうのが思春期の特性です。カオナシは千との対決に敗れて、千の軍門に下ります。これは自我である千が活発になりつつあったイドに飲み込まれることなく、イドをコントロールできたことを示しているのでしょう。

では、もしも千という自我が適切に機能せず、千尋のパーソナリティの構造が不適切であったとしたら、この映画のストーリーのようになったでしょうか。たとえば、千尋が湯婆婆のところに油屋で働く許可を得に行ったとき、千尋がそこで泣き喚いたり、怒ったりして感情を露わにすれば、千尋はそこで鶏に変身させられて、食べられてしまったでしょう。あるいは、機が熟するのを待つことなく、豚小屋にいるたくさんの豚を脱走させるということをしても、これは暴挙になってしまったでしょう。これは衝動や欲動、つまりカオナシの力に自我が圧倒されることを意味しています。一般的に、思春期というのはこのようにカオナシ（イド）が優位な時期です。若者は親からの束縛を嫌い、理由のない反抗をし、自分の思うままに外に飛び出していきます。そして、時には学校をサボったり、喫煙や夜遊びなどといった非行まがいの行動に走ったり、さらには犯罪やその他の逸脱行為によって反社会的行動に至ることもありますが、これは思春期の目に見えないカオナシに関係しています。

逆に、もし千という自我が湯婆婆という超自我の命令に忠実に従ったとしたら、千は油屋での女中奉公に明け暮れ、一生を終えたでしょう。これは超自我が自我を圧倒した心的状態を示しています。思春期は逸脱行動だけでなく、それとはまったく正反対に理想を求める時期でもあります。たとえば、理想的な体型や体重を求める神経性無食欲症の思春期の少女たちはこの典型例かもしれません。こうした少女は自分の決めた体重、カロリーを厳密に守り、たとえ生命の危機に晒され、周囲がいかに説得しても、自らの使命のように拒食を続けます。時に、本当に死に至ることがあるのは哀しい限りです。ほかにも、現代のトレンドである不登校やひきこもりも、この心性に大きく関係しています。こうした若者のこころの特徴は「傷つきやすさ」「時に尊大な自己イメージ」でしょう。超自我は理想的な自己を執拗に求めますが、それは外的現実のなかで即座に否定されてしまいます。こうした若者たちは捲土重来を期すといった万全の対策を立てることもなく、たとえば親からの圧力などによって現実への再挑戦に挑むことになるため、簡単に粉砕されてしまいます。最後には自宅、自室でまったく身動きすることなく、インターネットの世界に埋没して数年、時に一〇年以上その世界で過ごす人もいます。そして、アバターという化身になって、ネットのヴァーチャルリアリティの世界に、ひとまずの安住の地を見つけることもあります。もちろん、私はネット社会が悪いと言っているわけではありません。ネット社会は現代社会にとって必須なものであり、現代の文化そのものです。したがって、精神疾患の症状、臨床心理のテーマは、文化の影響を避けることができないと再認識する必要があるということでしょう。

クライン派の内的対象

英国の対象関係論

対象関係論は、三者関係の父子関係から、二者関係の母子関係への関心への変遷によって、フロイト以後の分析家たちが洗練させたものです。英国ではクライン、フェアバーン、ウィニコットなどに代表され、英国対象関係論学派と総称されます。この三人の理論の違いを簡潔に述べれば、クラインは死の本能から派生する攻撃性の投影、そして外的対象による攻撃性の緩和によって、こころの構造、内的対象が形成されると考えています。一方、フェアバーンは死の本能を認めることなく、自我が出生時から存在していることを前提に理論を構成しています。攻撃性はリビドーが満たされない欲求不満によって引き起こされ、乳児は自分を満たしてくれない対象（乳房）を内在化する必要に迫られます。しかし、乳房は満たしてくれない対象であるだけでなく、満たし、興奮を与えることもできる対象でもあるため、乳房は二つの側面にスプリットオフされ、抑圧されます。この結果、無意識下にリビドー的対象と反リビドー的対象が成立することになります。この抑圧は自我によって為され、自我もその一部が巻き込まれますが、中心的自我は存続します。さしずめ、この映画に当てはめれば、千は中心的自我であり、カオナシはリビドー的自我、湯婆婆が反リビドー的自我ということになるでしょう。ウィニコットは、クラインの抑うつポジションの概念をフロイトのエディプス・コンプレックスの概念に匹敵する精神分析の概念であると賞賛しましたが、妄想分裂ポジションという殺伐とした死闘の母子物語には納得できなかったようです。その結果、ウィニコットは母子一体化、錯覚という概念で平和な母子関係を描き出し、クラインとは明確に一線を画しています。

クライン、フェアバーン、ウィニコットは三者三様で、こころの世界の成立に関する意見には相違があるものの、こころに棲みつく対象の重要性への認識には変わりありません。つまり、対象関係は外的現実と心的現実のやりとりの結果、心的世界にさまざまな内的対象が確立し、その内的対象群が織り成す関係性のあり方と捉えているのです。これが個人のパーソナリティを規定する重要な要素となります。現代の精神分析では、対象関係を論じることなく、精神分析を語ることができないほど、対象関係は重要な主題となっています。そこで、次にクライン派の対象関係論の中心である妄想分裂ポジションと抑うつポジションに関して、この映画のストーリーを順次追いながら論じてみましょう。

妄想分裂ポジション（Ps）

この映画の冒頭部分で、両親が豚になるという衝撃的な場面から、視聴者は一気に幻想的な世界へと導かれます。千尋は自らの心的世界で、両親を豚に変えました。豚は醜く穢れた存在としての両親のイメージであり、多かれ少なかれ思春期のこどもたちが抱く両親に対する心的イメージであることを表しています。今まで、世界で一番綺麗で優しいと信じていた母親、世界で一番賢くて強いと思っていた父親は、現実にはそれと程遠い存在であることに、思春期のこどもはリアルに気づいてしまいます。そして、こどもたちは幻滅の渦に巻き込まれてしまうことになります。これはクラインの語る、授乳もしない、貪り食う悪い乳房そのものです。しかし、千尋のこころのなかの両親像が豚になるしかない脱価値化されたものだけであったならば、千尋はこの世界での冒険を完遂することはできなかったはずです。映画では、冒頭部分から豚になった両親と同時にハクという龍の化身の少年が登場します。ハクの機能は終始一貫して、千尋を援助する対象ですが、これはスプリッティングされた「よい」両親の対象と考えることができるでしょう。ハクは援助、つまり授乳する理想化されたよい乳房と言い換えることもできるでしょう。このように内的対象が悪い対象とよい対象にスプリッティングされたこころの状態が、まさしく妄想分裂ポジションです。

今さらといった感じですが、クライン派の発達論の理論的なおさらいをしてみましょう。クラインは、「躁うつ状態の心因論に関する寄与」（一九三五）、「喪とその躁うつ状態との関係」（一九四〇）で、乳児の情緒発達における心的布置のひとつの形式を抑うつポジションとして記述しました。抑うつポジションは生後四、五カ月から今まで別々であると思っていた授乳時のよい乳房と、欲求不満にさせる悪い乳房が同一のものであることに気づくことから始まります。そこでの対象関係は、全体対象に向かう道筋の始まりです。乳児は、母親を自らの攻撃性で破壊してしまうかもしれないという抑うつ不安と、よい対象への償いを巡って複雑なこころの世界を展開させます。これはウィニコットが記述した「思いやり」と総括することもできますし、抑うつポジションの概念をより洗練化し、臨床的に展開したとも言えるでしょう。その後、クラインは「分裂機制についての覚書き」（一九四六）で、抑うつポジションに先立つ妄想分裂ポジションを提唱し、スプリッティングと投影同一化を中心とした原始的防衛に基づく心的世界を描写しました。さらに、この二つのポジションを心的発達の基軸とし、妄想分裂ポジションから抑うつポジションへの移行を心的発達として論じました。これは一直線の一方向的な進展でなく、往来の過程であることを理解することが重要です。

その後、ビオンはこれをあっさり「Ps⇕D」と記号化しました。ロナルド・ブリトンは『想像と信念』（一九九八）で、これをさらに明確にし、正常な発達過程を「Ps（0）⇓D（0）……D（n）⇓Ps（n＋1）⇓D（n＋1）……」と記載しました。これは人生の試練に出会うたびに抑うつポジションから妄想分裂ポジションへと戻り、そしてまた抑うつポジションに到達するということを意味しています。このことは、実際に精神分析に関わっている臨床家であれば、安定していたクライアントがストレスに晒されると、一時的なものであれ、容易に混乱した妄想分裂ポジションの世界に陥ってしまうことを考えると理解しやすいでしょう。私たちもストレスに晒されると、同じように被害的な夢を見たりするものです。

この映画では、千尋は実際の引越しへの怒りと思春期への引越しの戸惑いから、妄想分裂ポジションに戻り、スプリッティングの機制によって両親を豚とハクに分裂させたと考えることができるでしょう。映画を観れば明らかなように、千尋は決して一人でこの冒険を切り抜けたわけではなく、ハクなどの重要な援助者たちの貢献がなければ、千尋の心的発達は為されませんでした。特に、ハクは援助する両親を象徴する対象であり、こうした対象の存在は千尋の乳幼児期での体験の良好さを示しています。

ここで話がやや複雑になるかもしれませんが、妄想分裂ポジションと抑うつポジションに関して議論を進展させてみます。千尋にとってのハクという存在の変遷を考えてみると興味深いものがあります。既述のように、ハクは当初、千尋を援助するよい対象として登場します。同時に、ハクは豚になった醜い両親という迫害対象の対極に位置する理想対象のようでもあります。クラインの心的発達論である妄想分裂ポジションと抑うつポジションというシンプルで端的な概念に、さらに下位概念を考える必要を感じたクラインの後継者たちがいます。もともと、クラインは正常な心的発達に、妄想（paranoid）、分裂（schizoid）、抑うつ（depressive）などの精神疾患の用語を当てはめたために、多くの批判に晒されました。この名称には混乱することもあるでしょう。

この混乱を整理した代表的な精神分析家がジョン・シュタイナーです。シュタイナーは『こころの退避――精神病・神経症・境界例の病理的組織化』（一九九三）のなかで、妄想分裂ポジションにおける防衛を、正常なスプリッティングと病的断片化という下位概念によって区別しました。正常なスプリッティングは対象のアンビヴァレンツに耐えられるような統合過程、抑うつポジションの方向に向かいます。それに対して、妄想分裂ポジションの下であまりに迫害不安が強い場合は、生死に関わる問題となり、統合の方向でなく、逆に病的断片化（pathological fragmentation）が引き起こされて、混乱と混沌の世界、つまり精神病の世界に行き着くことになります。この病的な防衛によって、ビオンの奇怪な対象が産出されることになります。

ここでよい対象と理想対象の区別に関して、私はよい対象を健康なスプリッティングでの用語として考えています。そして、理想対象を病的断片化、悪い対象、奇怪な対象などの攻撃に晒されても守らなければならない、絶滅しそうなよい対象であると考えています。つまり、後者のこのよい対象には壮絶な攻撃のなかで外的現実、心的現実から距離を置き、スプリッティングの幅を広げ、決して統合の方向に向かうことなく、秘密の宝箱に仕舞い込まれたかのようなイメージを抱いています。悲惨な虐待を受けた多くのこどもたちが、なぜ虐待者である母親や父親に会いたいと思い、いつか施設から自分を救ってくれるに違いないと思っているのでしょうか。それは、こうしたこどもには、現実を無視した理想対象としての母親、父親という対象が生き残っているからでしょう。

さて、再び映画に話題を戻しましょう。上記の議論を勘案すれば、千尋にとってハクは理想対象ではなく、よい対象です。映画が進むにつれて、ハクは世話をするという幼児期の機能から、自立を促すといった機能のほうが優位な援助する対象（helping object）に変貌します。千尋の年齢を考えれば、ハクが自立を促す両親を表しているというのはもっともなことです。

抑うつポジション（D）

その後、ハクが映画に登場するのは、銭婆のところから魔女の刻印を盗み出し、その手先に追われて、瀕死状態で湯婆婆の油屋に戻るシーンです。湯婆婆は瀕死状態のハクを見捨て、湯釜のある地階へと落としてしまいます。このシーンには、大きなテーマが二つあります。まず、今まで陰に日向になり千を援助したハクが、窃盗という犯罪的な行為に手を染めたということです。千はこれに大きな疑問を抱くこともなく、ハクの救出を決心します。これは思春期になりかけたこどもが、自分の親の現実の姿を知ることに似ています。千はそれ自体を責めることなく、暗黙の内に受け入れているかのようです。千はハクが好んでこうした犯罪を行なったわけではなく、湯婆婆に命令されて、仕方なくそうせざるをえなかった、あるいは自分を油屋で働かせてくれたために、こうなったのかもしれないと推測したのでしょう。千はハクから受けたよい体験に感謝し、相手の過ちを自然に許すことができました。これはクラインの発達論的に言えば、よい対象であるハクには過ちを犯す側面もあるが、千はハクからの恩を忘れることなく、それを受け入れたこととなり、全体対象としてのハクが成り立ちつつあることを示しています。この一連のシーンこそ、メルツァーの語る「抑うつポジションの入口」です。

次に注目すべきは、ハクが傷ついた対象（damaged object）であるということです。クラインは、抑うつポジションで乳幼児が自らの攻撃性によって傷つけた母親をいかに修復するかというテーマが中心であることを記しています。千はハクを救うために、決死の覚悟で銭婆のところに魔女の刻印を返却に行く決心をします。これは修復の作業に相当し、傷ついたハクの罪を軽減することになります。この千の行動の背後には、ハクへの感謝が憎悪に勝り、対象を復活させようとする意図があります。釜爺の援助を得て、千は電車に乗って、怖れながら銭婆のところを訪れます。銭婆は噂と異なり、優しく千をもてなしてくれました。銭婆は魔法で作るのでは意味がなく、皆で作ることが大切であると言いながら、皆で千のために新しい髪留めを作りました。魔法という全知・万能感を捨てて、現実を受け入れ、現実的な思考ができることが、抑うつポジションの特徴です。この時点で、千尋の大きな心的発達が為されたことに疑いはありません。その後、銭婆のところに、ハクが迎えに来ました。油屋への帰路にハクに乗って大空を舞う姿は、千尋の初恋のようでもあり、思春期の謳歌とも思える清々しさを醸し出しています。

ここで再度まとめておくと、ハクの対象としての変遷は妄想分裂ポジションから抑うつポジションに至る健康的な道筋を描き出しています。当初、ハクの機能はよい両親として千を援助する対象でした。しかし、次に悪事を行なうことによって、よい対象が脱価値化され、瀕死状態にある傷ついた対象になりました。先述のように、これはハクが豚になった両親のような愚かな部分を持ち合わせていることを示唆しています。しかし、千はハクに幻滅することなく、二つの両親を統合することができました。この統合こそが、抑うつポジションに至る最大の心的変化です。抑うつポジションでの罪悪感は、妄想分裂ポジションの迫害的罪悪感と異なり、現実的に償うことができるということです。傷ついた対象であるハクの傷は必然的に治癒し、元気なハクに戻ることができました。これが修復です。そして、その延長線上に恋愛の対象とも思える対象選択があることは妙味です。

他の内的対象

ここまで主役、準主役たちという内的対象の織り成すストーリーの本筋は、妄想分裂ポジションから抑うつポジションへの展開であることを記述してきましたが、他の登場人物に関しても考えてみましょう。

まず、クライン派と言えば、部分対象というお得意の概念がありますが、この映画のなかでこれはどこに存在するのでしょうか。愚問ながら、坊という頭の大きな怪物のような赤ん坊は、母体内に存在する赤ん坊として理解できますが、坊の父親は誰なのかを真剣に考えたことのある読者はいるでしょうか。この映画は父親不在といってもよいほど、父親の影が見えません。千尋の父親はかろうじて登場していますが、軽薄で無能なお父さんといった感じです。思春期を迎えつつある少女の心的発達にとって、父親は脇役にもならない存在と言ってしまえば、そうかもしれません。しかし、坊の父親は誰なのでしょうか。私の思い込みのようなものですが、私はカシラをその候補として考えています。坊は銭婆によって、坊ネズミに変身させられてしまいましたが、この際に逆に坊に変身させられたのはカシラです。このことは、この両者の関連を示唆しているかのようです。クラインは早期エディプス・コンプレックスの議論で、母親の体内が豊饒の海であり、すべてのよいものの根源であると認識すると考えました。ここには赤ん坊だけでなく、ペニスも含めたすべてのものの存在が仮定されています。湯婆婆の部屋に住んでいるのは、坊とカシラだけです。それは家族であり、湯婆婆というファリックな母親は、ペニスを去勢することも可能な存在であり、三体一組の姿をしたカシラはペニスが三等分された部分対象であると考えることもできるでしょう。部分対象は、成人の分析において原光景に関連した感覚の断片として認識されることが多いものですが、私はこれがこどもの精神分析では実際に描画などで具体的に示されることをしばしば経験しています。

抑うつポジションの結末

銭婆は湯婆婆と双生児ですが、この二人がスプリッティングされた存在であることは明らかです。そして、双方の名前を合わせると「銭湯」になることは、二人合わせてひとつの意味のある言葉になります。この映画は神々の銭湯の物語です。湯婆婆は〝Must〟の世界にいる超自我ですが、銭婆は湯婆婆に比して、そのネーミングにもかかわらず穏やかで寛容な性格です。銭婆の登場によって、両者は統合されて、湯婆婆の〝Must〟の超自我性はかなり緩和されることになりました。これによって、千は湯婆婆の超自我の束縛から解放されることになります。このことは、ハクの対象としての機能の変遷と同じように、超自我の変遷を示しています。

そして、映画は終わりに向かいつつあります。スプリッティングされたよい両親像のハクが、完璧な存在ではなく、汚れているところもあるということを認めて救出されたことは、豚になっているもう一方の悪い両親にもよいところがあり、これを救い出すということと同義の経験を導くことになりました。こうして、ハクと豚になった両親は統合されました。この結果、千は妄想分裂ポジションから抑うつポジションへの引越しを完了させることができたと考えられます。

抑うつポジションからの贈り物

抑うつポジションに至ることによって、人はどのようなこころの変化を為すことができるのでしょうか。千は多くの豚のなかから両親を見つけることができました。これが千の大きな進歩、抑うつポジションからの贈り物です。つまり、両親の現実を「知る」ことができたからです。シュタイナーは、エディプス神話をフロイトとは別の視点から論じています。シュタイナーによれば、エディプスの主な問題は真実から目を背けた否認にあります。エディプスは王に君臨する間に、先王の行方を調べることは容易なことでしょうし、臣下もまったく同じです。「知らぬが仏」とは、疫病が流行る前のテーバイの集団的無意識でした。しかし、疫病が襲いかかり、真実に目を向けなければならなくなったことに、『オイディプス王』の劇の醍醐味があります。エディプスは究極的な見ない方法として、母親であり妻でもあるイオカステの髪留めで目を潰します。千尋の思春期の重要なアイテムと同じマテリアルであることは興味深い限りです。目を潰すことで、エディプスは正しく具体的に見ることができなくなりました。

この映画の本筋は、千尋が両親の豚のような醜さや頼りなさを知り、それを受け入れ、それを救出するための努力をしたということです。千尋は目を逸らすことなく事態に対応したために、自らを「知る」ことができました。この結果、両親を見つけるだけの「心眼」を備えることができたのでした。真実から目を逸らすことなく、それを見ることは辛いことですが、これを見ることができなければ、エディプス王のようにコロノスという閉鎖された空間で現実を見ることなく、神になったかのようにひきこもるしかないのかもしれません。

さいごに

この映画は一〇年以上前に公開されましたが、私はたまたま、公開間もないときにこの映画を観ました。二時間を超える映画に飽きることなく、清々しい感動を抱いた記憶があります。もちろん、この映画を精神分析的な視点から観たわけではありません。その一カ月後、ある大学の大学院の集中講義でネタ切れになったときに、この映画を精神分析的に考えてみることになりました。よくよく考えると、千尋の成長がクライン派の理論によって裏づけられ、清々しさの源泉が理解できたようでした。また、千尋という名前は、千という限りなく無数に尋ねるという意味をもち、まさに人生そのものであるかのようです。映画は臨床実践ではありませんが、そこで感じたこと、そしてなぜそれを感じたのかという理論的背景のある考察との弁証法的やりとりは、精神分析の実践に必須であろうと思います。

❖文献

エディプス・コンプレックスと思春期

Freud, S.（1931）Female sexuality. SE 21, pp.223-243.（高田珠樹＝訳（二〇一一）「女性の性について」、『フロイト全集20』岩波書店、二一五—二三八頁）

Isaacs, S.（1948）The nature and function of phantasy. In : M. Klein, P. Heimann, S. Isaacs, & J. Riviere（eds.）（1952）*Developments in Psycho-Analysis*. London : Hogarth Press, pp.67-221 ; originally read in 1943 in the Controversial Discussions of the British Psycho-Analytical Society 1943-44 ; published *Int. F. Psycho-Anal.* 29 ; 73-97.（一木仁美＝訳（二〇〇三）「空想の性質と機能」、『対象関係論の基礎』新曜社）

Klein, M.（1923）The role of the school in the libidinal development of the child. WMK 1, pp.59-76.（村山正治＝訳（一九八三）「子どものリビドー発達における学校の役割」、『メラニー・クライン著作集1』誠信書房、六九—九〇頁）

女性化段階・同性愛

Deutsch, H.（1930）The significance of masochism in the mental life of women. *Int. F. Psycho-Anal.* 11 ; 48-60.

Freud, S.（1931）Female sexuality. SE 21. pp.223-243.（高田珠樹＝訳（二〇一一）「女性の性について」、『フロイト全集20』岩波書店、二一五—二三八頁）

Hinshelwood, R.D.（1991）*A Dictionary of Kleinian Though*. 2nd ed. London : Free Association Books.（衣笠隆幸＝総監訳、福本修・奥寺崇・木部則雄・小川豊昭・小野泉＝監訳（二〇一四）『クライン派用語辞典』誠信書房、九七—一〇八頁）

Horney, K.（1924）On the generation of the castration complex in women. *Int. F. Psycho-Anal* 5 ; 50-65.（安田一郎＝訳（一九八二）「女性の去勢コンプレックスの発生について」、安田一郎・我妻洋・佐々木譲『ホーナイ全集1——女性の心理』誠信書房）

Horney, K.（1926）The flight from womanhood. *Int. F. Psycho-Anal* 7 ; 324-329.（安田一郎＝訳（一九八二）「女らしさからの逃避」、安田一郎・我妻洋・佐々木譲『ホーナイ全集1——女性の心理』誠信書房）

Horney, K.（1932）The dread of woman. *Int. F. Psycho-Anal* 13 ; 348-366.（安田一郎＝訳（一九八二）「女性に対する恐れ」、安田一郎・我妻洋・佐々木譲『ホーナイ全集1——女性の心理』誠信書房）

Jones, E.（1927）The early development of female sexuality. *Int. F. Psycho-Anal.* 8 ; 459-472.

Klein, M.（1928）Early stages of the Oedipus conflict. WMK 1.（柴山謙二＝訳（一九八三）「エディプス葛藤の早期段階」、『メラニー・クライン著作集１』誠信書房、二二五―二三八頁）

Klein, M.（1932）The Psycho-Analysis of Children. WMK 2.（衣笠隆幸＝訳（一九九七）『メラニー・クライン著作集２』誠信書房）

Klein, M.（1945）The Oedipus complex in the light of early anxieties. WMK 1, pp.128-138.（牛島定信＝訳（一九八三）「早期不安に照らしてみたエディプス・コンプレックス」、『メラニー・クライン著作集３』誠信書房、一五七―二一八頁）

Klein, M.（1957）Envy and gratitude. WMK 3. pp.176-235.（松本善男＝訳（一九九六）「羨望と感謝」、『メラニー・クライン著作集５』誠信書房、三―八九頁）

Riviere, J.（1929）Womanliness as a masquerade. *Int. F. Psycho-Anal* 10 ; 303-313.

思春期

Klein, M.（1932）The Psycho-Analysis of Children. WMK 2.（衣笠隆幸＝訳（一九九七）「思春期における分析の技法」、『メラニー・クライン著作集２』誠信書房、九五―一一三頁）

結合両親像

Klein, M.（1923）The role of the school in the libidinal development of the child. WMK 1, pp.59-76.（村山正治＝訳（一九八三）「子どものリビドー発達における学校の役割」、『メラニー・クライン著作集１』誠信書房、六九―九〇頁）

Klein, M.（1929）Infantile anxiety-situations reflected in a work of art and in the creative impulse. WMK 1, pp.210-218.（坂口信貴＝訳（一九八三）「芸術作品および創造的衝動に表われた幼児期不安状況」、『メラニー・クライン著作集１』誠信書房、二五三―二六四頁）

Klein, M.（1932）The Psycho-Analysis of Children. WMK 2.（衣笠隆幸＝訳（一九九七）『メラニー・クライン著作集２』誠信書房）

Hinshelwood, R.D.（1991）*A Dictionary of Kleinian Though.* 2nd ed. London : Free Association Books.（衣笠隆幸＝総監訳、福本修・奥寺崇・木部則雄・小川豊昭・小野泉＝監訳（二〇一四）『クライン派用語辞典』誠信書房、三〇一―三〇三頁）

Meltzer, D.（1973）*Sexual States of Mind.* Perth : Clunie.（古賀靖彦・松木邦裕＝監訳（二〇一二）『こころの性愛状態』金剛出版）

夢

Meltzer, D.（1981）The Kleinian expansion of Freudian metapsychology. *Int. J. Psycho-Anal.* 62 ; 177-185.

Meltzer, D.（1983）*Dream-Life.* Perth : Clunie.（新宮一成・福本修・平井正三＝訳（二〇〇四）『夢生活――精神分析理論と技法の再検討』金剛出版）

Freud, S.（1900）*The Interpretation of Dreams.* Vols 4, 5.（高橋義孝＝訳（一九六八）「夢判断」、『フロイト著作集 2――夢判断』人文書院）

Freud, S.（1915）The unconscious. SE 14. pp.159-215.（井村恒郎＝訳（一九七〇）「無意識について」、井村恒郎・小此木啓吾他＝訳『フロイト著作集 6――自我論・不安本能論』人文書院）

Bion, W.（1962）*Learning from Experience.* Heinemann.（福本修＝訳（一九九〇）「経験から学ぶこと」、『精神分析の方法Ⅰ――セブン・サーヴァンツ』法政大学出版局）

無意識的幻想

Freud, S.(1911) Formulations on the Two Principles of Mental Functioning. London : Hogarth, SE 12.（新宮一成＝訳(二〇一〇)「夢解釈Ⅰ」、『フロイト全集4』岩波書店、一―三五八頁／新宮一成＝訳（二〇一一）「夢解釈Ⅱ」、『フロイト全集5』岩波書店、一―四二八頁）

Hinshelwood, R.D.（1991）*A Dictionary of Kleinian Though.* 2nd ed. London : Free Association Books.（衣笠隆幸＝総監訳、福本修・奥寺崇・木部則雄・小川豊昭・小野泉＝監訳（二〇一四）『クライン派用語辞典』誠信書房、三四―四九頁）

Hinshelwood, R.D.（1994）*Clinical Klein.* London : Free Association Books.（福本修・木部則雄・平井正三＝訳（一九九九）『クリニカル・クライン』誠信書房、一九―二八頁）

Isaacs, S.（1948）The nature and function of phantasy. In : M. Klein, P. Heimann, S. Isaacs, & J. Riviere（eds.）（1952）*Developments in Psycho-Analysis.* Hogarth, pp.67-221 ; originally read in 1943 in the Controversial Discussions of the British Psycho-Analytical Society 1943-44 ; published *Int. F. Psycho-Anal.* 29 ; 73-97.（一木仁美＝訳（二〇〇三）「空想の性質と機能」、『対象関係論の基礎』新曜社）

Klein, M.(1923) The role of the school in the libidinal development of the child. WMK 1, pp.59-76.（村山正治＝訳(一九八三)「子どものリビドー発達における学校の役割」、『メラニー・クライン著作集 1』誠信書房、六九―九〇頁）

メラニー・クライン

Klein, M. (1925) A contribution to the osychogenesis of tics. WMK 1, pp.106-127.（植村彰＝訳（一九八三）「チックの心因論に関する寄与」、『メラニー・クライン著作集1』誠信書房、一二五―一四九頁）

Riviere, J. (1936a) On the genesis of psychical conflict in earliest infancy. *Int. J. Psycho-Anal.* 17 ; 395-422 ; reprinted in M. Klein, P. Heimann, S. Isaacs, & J. Riviere (1952) *Developments in Psycho-Analysis.* Hogsrth, pp.37-66 ; reprinted (1989) Karnac, and (1991) in Riviere, *The Inner World and Joan Riviere.* Karnac, pp.272-300.

Segal, H. (1973) *Introduction to the work of Melanie Klein.* London : Hogarth Press : Institute of Psycho-analysis, 1973.（岩崎徹也＝訳（一九七七）『メラニー・クライン入門』岩崎学術出版社、一六―三三頁）

内的対象

Fairbairn, R. (1941) A revised psychopathology of the psychoses and psychoneuroses. In : R. Fairbairn (1952) *Psycho-Analytic Studies of the Personality.* Routledge & Kegan Paul.（山口泰司＝訳（一九九五）「精神病と精神神経症の、修正された精神病理学」、『人格の精神分析』講談社／山口泰司＝訳（二〇〇二）『人格の精神分析研究』文化書房博文社）

Freud, S. (1917) Mourning and melancholia. SE 14, pp.237-260.（伊藤正博＝訳（二〇一〇）「喪とメランコリー」、『フロイト全集14』岩波書店、二七三―二九三頁）

Freud, S. (1923) The ego and the id. SE 19, pp.3-66.（道籏泰三＝訳（二〇〇七）「自我とエス」、『フロイト全集18』岩波書店、一―六二頁）

Klein, M. (1927) Criminal tendencies in normal children. WMK 1, pp.170-185.（野島一彦＝訳（一九八三）「正常な子どもにおける犯罪傾向」『メラニー・クライン著作集1』誠信書房、二〇五―二二四頁）

Klein, M. (1929) Infantile anxiety-situations reflected in a work of art and in the creative impulse. WMK 1, pp.210-218.（坂口信貴＝訳（一九八三）「芸術作品および創造的衝動に表われた幼児期不安状況」、『メラニー・クライン著作集1』誠信書房、二五三―二六四頁）

Klein, M. (1929) Personification in the play of children. WMK 1, pp.199-209.（安倍恒久＝訳（一九八三）「子どもの遊びにおける人格化」、『メラニー・クライン著作集1』誠信書房、二三九―二五一頁）

Klein, M. (1935) A contribution to the osychogenesis of manic-depressive states. WMK 1, pp.262-289.（安岡誉＝訳（一九八三）「躁うつ状態の心因論に関する寄与」、『メラニー・クライン著作集3』誠信書房、二一―五四頁）

Klein, M. (1946) Notes on some schizoid mechanism. WMK 3, pp.1-24.（狩野力八郎・渡辺明子・相田信男＝訳（一九八五）「分裂的機制についての覚書」、『メラニー・クライン著作集4』誠信書房、三―三二頁）

Hinshelwood, R.D.（1991）*A Dictionary of Kleinian Though*. 2nd ed. London : Free Association Books.（衣笠隆幸＝総監訳、福本修・奥寺崇・木部則雄・小川豊昭・小野泉＝監訳（二〇一四）『クライン派用語辞典』誠信書房、七七—九六頁）

妄想分裂ポジション

Bion, W.R.（1957）Differentiation of the psychotic from the non-psychotic personalities. *Int. J. Psycho-Anal.* 38 ; 266-275.（中川慎一郎＝訳（二〇〇七）「精神病パーソナリティの非精神病パーソナリティからの識別」、松木邦裕＝監訳『再考 精神病の精神分析論』金剛出版、五二—七二頁）（義村勝＝訳（一九九三）「精神病人格と非精神病人格の識別」松木邦裕＝監訳『メラニー・クライン トゥディ①』岩崎学術出版社）

Fairbairn, R.（1943）The repression and the return of bad objects. *Br. F. Med. Psychol* 19 ; 327-341 ; republished, with amendments（1952）in Ronald Fairbairn, *Psycho-Analytic Studies of the Personality*. Routledge & Kegan Paul, pp.59-81.（山口泰司＝訳（二〇〇二）「抑圧と、悪い対象の回帰」、『人格の精神分析学的研究』文化書房博文社）

Klein, M.（1932）The Psycho-Analysis of Children. WMK 2.（衣笠隆幸＝訳（一九九七）『メラニー・クライン著作集 2』誠信書房）

Klein, M.（1936）Weaning. WMK 1. pp.290-305.（三月田洋一＝訳（一九八三）「離乳」、『メラニー・クライン著作集 3』誠信書房、五五—七四頁）

Klein, M.（1946）Notes on some schizoid mechanism. WMK 3. pp.1-24.（狩野力八郎・渡辺明子・相田信男＝訳（一九八五）「分裂的機制についての覚書」、『メラニー・クライン著作集 4』誠信書房、三—三二頁）

Searl, M.（1932）A note on depersonalization. *Int. F. Psycho-Anal* 13 ; 329-347.

Steiner, J.（1987）The interplay between pathological organizations and the paranoid-schizoid and depressive positions. *Int. J. Psycho-Anal.* 68.

Steiner, J.（1993）Psychic Retreats : Pathological Organizations in Psychotic, Neurotic and Borderline Patients. London : Routledge.（衣笠隆幸＝監訳（一九九七）『こころの退避——精神病・神経症・境界例の病理的組織化』岩崎学術出版社）

第三章
思春期のこころの発達
——『海辺のカフカ』の世界

1　『海辺のカフカ』のエディプス

本章では、村上春樹作『海辺のカフカ』（二〇〇二、新潮社）を素材にして、主に思春期に関して論じてみたいと思います。皆さんは飽き飽きしているかもしれませんが、今回はおさらいの意味合いで「エディプス・コンプレックス」について述べます。以後の二回は、「対象喪失」、「空想と妄想」について述べるつもりです。

ここでのアイデアは、二〇〇三年に『白百合女子大学紀要』に書いたものがベースになっていますが、すでに一〇年以上の歳月が流れました。この間、私は精神分析で語られることと実際の臨床現場での体験に大きなギャップを感じるようになりました。その際に、『海辺のカフカ』に関連して、小説家フランツ・カフカ自身について考えたことが、この問題の整理につながったようにも思っていますので、まずは余談からです。

小説家カフカと現代人のメンタリティ

フランツ・カフカはご存知のように『変身』の作者ですが、その人生は決して華やかなものでなく、ユダヤ人の小市民として夭折しました。カフカの父ヘルマン・カフカは南ボヘミアの貧困な屠畜業者の息子で、幼児期から家業を手伝い、大柄で筋骨も隆々とした人だったようです。その後、ヘルマンは裕福な醸造業者の娘ユーリエ・レーヴィと結婚し、その財産を元手にしてプラハで小間物商を始め、大成功を収めました。レーヴィ家はドイツ・ユダヤ人の名門であり、この家系には学者、実業家や医師など優れた才能の持ち主がいたようです。父ヘルマンはこの家系にとって相応しくない存在であったために、必死に働き、財を成したのかもしれません。カフカは一八八三年に長男として生まれ、権力的かつ高圧的な父親から常に抑圧されて育ちました。カフカは父親とまったく異なる道を選択し、プラハ大学に入学して哲学を専攻しようとしましたが、父親から哲学を学ぶことを冷笑され、最終的に法学を学び、司法修士生になりました。父親からすれば、哲学に比し明らかに法学のほうが実利的であり、商売にも役立つものだと考え、カフカに半ば強要したようなものなのでしょう。カフカはその後、小説を書くために半官半民、つまり労働条件の緩い労働保険に関する組織で働きました。勤務時間は昼食時間なしで、八時から一四時までだったようですから、カフカにとって好都合だったのでしょう。しかし、これは父親とまったく異なるライフスタイルでした。カフカはフェリーツェ・バウアーとの二回の婚約、婚約破棄といった煮え切らない態度の後、そして貧しいユダヤ人出身のユーリエ・ヴォリツェクと婚約しますが、父からの反対で、その結婚を断念しています。一九一五年に肺結核を発病し、病気療養、職場復帰を繰り返し、一九二四年、四一歳の若さで亡くなりました。父親との関係やユーリエとの結婚の反対に関して記した『父への手紙』という、カフカの死後に公開された実際の手紙があります。この手紙は、父への恐怖についてのカフカ自身の分析、父の高圧的な態度への不満、そして自分の人生への悪影響といった内容です。カフカは父親に面と向かって言うことはできずに、手紙で父親への不満を語り、それに理解を求めました。ですが、手渡された母親は、父親にこの手紙を渡すことなく、自らの懐に納めました。

カフカの人生を手短に述べましたが、カフカのエディプス・コンプレックスは「戦わずに負けた敗者」そのものであり、実際に父親よりも早く亡くなってしまいました。ちなみに、カフカは肉を嫌い、野菜を好み、健康管理にも熱心に励んだそうです。

カフカの人生、人となりを知って、これは誰のことだろうかと私は思いました。定義は曖昧ですが、カフカの父親のように必死に働いて財を成すといった「肉食系」に比し、「草食系」と言われる現代の若者、そして現代人のメンタリティにも類似しているように思います。いささか偏見ですが、現代の若者のなかには、仕事より一人でできる趣味、汗臭いことよりスマート、健康や外見の重視、結婚することへの決断力のなさ、大人になっても親からの経済的支援を受けるなどが特徴と言える人が多いでしょう。病的になれば、変身して芋虫のようになって、自宅にひきこもるといった感じです。カフカがエディプスの敗者だったように、現代人のメンタリティもエディプスを超えていないのでしょう。こう考えると、すぐに傷ついてひきこもる若者、自責感や責任感のない新型うつ病などを読み解くことができるように思います。さらに、こどもと関わる臨床現場で言えば、保護者の養育の問題が主であっても発達障害だと主張すること、すべてを学校の問題だと責任を取らないことなど、現代社会の親にも合致するようです。小説家カフカは、時代の最先端を走っていたようで、興味深い人です。

これに対して、カフカの父親はエディプスの権化のような人物であったに違いなく、その日の食べ物にも事欠く貧しい屠畜業者の家に生まれ、一心不乱に働き、大都会プラハの中心に店を構えるまでになったのですから、明らかにエディプスの勝者です。この二人のコントラストは、戦後の右肩上がりの経済状況で、寝る間を惜しんで働いた世代と現代の若者とのコントラストに似ているようです。小説家カフカは、その作品だけでなく、生き方そのものも現代を先取りしていたのかもしれません。

『海辺のカフカ』について

『海辺のカフカ』というタイトルは、奇妙であり、読者の興味と注意を呼び覚ますものです。私はなぜ「海辺」と「カフカ」が結びつくのか見当も付かず、この小説を手に取る破目になりました。カフカはプラハの出身ですが、チェコに海はなく、大河モルダウが市の真ん中を流れ、この二つは容易に結びつかないものです。読後に思ったことですが、カフカというエディプスを超えていない思春期の若者が、プラハという海辺のない都市から海辺＝大海へ旅立つ自立を描いているという連想はできるかもしれません。

因子関係とエディプス・コンプレックス

今回は『海辺のカフカ』の母子関係、エディプス・コンプレックスの流れに注目して考えてみます。もちろん、こうした設問に正答があるわけでなく、あくまでも常に仮説です。それを修正して、新たな仮説をつくるという意味では臨床実践と同じことです。

エディプス・コンプレックスは、父親への敗北と両親というカップルを認証する幼児性欲の帰結であり、男児の人格の発達には不可欠のものです。フロイト以後の精神分析家たちは母子関係を重視し、エディプス以前の母子関係に第三者としての父親が侵入してくることを起点に、幼児の対象関係が一般的に論じられています。幼児期に解消できなかったエディプス・コンプレックスは、思春期で再び重要なテーマとなってきます。この小説の主人公カフカは一五歳という思春期の真っ只中にいて、エディプス的課題に直面しなければなりませんでした。カフカは父親の呪いから逃避しましたが、そのエディプス的課題については、カフカの無意識的願望を表象するナカタさんによって、父親殺しが遂行されてしまいました。

『海辺のカフカ』とエディプス神話

まず、この小説の登場人物をエディプス神話の登場人物に対応させてみると、次のようになるでしょう。エディプスは田村カフカ、ライオスは田村浩一氏、イオカステが佐伯さんに相当します。この小説の特徴はカフカの章とナカタさんの章が交互に織り重なることです。ナカタさんの章はカフカの無意識的過程であって、ここでの対応関係はナカタさんがエディプス、ジョニー・ウォーカーがライオス、佐伯さんの幽霊がイオカステということになるでしょう。そして、アポロンの神託は田村氏の呪いに相当することになります。また、カラスというカフカの一部が登場し、セラピストのような理性的な判断と適切な示唆を与えています。エディプス神話では、ライオスは殺害され、イオカステは自殺をし、エディプスは盲目になり、王位から降ろされて追放されます。田村氏、佐伯さんは、エディプス神話の結末と同じように死に至りますが、カフカの成長という結末はエディプス神話と大きく異なる点です。カフカは生きる意思をもち、現実に向かって旅立つ未来ある青年になります。この小説では、こうしたエディプス・コンプレックスに関連した主題から、佐伯さんとの恋愛関係と母子関係の混乱へと主題が変遷します。魅力的な女性としての佐伯さんとの恋愛関係、母親と仮定された佐伯さんとの母子関係というエディプス状況以前の大きな混乱がそこにはあります。

『海辺のカフカ』の精神分析的解釈

次に、『海辺のカフカ』をできるだけ詳細に精神分析的に読み解くことにします。原文から〈 〉で示しながら引用しますが、これは精神分析があくまでもエヴィデンスに基づいて論を展開するということです。精神分析の実践でも同じですが、クライアントの発言、態度のみが、私たちの理解のマテリアルです。意味もなく、セラピストが感じたことを逆転移として解釈するとすれば、それは愚かなことです。

小説は、田村カフカが家出する場面から始まります。これはギリシャ神話のエディプスが、アポロンから自分の父親を亡き者にするという神託を受け、実父と思っていた養父から逃げ出す場面と同じです。その後、エディプスはそれと知らずに実父を殺害し、母と結婚するというのが、ご存知のエディプス・ストーリーです。小説もこの流れは同じ構図にあり、ナカタさんは見ず知らずのジョニー・ウォーカーを殺害します。エディプス神話と大きく異なるのは、カフカと佐伯さんとの関係です。もちろん、エディプス神話でも無意識的には、エディプスとイオカステの関係も同じかもしれませんが、これは物語では大きく取り上げられていません。カフカと佐伯さんとの母子関係には、佐伯さんの精神病理が大きく関与しています。佐伯さんは、最愛の恋人の甲村氏が亡くなってからその死を否認し、甲村氏の代理でなくその同一人物を求める旅に出ました。それは精神病的な「置き換え」に相応するものです。欧米では時に幼くして亡くなったこどもの次に生まれたこどもに同じ名前を付け、亡くなった子と生まれてきた子を同一視することがあります。サルヴァドール・ダリはこの典型例で、ダリがいつも死の影に怯えていたのは、家族から亡くなった兄と同一視され、自分でも同一視していたからにほかなりません。

さて、佐伯さんは甲村氏を求めてさまよった結果、雷に打たれて瀕死状態に陥り、リンボ界に足を踏み入れたことのある田村浩一氏に出会いました。佐伯さんは、田村氏のなかに存在する甲村氏と同じ部分だけに魅せられて結婚することになりました。つまり、佐伯さんは甲村氏の死を否認し、自分の無意識的願望を他者のなかに見出す投影同一化という精神病的手段で対象を選択しました。これは、統合失調症者に時々認められる人物誤認のようなものと同じメカニズムです。しかし、この妄想的な錯覚は持続することなく、田村氏と甲村氏の違いに気づいて悩むことになり、その頃、カフカが誕生したのでしょう。そして、佐伯さんの無意識では、カフカは田村氏とのこどもではなく、甲村氏とのこどもであったはずです。この無意識的確信は明らかに現実と異なり、佐伯さんに大きな混乱を引き起こしました。周知のように、ウィニコットは「原初の母性的没頭」という概念で、母親がいかに没頭的に新生児とコミュニケーションする心的様相をもっているかについて記述しています。佐伯さんの混乱はこうした母性機能を発揮することを阻害し、新生児のカフカの不安は包容されることがなかったのでしょう。カフカは佐伯さんにとって、時に恐怖の対象として存在したために、カフカは身体的にも抱かれることがなかったのかもしれません。あるいは、別のときには、甲村氏と同一化されたカフカは、妄想的に男性として溺愛されて抱かれたのかもしれません。どちらにしても、そこには病的な母子関係が展開していたに違いありません。

カフカと佐伯さんとの関係はこのように混乱したものであり、時に自分を無視する母親であり、時に自分を溺愛する恋人でした。父親の田村氏は、カップル化したカフカと佐伯さんに嫉妬し、憎悪するという構図になりました。それは、三者三様に傷ついたエディプス状況であったに違いありません。

ナカタさんは、星野青年の背骨を矯正したときに、〈骨がずれているのがわかりました。何かがずれておりますと、ナカタはこう、もとに戻したくなります。長いあいだ家具を作っておりましたので、そのせいもありまして、目の前に曲がっているものがありますと、なんでもまっすぐにしたくなります〉(下巻、一五―一六頁/以下、下一五―一六のようにページ数を示す)と語っています。ジョニー・ウォーカーは、〈ものごとはすべからく順番というものがある。順番をきちんと正確に守るというのは、つまり敬意の発露なんだ。魂を相手にするということはそういうことだからね〉(上二三二)とナカタさんに語っています。カーネルサンダースは、自らの役割について〈ものごとがもともとの役割を果たすように管理することだ。私の役目は世界と世界とのあいだの相関関係の管理だ。ものごとの順番をきちんと揃えることだ〉(下九七一)と星野青年に語っています。これらの三者は、すべてまっすぐに順番を矯正することを重視した発言です。この小説における「曲がったもの」「順番」「役割」とは、何を意味しているのでしょうか。それは順番も役割も狂った母子関係、エディプス関係を、健常な母子関係にエディプス・コンプレックスが続くという健常な順番と役割に導くことを示しているのではないかと考えられます。

『海辺のカフカ』のエディプス・コンプレックス

最後に、この小説で起こる出来事を時間軸に沿って追いながら、カフカのエディプス・コンプレックス、早期エディプス状況の展開を考察してみます。

家出

父である田村氏の呪いから逃れるために、一五歳の誕生日にカフカは家出をします。その呪いは、〈それは装置として君の中に埋めこまれている〉（上一七）とカラスが発言するように、ギリシャ悲劇のような運命を決定する予言であり、根本的に遺伝子に組み込まれていて逃れることのできないものです。このことは、フロイトがエディプス・コンプレックスをすべての人の普遍的な空想として提示したことに合致しています。このときのカフカの心境は〈そこでひとりで生きのびていかなくてはならないのだ〉（上一五）というものでした。それは本来の自立とは異なり、帰る場所の存在しない苛酷な自立への旅立ちでもありました。当初、母親に関する記述はまったくありませんが、カフカの心中には、おそらくスプリッティングされた二人の母親が存在していたのでしょう。自分を溺愛しすべてを満たしてくれる理想的な母親と、自分を捨てて家出した残忍な母親です。自分には愛される価値がないと感じているカフカにおいて、残忍な母親は否認され、理想化された母親のみが誇大化していのかもしれません。これは、『母を訪ねて三千里』の物語や、時に被虐待児に認められる心性でもあります。つまり、現実的に自分を捨てた残酷な母親は否認され、絶対的に自分を受け入れてくれる母親を理想化してしまうということです。

田村浩一氏の死

父親の呪いは、自分を捨てていった妻とその浮気相手である甲村氏の分身、あるいは甲村氏そのものである実子のカフカに向けられます。同時に、この呪いは自分自身にも向けられます。田村浩一氏の無意識の表象であるジョニー・ウォーカーは、ナカタさんに〈私自身が心から死を求めているということだ。私が殺してくれと君に頼んでいるんだ〉（上二四七）と希死念慮を必死に訴えています。田村氏は自殺をするわけにはいかなかったのでしょう。息子カフカへの憎悪のために、カフカに殺人の罪を犯させる必要があったからです。猫探しの名人のナカタさんは、残忍に猫の魂を収集するジョニー・ウォーカーの意図のままに殺害する宿命を負いました。

カフカは当初、恐怖心のみから家出をしましたが、その後、父親の呪いの背景にある父親の心情を理解する作業を行なうことができました。カフカは佐伯さんに〈父はあなたのことを愛していたんだと思います。でもどうしてもあなたのことを自分のところに戻すことができなかった。というか、そもそも最初から、あなたをほんとうには手に入れることができなかったんだ。父にはそれがわかっていた。だから死ぬことを求めたんです〉（下一一一）と語っています。父の死に対する無意識の責任を感じることで、カフカは情緒体験ができるようになり、父親の苦悩を知ることが可能になりました。

一五歳の佐伯さんとの出会い

父の死後、カフカが甲村氏の部屋に住むようになると、一五歳の佐伯さんの幽霊が現れるようになりました。佐伯さんは解離状態であり、現在の自分自身であるという意識はありません。カフカは恋をしたことを自覚し、絵に描かれている甲村氏に嫉妬の念を抱くようになりました。これは感情を知ることのできないカフカにとって、愛情と嫉妬という重要な感情を知る経験になりました。カフカは初めて、解離状態の佐伯さん＝母親に愛情を注ぎ、甲村さん＝父親に嫉妬を抱くという構図が完成しました。しかし、佐伯さんが自分の母親かもしれないという仮説は、カフカに混乱をもたらします。佐伯さん側から考えると、その混乱した精神病理性から一五歳のカフカと若いときの甲村氏とを同一化することは、必然的に起こりうることでしょう。

佐伯さんとの性交

現実の佐伯さんは〈彼女は眠っている。僕にはそれがわかる。たしかに目は開いている。でも佐伯さんは眠っているのだ〉（下九〇）という状態で、カフカとの性交に及んでしまいます。彼女が母親であるという仮説を確信するカフカは、〈そこにはとても大きな行きちがいがあることを教えなくちゃならない〉（下九一）ともがきますが、〈そして君自身、時間の歪みの中に呑み込まれていく〉（下九一）とあるように、禁断の木の実を食してしまいます。一五歳の佐伯さんへの恋心は健康なものですが、母親として佐伯さんに抱く性欲はタブーです。幼児性欲には、いかに母親に性欲を感じても実行ができないという現実的な壁があることが重要です。

さらに、正気の佐伯さんは『海辺のカフカ』の絵を前に昔の思い出を語ります。〈二つのコード〉（下一一六）のように、カフカと甲村氏は混乱され、それに呼応して恋人と母親も混乱しています。漢字合わせですが、「田村」と「中田」は田の字が同じで、これに「中」を上から重ねると「甲」という文字になり、残りの「村」を加えれば「甲村」となります。つまり、佐伯さんの心のなかでは「甲村さん＝田村カフカ＋ナカタさん」という構図が成り立っていました。この小説を最初に読んだときに、「甲村」というあまり馴染みのない苗字がなぜ出てくるのかと気になりましたが、読み進めるにつれて、ネーミングに納得がいきました。この混乱はカフカにとって唯一の救いであったのかもしれません。それは自分が甲村氏の代理として性交をしているということで、近親姦への罪悪感を緩和する余地が残されたからです。

戻ることのできる場所

カフカは性交に溺れるわけではなく、自分の仮説への強い好奇心から自分を振りかえる作業を開始します。そして、カラスが自分自身の一部であると感じます。カフカは〈僕が求めているのは……そういうものごとを静かに耐えていくための強さです〉（下一五五）と語り、失われた時間を埋める作業として、〈戻ることのできる場所〉（下一六〇）が必要であることを知ります。戻る場所とは、信頼できる母親という対象が内在化された心の一部を示しているのでしょう。しかし、佐伯さん自身には、母親として戻る場所を提供する意思は見出せませんでした。カフカは性欲以上に、〈戻ることのできる場所〉としての母親の大切さを認識します。

佐伯さんの死

ナカタさんは甲村図書館にたどりつき、佐伯さんと出会います。二人は当然出会うべき存在として、お互いを認識します。入り口の石を開けたことの意味を、佐伯さんは〈いろいろなものをあるべきかたちに戻すためですね〉（下二八七）と語ります。佐伯さんは、生きていること自体が何かを損なうものだと感じ、自分の生きている意味を否定的に捉えることしかできませんでした。思い出だけを記載したノートをナカタさんに預けて、佐伯さんは静かに命を終えました。

入口の石を開けた世界、つまり森のなかの世界は、佐伯さんと甲村氏の完璧な関係を損なわないための閉じられた世界でした。この世界に入り込むことができたのは、二人の兵士や大島さんの兄のようなわずかな人、田村氏、ナカタさんたちでした。佐伯さんは未来を信じることができずに、〈私にとっての人生は二〇歳のときに終わりました〉(下一九二)と過去の思い出に陶酔して、生涯を閉じました。ギリシャ悲劇のイオカステは罪悪感のために自害しましたが、この時点で佐伯さんの意識に罪悪感は存在していないようです。

森のなかの体験

大島さんは〈君はこれからひとりで山の中に入って、君自身のことをするんだ。君にとっても、ちょうどそういう時期にきている〉(下一九〇)と語り、森のなかの体験は精神分析の過程のように進展します。

森のなかに深く入るに従って、カフカは〈疑問。どうして僕を愛してくれなかったんだろう。僕には母に愛される資格がなかったのだろうか? その問いかけは長い年月にわたって、僕の心をはげしく焼き、僕の魂をむしばみつづけてきた。母親に愛されなかったのは、僕自身に深い問題があったからではないのか。僕は生まれつき汚れのようなものを身につけた人間じゃないのか? 僕は人々に目をそむけられるために生まれてきた人間ではないのだろうか?〉(下三〇三—三〇四)、と内省的な疑問をカラスに投げかけます。カラスは〈彼女は君のことをとても深く愛していた。君はまずそれを信じなくてはならない。それが出発点になる〉(下三〇四)、さらに〈君にはまだそれを回復することができるんだってね〉(下三〇四)と修復の可能性を示唆します。これは取り返しのつかない過去、どんなに手を尽くしても元通りにならないことではなく、〈君がやらなければならないのはそんな彼女の心を理解し、受け入れることなんだ。彼女がその時に感じていた圧倒的な恐怖と怒りを理解し、自分のことととして受け入れるんだ。言いかえれば、君は彼女をゆるさなくちゃいけない……それが唯一の救いになる。それ以外に救いはないいんだ〉(下三〇五)とカラスは語ります。カフカは佐伯さんの恐怖と怒り、愛しているのに捨てなければならない意味を自問し、途方に暮れます。クラインは抑うつポジションの心的布置の説明として、自分の攻撃性で傷ついた対象に適度な罪悪感をもち、修復可能であることを確信できるかどうかが重要であると記しています。カフカの疑問とカラスからの返答は、まさに抑うつポジションの命題に相当しています。

カフカは、より深い無意識を探求するために森の深部に入りこみ、一五歳の佐伯さんに出会います。一五歳の佐伯さんは佐伯さんの無意識であり、料理、掃除や洗濯を行ない、カフカの身辺の世話を母親のようにこなします。そして〈もし必要があれば、私はそこにいる〉（下三〇五）と繰り返します。さらに、この世界には時間がないと繰り返しますが、この一五歳の少女から受けた世話こそ、本来母親から受けるべきものでした。カフカはここで初めて、母親からの世話を受けたと感じることができました。この時点で、カフカは母親という安全基地を手に入れかけていることになります。

カラスとジョニー・ウォーカーの対決

第四六章と第四七章の間に挟まれた、章立てになっていない「カラスと呼ばれる少年」は重要な部分です。シルクハットの男はカラスに、〈君は私をこの先にいかせたくないんだろう？　そうだよな？　それくらいは私にもわかるんだ〉、続けて〈で、結論から言うならばだね。君には私の進行をとめることができない〉（下三六四）と語ります。シルクハットの男は、まさしくジョニー・ウォーカーです。その男は、〈君はなんといってもただの未成熟な、寸足らずの幻想にすぎないわけだからね。どのような強固な偏見をもっても、君には私を抹殺することはできない〉（下三六四）と挑発します。カラスはその男に総攻撃を加えて、両目を抉り、舌を裂きますが、その男は不死身でした。これは父親に挑む息子という世界です。ここで初めて、母子関係の確立後の順番に従ったエディプス・コンプレックスの展開が認められたことになります。

森の生活の展開

一五歳の佐伯さんとの会話は、〈私が私でありながらすきまなくあなたの一部になるのは、とても自然なことだし、一度慣れてしまえばとても簡単なことなの〉（下三七四）と、母親という援助する内的対象の確立を示唆しています。

次の日には、佐伯さん自身が訪問し、記憶をなくした佐伯さんは、カフカに〈もとの生活〉（下三七八）に戻ることを強く勧めます。佐伯さんは〈私は遠い昔、捨ててはならないものを捨てたの〉（下三八一）と自らの行為に対する罪悪感を語り、カフカにゆるしを請います。そして、〈お母さん、と君は言う。僕はあなたをゆるします。そして君の心の中で、凍っていたなにかが音を立てる〉（下三八二）と怨みが音を立てて崩れます。ここには、抑うつポジションの大きな心的進展が認められます。理想化された母親と残酷な母親というスプリッティングは統合されます。カフカの成長は、抑うつポジションへの心的布置の進展と総括することができるでしょう。

さいごに

エディプス・コンプレックスは、一人の女性が母親という役割と女性という役割を担うことが事の発端にあります。この二つの役割に、こどもと父親が関係して展開していくものです。『海辺のカフカ』は、こうした世界を詳細に描き出しているものと考えられます。

カフカは、エディプス王のように真実から眼を背けることなく、真実を追究することによって、大きな成長を成し遂げることができたのでしょう。

2 対象喪失

本書の主題は、クライン派や対象関係論を中心としたこどもの精神分析理論の臨床講義ということになります。これまでは、対象が棲みついている内的世界について主に論じてきましたが、対象関係論が臨床的に重宝される最も大きな理由は、「対象喪失」という精神分析の中心的なテーマが詳細に語られるからでしょう。

一般の精神科外来でも、初診患者の話を聞くポイントは、症状の発症のトリッガーです。たとえば、失恋、近親者の死、受験の失敗など多岐にわたる対象喪失です。精神科外来だけでなく、私たちの日常生活の悩みというのは、すべて対象喪失に関わるものです。刻々と時間を喪失しながら、四苦八苦して生きるわけですから、対象喪失は人生そのものの悩みとも言えるでしょう。このことを念頭に置いて日常の臨床活動を行なうことが、すべての臨床家にとって必須のことです。

対象喪失

対象喪失という観点から、精神分析を概観してみましょう。フロイトは対象に関して大きな関心を払うことはありませんでしたが、唯一、『悲哀とメランコリー』において、愛する対象を喪失することによるうつ病、その回復の心理プロセスに関して論じています。喪失した対象との同一化、そして分離というプロセスは、今も多くの心理学の論文に引用されています。しかし、これもフロイトにとってリビドーの行方に関する論文だったとみなせば、本能論の一部とも考えることができるでしょう。フロイトにとって欲動の対象である母親は、いつでもフロイトを満たし、決して裏切ることがなかったという個人史に裏づけられていたのかもしれません。フロイトにとっての問題は父親であり、蜜月的な母子関係に侵入するエディプス・コンプレックスが重要でした。こどもがエディプスの敗者となることの意味は、母親という全体対象の喪失ということです。

その後、クラインをはじめとした精神分析家は、母子関係への関心を高めました。クラインは母親への壮絶なライバル意識をもち、母子関係に大きな葛藤がありました。クラインの発達論である妄想分裂ポジション（Ps）から抑うつポジション（D）への移行では、そのプロセスで理想的な乳房を喪失することになります。フロイト、クラインの発達論では、発達するということは何かを獲得するだけでなく、同時に何かを喪失するということです。これについては、『かいじゅうたちのいるところ』を想起してください。大人になりたい気持ちと、こどものままでいたい気持ちの葛藤がよく表現されていることはすでに本書の第一章第一節に書きましたが、これは発達そのものが対象喪失を伴うということです。

さて、フェアバーンやウィニコットたち精神科医は、第二次世界大戦後に多くの戦争孤児の診察に関わり、乳児の生存に母親が必須であるという臨床体験を味わいました。ウィニコットは、「錯覚⬇脱錯覚」という早期母子関係を描きました。「錯覚」とは母子相互の一体化への幻想であり、その幻想から母子は分離したものであるという現実を知ることが「脱錯覚」です。錯覚という母子一体感のときに対象喪失が起きると、それは授乳時に離される乳首と一緒に乳児の口まで喪失してしまう体験になり、このことをウィニコットは「一次性うつ病」(primal depression)と名づけました。一方、母子分離が自覚されている段階での対象喪失は、「反応性うつ病」(reactive depression）として区別しました。ウィニコットたちは、ルネ・スピッツの研究成果である「依存的うつ病」（anaclitic depression）の臨床体験をしていたのでしょう。同時代のボウルビィも、同様に戦争孤児との臨床実践によって愛着理論を確立しました。ボウルビィはクラインから大きな影響を受け、アンナ・フロイトとの「大論争」のときにはクラインの味方になりましたが、クラインの内的世界のみを重視する学説を受け入れることはできませんでした。その後、大作「母子関係の理論」シリーズとして、『愛着行動』『分離不安』『対象喪失』を著しました。このなかでボウルビィは、リアルな母親という対象喪失に目を向け、精神分析の理論を越え、動物行動学、発達心理学、進化生物学、認知心理学など多彩な理論を駆使して、早期の母子関係を実証科学的に論じています。

ウィニコットの一次性うつ病の概念は、自閉症の精神分析に孤軍奮闘していたフランセス・タスティンに大きな示唆を与えました。タスティンは、自閉症児の朦朧とした意識状態のなかで、乳首とともに自らの口も喪失する体験の連続が、頑なに他者の存在を認めないという対象喪失の否認であると考えました。タスティンはこうした見地から、乳首―口の喪失の再体験をすることが精神分析において必須と考えました。つまり、自閉症児の世界も対象喪失がテーマであり、精神分析の理論、適応の枠組み内にあることを示しました。

次に、『海辺のカフカ』の登場人物は、どのような対象喪失を経験し、どのようなプロセスを踏んだのか読み解いてみましょう。

『海辺のカフカ』の登場人物の対象喪失

対象喪失について知ることは、その人の病態水準をみることになり、パーソナリティの中核部分を描き出すことになります。

田村カフカ

カフカの対象喪失は、四歳のときに母親が家出をし、捨てられたことでした。生育歴の詳細は明らかではありませんが、一五歳のカフカは決して穏やかな中学生でなく、時に暴力的な行動もする情緒の欠落した少年でした。日常生活の中心は、運動、読書、勉強をすることのみであり、対人関係を頑なに拒否していました。運動に関して、〈中学に入ってからの二年間、僕はその日のために、集中して身体を鍛えた。……時間があればひとりでグランドを走り、プールで泳ぎ、区立の体育館にかよって機械を使って筋肉を鍛えた〉（上一三）と書かれています。また、読書に関して、〈休み時間になるといつも学校の図書館に行って、むさぼるように本を読んだ〉（上一四）とあり、活発な知性化が行なわれていたことが窺われます。運動と読書は、一五歳の誕生日に決行する予定の家出のためでしたが、この行動は、カフカが母親という対象を喪失し、それを埋め合わせるために行ったものでもあり、辛く孤独な幼年期から少年期を生き抜くための防衛的な行動であったようです。

カフカは自らの心的状況に関して、〈僕は自分のまわりに高い壁をめぐらせ、誰一人その中に入れず、自分をその外には出さないようにつとめていた〉（上一四）、そして〈「頭がかっとすると、まるでヒューズが飛んじゃったみたいになる。誰かが僕の頭の中のスイッチを押して、考えるより先に身体が動いていってしまう。そこにいるのは、僕だけど、僕じゃない」〉（上一四七）と語っています。

エスター・ビックは、最早期の母子関係に支障があると、健全な心的機能の基盤になる皮膚の形成が損なわれ、心的発達に多大な影響を及ぼすことを記載しています。皮膚の適切な機能は、崩れ落ちそうな自我を包み込み、外界からの刺激を選択的に透過させたり、拒否したりすることです。それはいわば細胞膜の「選択透過性」のようなものです。私たちはすべての刺激を受け入れているわけではありません。適切な皮膚機能の形成に失敗すると、筋肉が皮膚の代用として機能し、「第二の皮膚」と言われる筋肉の皮膚が形成されてしまいます。そこには適切に外的世界と交流できる心的空間が形成されることなく、外界からの刺激のすべてを遮断し、情緒接触を行なう皮膚の機能が損なわれてしまいます。ただ、時に外的現実の刺激に対して衝動の高まりを伴い、吃音などの爆発的行動や暴力で対応することがあります。カフカの一連の心的状況や行動は、ビックの「第二の皮膚」という概念にぴったりと当てはまるようです。

ビックの同僚であるドナルド・メルツァーは、模倣を中心とした「附着同一化」について記しています。青年期以後の主な模倣は知性化ですが、メルツァーが実例として、美術館の展覧会に行く前に、すべての展示作品の解説を読む人を挙げているように、知識を吸収することは、ただの模倣行為に過ぎないことがしばしばあります。カフカは〈意識を集中し、脳を海綿のようにし、教室で語られるすべての言葉に耳をすませ、頭にしみこませた。それらを限られた時間の中で理解し、記憶した〉(上一五)とあるように、ここには自分の判断や情緒的反応はまったく存在していません。家出前のカフカは、優秀なコンピューターのような頭脳と筋骨隆々の身体をもつサイボーグのごとき少年であったと思われます。英語版の『海辺のカフカ』の表紙には、まさにサイボーグのようなカフカと思われる少年が描いてあります。

カフカは、下巻に登場する森のなかで、自分が愛される価値のない人間だということを必死に訴えますが、これは四歳時に母親から見捨てられた対象喪失に依拠するものです。幼児期の重要な養育者の喪失によって、自分のせいでこうなったという自責感や罪悪感を抱くことがよくあります。また、被虐待児の心性としても認められます。これは万能感の裏返しであり、惨事が自分の力によって起きたと感じ、理不尽な罪悪感を抱くということです。カフカは、四歳時の対象喪失に「第二の皮膚」によって対処しますが、その心的世界は罪悪感に苛まれたものでした。これは決して健康なパーソナリティではなく、年齢を度外視すればパーソナリティ障害と考えることも可能でしょう。

ここまで、早期母子関係の理論をカフカの心的世界に当てはめましたが、四歳までの母子関係の在り様は健康なものだったのでしょうか。ビック、メルツァーの見解から勘案すると、カフカの対象関係の問題は、本章第一節に書いたように最早期の母子関係の障害に起因するものです。

もうひとつ、カフカの対象喪失で忘れてならないのはカラスです。カラスは母親の家出のときに誕生したものです。カラスはカフカと対話し、親友のような存在ですが、これはイマジナリー・コンパニオンと言われるもので、幼児のこころのなかに存在することがあります。カフカは、対象喪失に際してカラスを作り出し、自分のパーソナリティの一部を分離し、客観視することで、この窮地を乗り切ろうとしたのでした。

佐伯さん

佐伯さんはカフカの母親と仮定される人ですが、二〇歳のときに最愛の恋人である甲村氏を喪失するという体験によって、重篤なうつ病になったと考えられます。佐伯さんに関する記載から、次のような生活歴が判明しています。佐伯さんは高松の旧家で生まれ、同じ年の将来を約束した恋人である甲村家の長男がいました。二人の関係は理想的かつ完璧なものであり、互いに不可分なものでしたが、甲村氏は東京の大学に進学し、二人は離ればなれになってしまいました。高松から東京の甲村氏への恋慕を綴ったものが、「海辺のカフカ」という空前のヒット曲になりましたが、曲のヒットの最中、甲村氏は学生運動の指導者と間違われて、対立セクトに殺害されてしまいました。その後、佐伯さんは高松から忽然と消え去り、母親の葬儀のために帰郷するまでに、空白の二〇年間があります。帰郷した際、甲村氏の弟である甲村家の当主と話し合った結果、彼女は甲村図書館の責任者となりました。そして、自分の過去を語ることは一切なく、五年間を高松の地で暮らしていたという設定です。空白の二〇年間の一時期、彫刻家田村浩一氏と結婚しカフカを出産しましたが、カフカが四歳のときに家出をしたと仮定されています。

大島さんは、〈それは佐伯さんはある意味では心を病んでいるということだ。……一般的な意味を超えて、もっと個別に病んでいるんだ〉（上二八〇）と、佐伯さんの病的な精神状態について語っています。では、佐伯さんはどのように病んでいて、最愛の恋人の死という喪失体験にどのように対応したのでしょうか。佐伯さんは、地方の裕福な家庭の一人娘として何不自由なく養育され、甲村氏の死までおそらく幸福な少女時代であったに違いありません。甲村氏の死後、佐伯さんは行方をくらましますが、これはうつ病の遁走的な行動とみなせるようです。高松にいることは、必然的に甲村氏を思い出すことになり、悲しみのあまり無意識的に逃げ出したのでしょう。さらに、この行為によって甲村氏の死は否認され、甲村氏を見つけるための旅に出たと考えることもできます。その後、佐伯さんは、空白の二〇年間についての記録を、高松で機械的に記載するという作業を行ないながら運命の時を待ちました。ナカタさんが燃やしたその記録は、佐伯さんの言葉の断片から推測すると、自分の居所、出来事について情緒を伴うことなく記載したようです。

佐伯さんは、甲材氏に対する適切な「喪の仕事」（mourning work）を行なうことはできませんでした。フロイトは『悲哀とメランコリー』で、健常な悲哀と病的なメランコリーの過程を比較しています。フロイトは、対象喪失が自己喪失を伴うために対象と分離ができないときには、新しい対象を求めるという適切な悲哀過程は展開しないことを論じています。佐伯さんは甲村氏と不可分であると感じ、甲村氏の死は佐伯さんの死に等しかったために、健常な喪の仕事を展開することができませんでした。佐伯さんは、〈私にとっての人生は終わりました〉（下二九一）と述べているように、甲村氏が亡くなることで自分の人生にも終わりを告げたのでした。その後の人生は、甲村氏の亡霊、というより甲村氏の死は否認されているために甲村氏を見つけるしかない状態でした。こうした状態は遷延化したうつ病と考えられ、さらに病的な投影同一化によって、現実のなかで生きている甲村氏を見つけられるという妄想のなかにいたのでしょう。失恋から間もなくて混乱した人が、街で別の人を元の恋人と間違えるということは一過性としてあることですが、佐伯さんはこれがずっと続いたということが大きな問題です。

佐伯さんの残りの人生は、今までと変わりなく幻想の甲村氏と一緒に生きるというものであり、病的な喪の仕事の過程でした。佐伯さんが求めたものは、甲村氏の代理ではなく、甲村さんそのものであり、精神病的な「置き換え」に相応するものでした。過去の恋人と似た新しい別の恋人であれば、象徴的な体験です。しかし、まったく同一人物であると感じているとしたら、「象徴等価」ということです。ハンナ・シーガルは統合失調症の患者の夢に関して論じ、象徴について述べています。象徴形成は精神分析の根幹であり、象徴形成ができなければ適切な転移は形成されません。

佐伯さんは甲村氏の面影を求めてさまよった結果、雷に打たれて瀕死状態に陥り、リンボ界に足を踏み入れたことのある田村浩一氏に出会いました。ここは佐伯さんが甲村氏と一体化した恍惚の世界でもありました。この経過に関しては、本章第一節に記しましたが、無意識的願望は投影同一化という精神病的手段によって、田村氏は甲村氏に変換されました。佐伯さんはカフカの父親は田村氏ではなく、甲村氏と信じたに違いありません。この無意識的確信は明らかに現実と異なり、大きな混乱を引き起こしたのでしょう。産後はうつ病や精神病の発病率が有意に高いライフステージです。佐伯さんの混乱は、赤ん坊に専心するという母性機能を発揮することを阻害し、新生児のカフカの不安は包容されなかったに違いありません。

佐伯さんにとって、カフカは甲村氏とのこどもであり、カフカが成長するにつれて、ますます甲村氏と同一化し、同一視されていきます。カフカと佐伯さんとの関係は単なる母子関係ではなく、おそらく恋愛関係も展開して、田村氏の激しい嫉妬を招くことになりました。そして、佐伯さんはカフカと甲村氏との混乱に大きな恐怖を感じました。カラスはカフカに対して〈いいかい、君の母親の中にもやはり激しい恐怖と怒りがあったんだ〉（下三〇五）と語っていて、これが佐伯さんの家出の真相と思われます。また、ここでの怒りは先立った甲村氏への怒りに起因し、甲村氏と同一人物視されているカフカにも向かったのでしょう。

田村浩一

田村氏自身は直接的には小説に登場していません。これは戯曲『オイディプス王』にも父親のライオスが実際に登場していないことと同じです。田村氏の殺害を報道している新聞記事によれば、〈人間の潜在意識を具象化するというもので、既成概念を超えた新しい独自の彫刻のスタイルは、世界的に高い評価を得た。……『迷宮』シリーズが、作品としては一般的にもっともよく知られている〉（上三三一）と紹介されています。田村氏は〈お前はいつかその手で父親を殺し、いつか母親と交わることになる〉〈僕には六歳年上の姉もいるけれど、その姉ともいつか交わることになるだろうと父は言った〉（上三四八）と再三、カフカに語っています。

田村氏の対象喪失は最愛の佐伯さんを失ったことであり、またカフカ＝甲村氏という男の戦いに敗れたエディプスの敗者になったことです。父親の呪いの源泉は、佐伯さんへの愛情が大きく反転した憎悪であることに疑いはありません。それだけでなく、カフカに近親姦というタブーを犯させようという呪縛から考えれば、カフカに対しても憎悪が向けられています。これは、病的な母子関係にあるカフカと佐伯さんというカップルに対して嫉妬する、エディプスの敗者という父親である田村氏の心的状況の布置です。田村氏は佐伯さんの家出後にうつ病になり、このうつ病の基盤にある行き場を失った攻撃性は、佐伯さんやカフカだけでなく、一般のうつ病のように自分自身にも向かいました。そして、カフカの無意識的分身であるナカタさんに殺害されるという形で、自殺を完遂させました。ただ、カフカに対しては呪いだけでなく両価的であり、佐伯さんに愛されたいという自分自身の願望を託しているようにも読み取れます。

田村氏の「迷宮」シリーズは、雷に撃たれたときに垣間見た入口の岩のなかの世界、すなわちカフカのさまよった森を具象化したものです。この世界を知っていたことが、佐伯さんが田村氏と甲村氏とを同一人物とみなす理由になったのでしょう。田村氏は佐伯さんという対象喪失に起因するうつ病であると判断できますが、佐伯さんほど混乱の程度が高くなく、ある意味で典型的なうつ病と考えられます。

ナカタサトル

ナカタさんは、ジョニー・ウォーカーを殺害することで、カフカのエディプス願望を遂行しました。つまり、カフカの無意識的願望を表象している存在です。ナカタさんのことを〈入れ物としての肉体だけがとりあえずそこに残されて、留守を預かり〉（上一一三）と、精神科医の塚山重則はコメントしています。精神医学的には、全生活史健忘と診断され、記憶、欲望、情緒という人間にとって必須のエレメントを喪失しています。優等生だったナカタさんを襲った出来事は、疎開先できのこ取りに出かけた山中で、担任教師である岡持節子の生理の血に汚れた手ぬぐいを発見したことです。戦地に出かけた夫との岡持節子の夢での性交は、現実的な余韻を残していました。ナカタさんは東京のエリート家庭に生まれましたが、陰湿な虐待を受けて育ったとされています。その担任教師は〈私はそこには暴力の影を認めないわけにはいきませんでした。……それは長期にわたって加えられてきた暴力に対する、反射的な……〉（上一七六）と精神科医への手紙のなかで記しています。担任教師の逆鱗に触れて引き起こされた暴力は、ようやく現実との情緒的な接触を試みようとしていたナカタ少年の心の扉を完全に破壊してしまいました。担任教師の暴力の源泉は、性交を覗き見されたと感じたことにあります。両親の性交のイメージは創造的なときもありますが、それ以上に破壊的であるとクラインは記しています。特に、早期エディプス状況に属している結合両親像は、自分を除け者にして性行を貪り、自分のライバルとなるきょうだいを作ることになり、こどもを迫害的に攻撃することになってしまいます。ナカタさんは両親だけでなく、担任教師からも暴力的な迫害を受け、生きる屍としてその後の人生を送る破目になりました。それは、トラウマの累積ということでもあります。

ナカタ少年はこの非常事態に対して、人間としてのすべての機能を失うことで対処しました。それは空想や願望を破壊することであり、ビオンの言うところの「LHK結合」の壊滅的破壊で、すべての「連結」は攻撃されてしまいました。ビオンは、人が対象と関係をもつための三つの要素を考え、それぞれL（love）、H（hate）、K（knowing）としました。これらが健全に連結することが正常な人間に必須ですが、このすべてが連結していない人間は、抜け殻のようになってしまいます。ナカタさんは疎開前に両親から暴力などの虐待を受け、ひきこもるという手段で、外界からの刺激をシャットアウトして自らを防衛していました。ナカタさんは本来、こどもが受けるべき愛情や世話などを喪失した存在でした。乳幼児期から虐待を受けたこどもに、自閉症を疑わせるようなひきこもり状態がみられることがありますが、ナカタさんもこうしたこどもの一人だったのでしょう。ナカタさんは疎開である意味で救われ、少しずつ外的現実と関与しはじめたところに担任教師からの暴力があり、さらなるひきこもりで完全に連結を断ち、心的装置が破壊されました。ここには、自ら対象を破壊し喪失させることを、生き残るために必死に遂行したナカタ少年のトラウマを垣間見ることができます。

さて、ナカタ少年はどこに行き着いたのでしょうか。小説のなかで、空からナカタさんの好物のイワシや、血にまみれたナカタさんを綺麗にするヒルが降ってきますが、これはナカタさんの願望の現実化であると思われます。しかし、ナカタさんは自分自身の願望にまったく気づいていません。これは、前述のウィニコットが論じた錯覚の過程を描き出しているかのようです。生後間もなく適切な養育を受ける乳児は、空腹時の自分が望むときに、乳房があたかも湧いてくるかのように自分に差し出されると感じる、それが錯覚です。ナカタさんが、空腹でイワシが食べたい、血を綺麗にしたいという願望を感じることなく、望むものが目の前に現れたということは、ナカタさんのこころの行き先は生後間もない乳児のこころだったということになるでしょう。ナカタさんは、乳児のように本能や願望を自ら十分に認識することができないだけでなく、意識と無意識の区別も不鮮明です。

ナカタさんの成長は、「LHK結合」の復活と考えることができるでしょう。愛情というL結合は星野青年から、憎悪というH結合はジョニー・ウォーカーから、そして知であるK結合は図書館からナカタさんに注入されました。これは、精神分析におけるセラピストの機能をクライアントが摂取するとか、セラピストに同一化するといったこと以上に具象的です。そしてナカタさんは、抜け殻から脱して秩序ある人間になりましたが、何十年間もの抜け殻のような人間から血の通う人間になったことは困惑するものであったのでしょう。やがて『変身』の主人公のように亡くなります。

星野青年

ナカタさんの道連れの星野青年のこころの変遷は、健康な喪の作業のプロセスです。この小説の主要人物は、対象喪失に耐えることができず、健全な喪の作業を行なうことができない重篤な病態水準にあります。これに対して、星野青年の登場は読者に安堵を与えるかもしれません。星野青年の未処理の対象喪失は、祖父との関係でした。星野青年は農家の男ばかりの五人兄弟の三男で、高校時代には何度か警察沙汰になるような事件を起こす非行少年でしたが、いつも警察に迎えに来てくれたのが祖父でした。帰り道にはいつも食堂に寄っておいしいものを食べさせてくれました。その頃、星野青年は一度も祖父に感謝したことがなかったと語っています。ナカタさんと出会って間もない頃、神戸での朝食の勘定を支払うときに、〈いいんだよ、これくらいのもの。俺な、うちのじいちゃんにはずいぶん借りがあるんだ。昔、グレてたころの〉（上三六三）と語っています。

星野青年は、当初ナカタさんを祖父と同一視し、祖父への感謝の念を示しています。その後の星野青年のこころの変化は、〈そもそも星野青年がナカタさんに興味を持ったのは、彼の風貌やしゃべり方が死んだじいちゃんに似ていたからだった。でもしばらくすると、じいちゃんと似ているという印象はどんどん薄れていき、青年はナカタさんという人間そのものに好奇心を抱くようになった〉（下六）と書かれています。星野青年は、ナカタさんという人物を通して祖父の霊を適切に供養して、祖父に似ているナカタさんという外的対象に関心を向けることができるようになりました。外的世界へ関心をもつことこそ、うつ病からの治癒のプロセスです。その後、祖父と別人物であるナカタさんを認めることができるようになり、フロイトの指摘のように、喪失した対象との分離、感謝を示すことが喪の仕事の必須な過程であることを示しています。星野青年が祖父との喪の仕事を完遂すると、生まれ変わったようになります。星野青年自身は〈俺は自分がすごく変わっちまったみたいな気がするんだ。なんていうのかね、いろんな景色の見え方がずいぶん違ってきたみたいだ。これまでなんということなくへろっとみてきたものが、違う見え方がするんだ〉(下三二〇)と自らの変化を語っています。そして、星野青年はナカタさんの目を通してものをみるという機能を獲得することになりました。これはナカタさんの特殊な機能を摂取し、同一化することで、精神分析の治療のゴールにも似ています。

さいごに

対象喪失は、すべての人に襲いかかるものであり、その人が対象喪失にどのように対応するかということが、その人の人生のドラマです。カフカのように、致命的な対象喪失による傷から立ち直ることもありますが、一方で佐伯さんや田村氏のように立ち直ることができず、死を選ぶといったことも起きます。ナカタさんは人としての機能を回復しましたが、時すでに遅く、運命的な死がそこに待っていました。星野青年のように、すべての人の喪の作業が円滑に展開するわけではありません。私たち臨床家が、クライアントの話を聞きながら、どのように対象喪失に対処してきたのかということに関心を抱けば、きっとクライアントの人生のストーリーを描くことができるでしょう。

3　無意識的空想、空想と現実、精神分析プロセス

『海辺のカフカ』について精神分析的に読み解く最終回です。この小説が奇妙でもあり、魅力的でもあるのは、現実と夢、空想といった非現実的世界が交互に織り成すストーリー構成だからでしょう。読者はこの交叉した構成に呑み込まれ、いつの間にか自分がどこにいるのかわからなくなる、自由連想法の体験に似た構成になっています。今回は無意識的空想、空想と現実、自由連想法に基づく精神分析プロセスについて考えてみます。

ナカタさんの無意識的空想

スーザン・アイザックスと「無意識的空想」

この小説で最も奇妙な登場人物はナカタさんでしょう。すでにナカタさんに関して論じていますが、ここでもう一度、クライン派において重要な概念「無意識的空想」を説明するために登場してもらいましょう。無意識的空想は、近頃ではあまり聞き慣れない用語となった気がします。この概念はクラインとアンナ・フロイトの「大論争」のときに、スーザン・アイザックスが発表したものです。アイザックスは論文「空想の性質と機能」において、無意識的空想の特徴を定義し、分類・整理しています。この論文は当時、クライン派の存亡をかけた講演

をもとに書かれ、今ではこどもの精神分析の必読論文のひとつになっています。

アイザックスは二歳以前の言語表現もままならない乳幼児の精神生活に焦点を当てました。これは発達心理学や乳幼児精神医学の先駆けとなる研究でもあります。ちなみに、アイザックスはロンドン大学で初めて発達学科を創設した教育者でもあり、ジョン・ピアジェの論敵として、その発達論がいかに乳幼児の行動について理解不足であるかを批判しています。アイザックスはフロイトの「幻覚的な満足」「一次取り入れ」や「投影」を無意識的空想の基盤とみなしました。アイザックスの論文を要約すると、次のような特徴が挙げられます――①無意識的空想は一次的には身体に関するものであり、対象に向けられた本能目的を表象している。②無意識的空想は万能的な性質をもっている。③無意識的空想はリビドー本能、もしくは破壊本能の心的な表象である。発達早期における無意識的空想は次第に洗練化され、願望充足や不安の内容物としてだけでなく、防衛にもなる。④対象は主体内部あるいは外部に位置し、対象の意図は悪意あるいは善意のどちらかであるかのように感じられる。⑤無意識的空想はまず身体的感覚として、後に可逆的なイメージ、イマーゴとして、最終的に言語として経験される。⑥現実的適応や現実的思考をするためには、それと並行している無意識的空想からの支えが必要である。⑦無意識的空想は生涯を通じて絶え間なく影響を及ぼす。

無意識的空想・リビドー本能・破壊本能

さて、話をナカタさんに戻して、無意識的空想という観点から、再考してみます。この小説の準主役であるナカタさんは両親から陰湿ないじめを受け、その後、担任教師の逆鱗に触れ、すべての生活史を忘れ、淡々と家具職人をして、時々、猫との会話ができる特技を生かして猫探しのアルバイトをしていました。いわば生ける屍のような人生を送っているだけでした。ナカタさんには、食べ物の嗜好を含む食欲、睡眠欲の本能だけはありましたが、愛憎を伴う性欲、探究心などの知の本能が欠落していました。食べて寝るだけであり、ほかに何の欲もなく、家の近所から出たこともなくて、右も左もわからない状態というのは、この世に生まれてきたばかりの新生児のようです。

しかしそれでもナカタさんには、一次的な身体に関する本能は存在していました。実際それがなければ生きていけません。ナカタさんは警察に自首したけれど取り合ってもらえなかったときに、イワシとアジが空から降ってくることを予言し、実際、ドライブインで大けがを負った人に出会うと大量のヒルが空から降ってきました。イワシとアジはナカタさんの大好物であり、これは自首したご褒美のようなものであったに違いありません。ヒルは大けがをした人の血を吸ってくれるもので、ナカタさんはヒルこそがこの窮地を救ってくれるに違いないと思ったのでしょう。これは空想の万能性であり、そこには空想として実現を保留されるだけの余地もなく、空想は実現してしまいます。

ナカタさんには当初、リビドー的本能も破壊本能も存在していませんでした。星野青年から愛情というリビドーを受け、その後、亡くなった星野青年に乗り移り、リビドーを向ける対象を見出しました。攻撃本能は、ジョニー・ウォーカーから半ば強制的に引っ張り出され、その結果、ナカタさんはジョニー・ウォーカーだけでなく、佐伯さんも殺害してしまいます。なぜナカタさんは佐伯さんを殺したのでしょうか。これはジョニー・ウォーカーの意志であり、ナカタさんはこの意志を遂行したに過ぎないのかもしれません。リビドー的本能にしろ、破壊本能にしろ、ナカタさんは一次的取り入れをしただけであり、自分でそれを咀嚼して自分の意志と感じることはなかったのでしょう。そうした意味で、無意識的願望が洗練化されることはなかったと言えるかもしれません。破壊本能はナカタさんのなかにあるのか、それともジョニー・ウォーカーのなかにあるのか、対象は主体の内部にも外部にもあると思えます。アイザックスは語っていませんが、これは自他の分離が明確でないことを示し、星野青年とナカタさんの関係も同じです。そして同時にウィニコットが論じた、母子どちらのものかわからない移行空間のように感じられます。

また一方でアイザックスは感覚からイマーゴ、そして言語への道筋を記載しています。それは、ビオンによる感覚対象であるベータ要素から思考の元になるアルファ要素への変形という理論と同じことです。ナカタさんはまず、ジョニー・ウォーカーが猫を次々と殺す場面で戦慄という感覚的な恐怖を感じます。そして、ドライブインで暴走族に脅された瞬間、このときのイマーゴが浮かびます。佐伯さんの人生を終わらせるとき、ナカタさんはジョニー・ウォーカーを殺害した理由として、〈……ナカタはそこにいたはずの一五歳の少年のかわりに、ひとりのひとを殺したのです〉（下二八八）と語っています。ナカタさんは、過去も未来の記憶もないと言いながら、この過去の経験を言語化することが可能になりました。これは食欲と睡眠欲しかなかった無意識的空想に、リビドー的本能、破壊本能が加わった結果です。無意識的空想という情緒体験に繋がる空想があってこそ、知的活動が可能となるのです。

以上、アイザックスの「空想の性質と機能」に基づいて、ナカタさんの精神病理に関して再考しましたが、アイザックスの論点はウィニコット、ビオンの見解を包括するものです。アイザックスの貢献がなければ、クライン派は「大論争」で勝利することはなかったでしょう。

カフカの精神分析プロセス

現実的存在としての精神分析家——さくらの場合

この小説は夢か幻かといった明確な時空間のない世界で、カフカはメタファーを求め、森のなかというラビリンスの世界をさまよい、母親というメタファーを四苦八苦の末に獲得するというプロットをもっています。カフカは、この果てしない旅路から最終的には世界で最もタフな一五歳の少年となって現実世界に戻ることができます。これを精神分析的治療プロセスとみなして考えてみます。この小説で、常に現実的な存在としてカフカを援助したのは、カフカの仮想上の姉であるさくらという女性、そしてインターセックスの大島さんでした。この二人は、まるでカフカの精神分析家のように振る舞うところが多々あります。

カフカは高松行きの高速バスで、たまたま隣の席に座ったさくらと知り合います。さくらはそこでカフカの仮想上の姉になります。さくらの両親は健在であり、さくらは高校生の頃に親に反抗して家出をしたこともありますが、今は美容師として自立した生活を送っています。カフカは〈さくらさんは現実の世界に生きていて、現実の空気を吸っていて、現実の言葉をしゃべっている〉（下八六）と語っていますが、さくらはこの小説のなかで、唯一現実世界で地に足をつけて生きている存在です。

さくらは高速バスでの別れ際に、携帯電話の番号を書いた紙をカフカに手渡しました。神社で血塗れになり意識を失った際、カフカはさくらに電話をかけ、一宿一飯の恩義を受けます。カフカは〈どうしていいのかわからないくらい怖い。記憶を奪い取られているその四時間のうちに、僕はどこかで誰かを傷つけたかもしれない〉（上一五〇）とさくらに訴えました。さくらは〈でもそれはただの鼻血かもしれないよ。誰かがぼんやり道を歩いていて、電柱にぶつかって鼻血を流して、それを君が介抱したというだけかもしれない〉（上一五〇）とカフカに現実的な視点を与え、慰めます。カフカが語る母親、姉との別離に、さくらは〈でもきみはそのことでもちろん傷ついている〉（上一五二）と共感的に対応しています。そして、この会話の最後に〈要するに君には、この広い世界の中で、自分以外に頼る相手はいないというわけだ〉（上一五三）とカフカの心境をまとめて明確化します。さくらは自分の境遇に関しても語りますが、この自己開示を除けば、私が精神分析的な見地から、精神科外来で行なっていることによく似ているように感じました。

自由連想法を指示する精神分析家——大島さんの場合

次に、大島さんが登場します。図書館の実質的な管理者である大島さんは、〈特殊な人間〉（上二三七）であると自らを規定しています。大島さんは〈僕は性別からいえばまちがいなく女だけど、乳房もほとんど大きくならないし、生理だって一度もない。でもおちんちんもないし、睾丸もないし、髭もはえない〉と自らの身体的持徴を語っています。これは医学的には、「半陰陽（インターセックス）」という胎生期の副腎ホルモンの異常によって生じる先天奇形に属する特徴のようです。インターセックスの程度は医学的にはさまざまですが、大島さんは二次的性徴が認められない身体でした。大島さんには身体的な〈とっかかり〉（上三一二）がなく、容器としての身体が存在していません。一般的に思春期になると、否が応でもそれぞれの性を意識し、それ相当の身体的な発達が認められることになります。ビオンは「コンテイナー／コンテインド」として、空想を受け入れられる形態に変化させる母親の機能と乳児の対象関係を論じましたが、大島さんの身体はそれを受け入れる「とっかかり」を現実的に喪失していました。大島さんの混乱は〈でも、身体の仕組みこそ女性だけど、僕の意識は完全に男性です〉（上三〇九）と語りながらも、〈性的嗜好でいえば、僕は男が好きです。つまり、女性でありながら、ゲイです……〉と語る言葉に集約されます。こうした性同一性の宿命的混乱に対して、大島さんは想像力を駆使することで防衛していました。空想内では、男性になったり女性になったり、自由に行き来することができます。しかし、この空想が固定化されてしまえば妄想に変化する可能性もあり、流動的に空想することが狂気にならないために必須の心的防衛です。大島さんは〈僕がそれよりも更にうんざりさせられるのは、想像力を欠いた人々だ〉（上三一三）と話していますが、それは彼あるいは彼女自身の生きる術を語っています。

大島さんはさくらの態度とはやや異なり、想像することを積極的にカフカに勧めます。これは自由連想法の指示のようであり、「こころに思い浮かんだことは、どんなことでも語ることが重要です」と言っているようです。

父親が殺害された記事を読んだカフカは、大島さんに〈僕がこの手でじっさいに父を殺したのかもしれない。そんな気がするんだ〉（上三五一）、〈僕は夢をとおして父を殺したかもしれない。とくべつな夢の回路みたいなのをとおって、父を殺しにいったのかもしれない〉（上三五一）と語ります。これは思考の万能性とも、万能感とも思われる発言です。

「思考の万能性」という用語は、フロイトの患者であったネズミ男の発言をフロイトが借用したものと言われています。ネズミ男は当初、東洋で行なわれていたと聞いたネズミの刑が自分の愛人と父親に起こるのではないかという強迫観念、その浄めとしての強迫行為に苦しんでいました。これは心的な行為が外界の変化に及ぼす影響を過大に評価する心性であり、全能感とも思考の全知とも言われます。〝Dream comes true！〟でなく、〝Phantasy comes true！〟です。フロイトはこのメンタリティと、魔術的アニミズム、テレパシー、迷信などとを関連づけています。また、フロイトは発達的な見地から、自体愛から対象愛に至る中間的な自己愛段階の思考の性愛化を含み、内的な心的現象を外部に投影する傾向を指摘しています。フロイトの弟子であるフェレンツィはこの考えを展開し、魔術的な幻覚、身振り、思考の使用などによって表現される乳幼児の万能感について考察をしています。さらにクラインはこの考えを引き継ぎ、万能は妄想分裂ポジションの重要なメンタリティであることを論じています。人が空想内で自分の一部を排除すると、あたかもこの自己の一部は実際になくなったり、消失したかのように感じられます。この原始的空想は、まるで空想が実際の現実であるかのように個人に感じさせる効果があります。この万能感のメカニズムは、投影同一化の排除によって行なわれ、そこには空想の余地はなく、象徴の形成はままならず、象徴等価ということになってしまいます。

カフカの嫉妬と万能感の断念

カフカは父親から受けた呪縛に対する恐怖と怒りを自分の意識内に抱えることはできず、それを無意識という心的空間に押し込めようとしました。しかし、それは夢の世界を破綻させ、投影同一化として排泄され、現実性を帯びてカフカに襲いかかったものです。カフカの言動は明らかに現実を無視した妄想の領域に入ることであり、想像ではありません。大島さんは〈君が言っていることはあくまでも仮説に過ぎない。それもかなり大胆でシュールレアリスティックな仮説だ〉(上三五二)とカフカの妄想を否定します。そして、カフカは情緒を込めて〈ねえ大島さん、僕はそんなことをしたくないんだ。父を殺したくなんかなかった。母とも姉とも交わりたくない〉(上三五三)と語り、大島さんは〈もちろん、そんなことはあり得ない〉(上三五三)と慰め、カフカは安心します。カフカは激しい自らの攻撃性から解放され、そこには愛情の萌芽が認められることによって、妄想から解放されます。

佐伯さんとの情事に溺れそうになりながらも、カフカは必死に想像力を駆使し、佐伯さんに〈人には戻ることのできる場所みたいなものが必要です〉(上一六〇)と語り、〈僕が誰なのか、それは佐伯さんにもきっとわかっているはずだ、と君は言う。僕は「海辺のカフカ」です。あなたの恋人でもあり、あなたの息子です〉(上一六〇)と続けます。カフカが自分自身の二つの役割を知ることができるようになったのは、万能感を断念し、自分と他者の現実性を認識したからにほかなりません。万能感は分離を否認し、自己と他者の区別を相殺し、そして非現実的な妄想世界に人を棲まわせます。

クラインの語る早期エディプス・コンプレックスでは、乳児は母親とのカップルの一人であると自分を経験・認識し、自分自身が排除された両親カップルの証人になるという大きな心的空間の移動をしなければなりません。もし、両親カップルのどちらかと同一化したままであれば、フロイトが語る狼男のように、母親になって父親から快楽を与えてほしいと願う状態に留まってしまいます。つまり、そこに強烈な快楽が存在すると、その人そのものであるという感覚から逃げ出すことができなくなり、その人そのものであろうと欲します。これは早期エディプスの世界からも発達することができない状態です。カフカは甲村氏の代理として快楽に溺れることを不快に感じたのでしょう。それはカフカが初めて嫉妬を覚えたからです。嫉妬は三者関係のなかで生じる感情であり、ライバルに自分よりも優れた側面があると認識することであり、闇雲に自分の必要なものも含めて攻撃して破壊する羨望とは異なっています。カフカが甲村氏に嫉妬を抱いたのは、カフカは甲村氏と別人物であることを認識し、佐伯さんが自分と甲村氏を同一化していることを知ったからでしょう。そして、カフカは本来の目的である〈戻ることのできる場所〉という母親のメタファー、安全基地という情緒的体験を求める旅に出ることを決心しました。

自らの旅を自らの責任で行なうこと

大島さんはカフカを山のなかに案内します。山のなかに行く前に、カフカはさくらに電話をかけ、〈さくらさんは現実の世界に生きていて、現実の空気を吸っていて、現実の言葉を喋っている。さくらさんと話していると、自分がとりあえず現実の世界にちゃんと結びついていることがわかる〉(下八六)と語ります。カフカは現実離れした場所と人たち、そしてこれから旅立つ未知の世界に不安を抱きながら、現実に帰る場所を見つけようとしました。

精神分析はいかに自らの狂気と出会って、分析家を転移の対象として感じるかというものですが、精神分析家にとって決してすべてが転移という空想の対象ではありません。分析家であっても、個人との現実の関係は維持されます。これによって、治療関係、構造が維持されます。この会話の最後でさくらは、〈なんかさ、うまく言えないけど、本当の弟みたいな気がしてるんだ〉(下八七)と語ります。この〈弟みたい〉という発言が、象徴形成が為されていることを意味しています。

山のなかへのドライブの車中で、大島さんは佐伯さんに関して、〈生きる意志が失われている〉(下一八七)と、カフカに伝えます。佐伯さんが死に向かう列車のようなものと感じるカフカは、途方に暮れ大島さんに問います。大島さんは返事をしませんが、その沈黙から、〈それは君が考えることだ、と彼の沈黙は語っている。あるいはそれは考えるまでもないことだ〉（下一八八）という意味をカフカは聴き取ります。大島さんの態度は分析家のようであり、運命の力にどうにも逆らうことはできず、それに自責感を感じさせることなく、しかし誰も自分のことを救ってくれるわけでもなく、自分で考えるしかないとカフカに感じさせるものでした。精神分析家はクライアントに、考え、感じ、思う空間を提供し、それを保証します。そして、クライアントが自らの旅を自らの責任で行なうことが精神分析です。実際に小説のなかで大島さんは〈君は耳を澄ます。君はそのメタファーを理解する〉（下一八九）、〈君自身のことをするんだ。君にとっても、ちょうどそういう時期がきている〉（下一九〇）と自由連想を促します。

大島さんは自由に関して〈世の中のほとんどの人は自由なんて求めていないんだ。求めていると思いこんでいるだけだ。すべては幻想だ。もしほんとうに自由を与えられたりしたら、たいていの人間は困り果ててしまうよ。覚えておくといい。人々はじっさいには不自由が好きなんだ〉（下一五二）とコメントしています。自由連想法というたった五〇分間の自由であってもどんなに途方に暮れるか、その時間経験を示唆しているようで、興味深い発言です。

運命を受け入れる

山のなかでの二日目に、カフカはさくらと性交をしている夢を見ますが、それはクリアで現実のようでした。このときにカフカの分身であるカラスは〈君はもういろんなものに好き勝手に振りまわされたくない。混乱させられたくない。君はすでに父なるものを殺した。すでに母なるものを犯した。そしてこうして姉なるものの中に入っている。もしそこに呪いがあるのなら、それを進んで引きうけようと思う〉（下二五一）と語ります。もはやカフカの決心は恐怖におののく少年のそれではありません。カフカは、あらかじめ定められた運命を受け入れる決心をしない限り展望は開けないと覚悟を決めているようです。人生は、自分に降りかかった試練をどう受け入れるかに依拠しています。自分の生まれや、才能、障害、病気など、受け入れなければならない試練は枚挙に暇がありませんが、これらを受け入れない限り、人として前進することはできません。こうした心性に関して論じた代表的な著作がキューブラー＝ロスの『死ぬ瞬間』です。末期がん患者が自分の病気と死を受け入れていくプロセスの詳細がそこに述べられています。

失われた時と心的現実の再構成

その後、カフカは夢のなかであれ、さくらを犯したりするべきではなかったと森のなかで後悔し、孤独と空虚で途方に暮れます。そして、二人の兵隊に出会い、入口から別の世界に入り込みます。カフカはそこで一五歳の佐伯さんに出会い、彼女から母親のような世話を受け、会話をすることで、佐伯さんをゆるすことができました。このことは精神分析上、最も重要な進歩です。この点に関しての詳細は、すでにカフカのエディプスのところで記述しました（第三章第一節）。佐伯さんは記憶について語ります。以前、カフカは佐伯さんに〈佐伯さんがやろうとしているのは、たぶん失われた時間を埋めるということです〉（上一五九）と語り、佐伯さんの問いに〈僕もそれと同じことをしているから〉（上一五九）と答えます。記憶とはこの失われた時間を埋めることであり、歴史的再構成ということになります。カフカは佐伯さんから『海辺のカフカ』の絵を譲り受けてほしいという遺言を聞きながら、自分がその絵のなかで愛されていたことを実感します。そして、佐伯さんは〈あなたに私のことを覚えていてほしいの〉（下三七九）と最後のお願いをすることになります。もちろん、それは象徴的にはカフカ＝甲村氏であったとしても、現実の一五歳の少年はカフカ自身です。カフカの過去は愛されていないこどもから、愛されているこどもの立場となり、一八〇度変化しました。人にとっての過去の記憶、すなわち心的現実を変えることが、精神分析の大きな成果となります。それはいわば、愛されていなかったと思っていた記憶から、分析家との転移関係を通して、実は愛されていたこともあったと思えるようになることです。

それから、佐伯さんは元の世界に戻るよう力説します。佐伯さんから愛されているというメタファーをもてば、カフカは生きていけるはずです。カフカは〈僕が必要とすれば、彼女はいつもそこにいる〉（下三八六）と、いつでも自分を援助する対象として機能する佐伯さんという母親、恋人をこころに布置することができるようになりました。

言語化の限界

小説のプロットは一転して、森に迎えに来た大島さんの兄と兵隊の話になりますが、大島さんの兄は森での経験について〈ことばで説明してもそこにあることを正しく伝えることはできないから〉（下四一三）と言語の限界に関して述べます。精神分析は、言語化が重視されますが、その限界もしばしば問題とされることを語っているかのようです。セラピストがイメージをこころに留め、クライアントと共有するのがユング派の立場であり、そこには言語化の限界が前提条件となっています。たとえば、ある未知の食べ物があるとして、味覚などの感覚が刺激され、美味い不味いだけでなく、何らかのイメージが湧くでしょう。このイメージをそのまま共有するのか、それともそれを言語にするのかの違いということです。

図書館に帰ったカフカは、大島さんから佐伯さんが亡くなった現実を知らされます。大島さんはカフカに〈僕らはみんな、いろんな大事なものを失いつづける。……取りかえしのつかない感情。それが生きることのひとつの意味だ。……たぶん頭の中だと思うんだけれど、そういうものを記憶としてとどめておくための小さな部屋がある〉（下四二二）と記憶の重要性を語り、図書館という無意識のメタファーを語ります。大島さんが語っている図書館の書架のような部屋に、抑圧した感情や体験を整理し、その検索カードを作りつづけるということは、まさしく健康なこころの機能に相違ありません。

現実性の獲得／エディプスからの脱出

カフカは東京に帰る前に、さくらに帰京の報告の電話をします。カフカとさくらはお互いに夢を見たことを語ります。カフカはさくらとの性交の夢を、〈でも結局、それはただの夢だよ〉（下四二七）と、夢という空想の世界と現実を明確にすることができました。空想は空想に過ぎず現実ではないという、万能感を捨てた現実感を獲得します。さらに、カフカはさくらから〈でも、その家の中には、逆に君のことを探しまわっている誰かがいる……それで君のことが気になっていたんだ〉（下四二七）と夢の報告を受けます。さくらの夢はカフカの体験であり、カフカは自分のことを気にかけてくれた人に感謝を述べます。

ロバート・ヒンシェルウッドは『クリニカル・クライン』のなかで、妄想分裂ポジションと抑うつポジションの区別を表す図式「Ps⇕D」をより詳細な要素をもって説明しています。その中心は万能性と現実性という仕切りです。この視点から、再度カフカの成長をみるとすれば、カフカは父親からの呪縛を恐れ、それをこころに留めておくことはできませんでした。そして、父親の呪縛を断ち切る行動を現実に行なってしまうのではないかという空想の万能性に恐怖を抱き、家出という行動化でそれを乗り切ろうとしていました。その時点でのカフカの対象関係は、誰とも交流することのない自己愛的なものでした。カフカの行動は時に著しく衝動的であり、前後の見境もなく、羨望と呼ぶことのできるものであったでしょう。しかし、ストーリーの展開とともに、カフカの心境は大きく変化します。カフカは父親の気持ちを理解し、佐伯さんの気持ちを理解し、ゆるすという共感的理解が生み出され、投影同一化は大きな進歩を成し遂げます。さくらとの関係で、空想と現実の区別が明確になり、母親という戻る場所を獲得し、こころに神経症的な防衛が働く基盤が作られました。

最後に、カフカは新幹線で帰路についたとき、カラスが〈目が覚めたとき、君は新しい世界の一部になっている〉（下四二九）と結論しています。カフカは自分を捨てた母親、自分に呪いをかけた父親、そして歪曲したエディプスから自ら抜け出し、現実に生きる〈ほんものの世界でいちばんタフな一五歳の少年〉（下四二九）になりました。

さいごに

本章では『海辺のカフカ』を精神分析的に読み解く作業を行なってきましたが、これは小説の評価でも評論でもありません。ただ、あらためて原稿を書きながら本書を精神分析的に読み直すと、面白い小説でした。本書をユング派的、自我心理学的に読むこともその道の専門家の皆さんであれば可能でしょうし、ネタをどう料理するのかが学派の違いということでしょう。本章では、カフカの成長をエディプス・コンプレックス、対象喪失、現実と空想といった観点から論じました。フロイトの著作で発行部数が最も多かったのは、『日常生活の精神病理』ですが、すべての日常現象には無意識が働き、人の行動や態度を決定していることは真実であると思っています。

❖文献

エディプス・コンプレックス

Freud, S.（1909b）Analysis of a phobia in a five-year-old boy（'Little Hans'）. GW 7, pp.243-377 ; SE 9, pp.177-204.（総田純次＝訳（二〇〇八）「ある五歳男児の恐怖症の分析〔ハンス〕」、『フロイト全集10』岩波書店、一―一七六頁）

Freud, S.（1912-1913a）Totem and taboo : Some points of agreement between the mental lives of savages and neurotics. GW 9 ; SE 13, pp.1-161.（門脇健＝訳（二〇〇九）「トーテムとタブー」、『フロイト全集12』岩波書店、一―二〇六頁）

Freud, S.（1917）Mourning and melancholia. SE 14, pp.237-260.（伊藤正博＝訳（二〇一〇）「喪とメランコリー」、『フロイト全集14』岩波書店、二七三―二九三頁）

Freud, S.（1918b）From the history an infantile neurosis. SE 17, pp.3-123.（須藤訓任＝訳（二〇一〇）「ある幼児期神経症の病歴より〔狼男〕」、『フロイト全集14』岩波書店、一―一三〇頁）

Freud, S.（1920a）The psychogenesis of a case of female homosexuality. GW 12, pp.271-302 ; SE 18, pp.145-172.（藤野寛＝訳（二〇〇六）「女性同性愛の一事例の心的成因について」、『フロイト全集17』岩波書店、二三七―二七二頁）

Freud, S.（1923b）The ego and the id. GW 13, pp.237-289 ; SE 19. trans. Strachey, J. London: Hogarth Press, pp1-66, 1955.（道籏泰三＝訳（二〇〇七）「自我とエス」、『フロイト全集18』岩波書店、一―六二頁）

Freud, S.（1923e）The infantile genital organaization : An interpolation into the theory of sexuality. GW 13, pp.293-298 ; SE 19, pp.139-145.（本間直樹＝訳（二〇〇七）「幼児期の性器的編成（性理論に関する追加）」、『フロイト全集18』岩波書店、二三三―二三八頁）

Freud, S.（1924d）The dissolution of the Oedipus complex. GW 13, pp.395-402 ; SE 19, pp.171-189.（太寿堂真＝訳（二〇〇七）「エディプスコンプレクスの没落」、『フロイト著作集18』岩波書店、三〇一―三〇九頁）

Freud, S.（1925j）Some psychical consequences of the anatomical distinction between the sexes. GW 14, pp.19-30 ; SE 19, pp.241-258.（大宮勘一郎＝訳（一九六九）「解剖学的な性差の若干の心的帰結」、『フロイト著作集19』岩波書店、二〇三―二一五頁）

Freud, S.（1926d）Inhibitions, symptoms and anxiety. GW 14, pp.113-205 ; SE 20, pp.75-174.（大宮勘一郎・加藤敏＝訳（二〇一〇）「制止、症状、不安」、『フロイト全集19』岩波書店、九―一〇一頁）

イマジナリー・コンパニオンと解離

遠藤利彦（二〇〇二）「幼児期における「想像上の仲間」の実態とその発達的規定因を探る」https://kaken.nii.ac.jp/ja/grant/KAKENHI-PROJECT-13871020/

Freud, S.（1894a）The neuro-psychoses of defenses. GW 1, pp.59-74. ; SE 3, pp.41-61.（井村恒郎＝訳（一九七〇）「防衛－神経精神病」、『フロイト著作集 6』人文書院、七一－一七頁）

岡野憲一郎（二〇〇七）『解離性障害――多重人格の理解と治療』岩崎学術出版社

Taylor, M.（1999）*Imaginary Companions and the Children Who Create Them*. New York : Oxford University Press.

友弘朱音・佐野秀樹（二〇〇九）「Imaginary Companion の定義に関する考察」東京学芸大学紀要総合教育科学系、六〇、二〇三－二〇八頁

幼児性欲

Freud, S.（1898a）Sexuality in the aetoology of the neuroses. GW 1, pp.491-516 ; SE 3, pp.259-285.（馬場謙一＝訳（一九八三）「神経症の原因としての性」、『フロイト著作集10』人文書院、三三一－四九頁）

Freud, S.（1905d）Three essays on the theory of sexuality. GW 5, pp.29-145 ; SE 7, pp.123-243.（渡邉俊之＝訳（二〇〇九）「性理論のための三篇」、『フロイト全集 6』岩波書店、一六三－三一〇頁）

Freud, S.（1909b）Analysis of a phobia in a five-year-old boy（'Little Hans'）. GW 7, pp.243-377 ; SE 9, pp.177-204.（総田純次＝訳（二〇〇八）「ある五歳男児の恐怖症の分析〔ハンス〕」、『フロイト全集10』岩波書店、一－一七六頁）

Freud, S.（1918b）From the history of an infantile neurosis（'The Wolf-Man'）. GW 12, pp.29-157 ; SE 17, pp.1-122.（須藤訓任＝訳（二〇一〇）「ある幼児期神経症の病歴より〔狼男〕」、『フロイト全集14』岩波書店、一－一三〇頁）

フランセス・タスティン

Tustin, F.（1981）*Autistic States in Childhood*. Routledge & Kegan Paul.

Tustin, F.（1983）Thoughts on autism with special reference to a paper by Melanie Klein. *Journal of Child Psyachotheraoy* 9 ; 119-131.

Tustin, F.（1986）*Autistic Barriers in Neurotic Patients*. Karnac.

Tustin, F.（1994）The Perpetuation of an error. *Journal of Child Psychotherapy* 20-1 ; 3-23.（木部則雄＝訳（一九九六）「誤謬の永続化」『イマーゴ』七（一一）、四一―五九）

皮膚の機能（エスター・ビック）

Bick, E.（1964）Notes on infant observation in psycho-analytic training. *Int. J. Psycho-anal* 45 ; 558-566 ; republished in, M. Harris & E. Bick（1987）*The Collected Papers of Martha Harris and Esther Bick*. Perth : Clunie, pp.240-256.

Bick, E.（1968）The experience of the skin in early object relations. *Int. J. Psycho-Anal* 49 ; 484-486 ; republished in M. Harris & E. Bick（1987）*The Collected Papers of Martha Harris and Esther Bick*. Perth : Clunie, pp.114-118.（古賀靖彦＝訳（一九九三）「早期対象関係における皮膚の体験」、松木邦裕＝監訳『メラニー・クライン トゥデイ②』岩崎学術出版社）

Bick, E.（1986）Further considerations of the function of the skin in early object relations. *Br. J. Psychother* 2 ; 292-299.

Dale, F.（1983）The body as bondage. *Journal of Child Psychotherapy* 9 ; 33-44.

Meltzer, D.（1975）Adhensive identification. *Contemporary Psycho-Analysis* 11 ; 289-310.

Meltzer, D., Bremner, J., Hoxter, S. Weddell, D., & Wittenberg, I.（1975）*Evplorations in Autism*. Perth : Clunie.（平井正三＝監訳、賀来博光・西見奈子＝訳（二〇一四）『自閉症世界の探求――精神分析的研究より』金剛出版）

Hinshelwood, R.D.（1991）*A Dictionary of Kleinian Though*. 2nd ed. London : Free Association Books.（衣笠隆幸＝総監訳、福本修・奥寺崇・木部則雄・小川豊昭・小野泉＝監訳（二〇一四）『クライン派用語辞典』誠信書房、五一二―五一七頁）

Schilder, P., & Wechsler, D.（1935）What do children know about the interior of the body?. *Int. J. Psycho-Anal* 16 ; 355-360.

LHK 結合

Bion, W.R.（1959）Attacks on linking. *Int. J. Psycho-Anal* 40 ; 308-315 ; republished in W.R. Bion（1967）*Second Thouts*. Heinemann, pp.93-109.（中川慎一郎＝訳（二〇〇七）「連結することへの攻撃」、松木邦裕＝監訳『再考 精神病の精神分析論』金剛出版、一〇〇―一一二五頁／中川慎一郎＝訳（一九九三）「連結することへの攻撃」、松木邦裕＝監訳『メラニー・クライン トゥデイ①』岩崎学術出版社）

Bion, W.R.（1962a）A theory of thinking. *Int. J. Psycho-Anal* 43 ; 306-310 ; republished in W.R. Bion（1967）*Second Thoughts*. Heinemann, pp.110-

119.（中川慎一郎＝訳（二〇〇七）「考えることに関する理論」、松木邦裕＝監訳『再考 精神病の精神分析論』金剛出版、一一六―一二四頁／白峰克彦＝訳（一九九三）「思索についての理論」松木邦裕＝監訳『メラニー・クライン トゥデイ①』岩崎学術出版社）

Bion, W.R.（1962b）*Learning from Experience*. Heinemann.（福本修＝訳（一九九九）「経験から学ぶこと」、福本修＝訳『精神分析の方法I――セブン・サーヴァンツ』法政大学出版局）

Brenman, E.（1985）Cruelty and narrow-mindedness. *Int. J. Psycho-Anal* 66 ; 273-281.（福本修＝訳（二〇〇四）「残酷さと心の狭さ」、『現代クライン派の展開』誠信書房）

Hinshelwood, R.D.（1991）*A Dictionary of Kleinian Though*. 2nd ed. London : Free Association Books.（衣笠隆幸＝総監訳、福本修・奥寺崇・木部則雄・小川豊昭・小野泉＝監訳（二〇一四）『クライン派用語辞典』誠信書房、三四二―三四七、四三五―四四〇、五七八―五八五頁）

Hinshelwood, R.D.（1994）*Clinical Klein*. London : Free Association Books.（福本修・木部則雄・平井正三＝訳（一九九九）『クリニカル・クライン』誠信書房、一一八―一二三、一八七―一九三頁）

Meltzer, D.（1987）*Studies in Extended Metaosychology*. Perth: Clunie.

O'Shaughnessy, E.（1981）A commemorative essay on W. R. Bion's theory of thinking. *Journal of Psychotherapy* 7 ; 181-192.（松木邦裕＝訳（二〇〇〇）「ビオンの思索についての理論と子ども分析での新しい技法」、松木邦裕＝監訳『メラニー・クライン トゥデイ③』岩崎学術出版社）

対象喪失／喪の過程

Abraham, K.（1924）A short study of the development of the libido, viewed in the light of mental disorders. In : K. Abraham（1927）*Selected Papers on Psycho-Analysis*. Hogarth, pp.418-501. reprinted（1979）Karnac.

Freud, S.（1917e）Mourning and melancholia. GW 10, pp.402-410 ; SE 14, pp.237-260.（井村恒郎＝訳（一九七〇）「悲哀とメランコリー」、『フロイト著作集6』人文書院、一三七―一四九頁）

Freud, S.（1926d）Inhibitions, symptoms and anxiety. GW 14, pp.113-205 ; SE 20, pp.75-174.（井村恒郎＝訳（一九七〇）「制止、症状、不安」、『フロイト著作集 6』人文書院、三二〇―三七六頁）

Freud, S.（1927e）Fetishism. GW 14, pp.311-317 ; SE 21, pp.221-243.（石田雄一＝訳（二〇一〇）「フェティシズム」、『フロイト全集10』岩波書店、二七五―二八二頁）

Klein, M.（1935）A contribution to the osychogenesis of manic-depressive states. WMK 1, pp.262-289.（安岡誉＝訳（一九八三）「躁うつ状態の

心因論に関する寄与」、『メラニー・クライン著作集 3』誠信書房、二一—五四頁)

Klein, M.（1940）Mourning and its relation to manic-depressive state. WMK 1, pp.344-369.（森山研介＝訳（一九八三）「喪とその躁鬱状態との関係」、『メラニー・クライン著作集 3』誠信書房、一二三—一五五頁)

Klein, M.（1961）*Narrative of a child analysis II*.（山上千鶴子＝訳（一九八八）『メラニー・クライン著作集 7』誠信書房)

Hinshelwood, R.D.（1994）*Clinical Klein*. London : Free Association Books.（福本修・木部則雄・平井正三＝訳（一九九九）『クリニカル・クライン』誠信書房、一五—一八、一九—二二、九四—九八頁)

現実と空想

Abraham, K.（1924）A short study of the development of the libido, viewed in the light of mental disorders. In : K. Abraham（1927）*Selected Papers on Psycho-Analysis*. Hogarth, pp.418-501. reprinted（1979）Karnac.

Freud, S.（1907a）（池田紘一＝訳（一九六九）W・イェンゼンの小説『グラディーヴァ』にみられる妄想と夢」、『フロイト全集 3』人文書院、五—八〇頁)

Hanly, C.（1986）Book review of the assault on truth : Freud's suppression of the seduction theory, by Jeffy, M. Masson, 1984. *Journal of Psycho-Analysis* 67 ; 517-519.

Hinshelwood, R.D.（1994）*Clinical Klein*. London : Free Association Books.（福本修・木部則雄・平井正三＝訳（一九九九）『クリニカル・クライン』誠信書房、一九—二八、一三一—一三四、一五三—一五七頁)

Isaacs, S.（1948）The Nature and function of phantasy. In : M. Klein, P. Heimann, S. Isaacs & J. Riviere（eds.）（1952）*Developments in Psycho-Analysis*. Hogarth, pp.67-221 ; originally read in 1943 in the Controversial Discussions of the British Psycho-Analytical Society 1943-44 ; published *Int. F. Psycho-Anal* 29 ; 73-97.（一木仁美＝訳（二〇〇三）「空想の性質と機能」、『対象関係論の基礎』新曜社)

第四章

思春期から大人へのこころの発達

――『色彩を持たない多崎つくると、彼の巡礼の年』の世界

1　グループ心性

本章では、村上春樹『色彩を持たない多崎つくると、彼の巡礼の年』に関して、ポスト・クライニアンの代表的な精神分析家であるビオンとメルツァーの理論を中心に精神分析的な観点から考えてみたいと思います。二人はクラインの後継者としてクライン派の発展に寄与しましたが、些か難解にならないように論じるつもりです。ビオンとメルツァーはクラインの精神分析の適応を、グループ、精神病、自閉症などに広げました。ここではビオンのグループ心性、コンテイナー／コンテインド、変形の概念、メルツァーの思春期グループ、心的次元論の概念を用いて、この小説を精神分析的に解読することで、思春期心性を論じていきます。

『色彩を持たない多崎つくると、彼の巡礼の年』について

主人公である三六歳の多崎つくるの回想から小説の幕が開きます。つくるは大学二年の七月から翌年の一月まで死の淵をさまよいました。この契機は高校時代の親友四名にグループから追放されたことでした。グループのメンバーは名古屋市内の公立高校の同級生であり、高校一年時のボランティア活動がきっかけとなり、その後、親密なグループが自発的に活動を継続していました。つくる以外の四名は偶然にも姓に色が含まれ、男子は赤松（アカ）と青海（アオ）、女子は白根（シロ）と黒埜（クロ）でした。これはつくるの妙なコンプレックスともなっ

ていました。つくるは自分だけがこれといった個性を持ち合わせていない人間であると感じていました。これらのエピソードは恋人、木元沙羅に語られました。つくるはグループから追放された理由を知ることなく、一六年の年月が過ぎ去りました。沙羅はそれを知らないままでいることは危険であり、つくるに真実を追求するように伝えます。そして、つくるは過去の出来事と対決することを決心します。

沙羅は親切にも四人の近況を調べ、つくるに伝えました。父親の法事で帰省したつくるは、まずアオに会いに行きました。アオは当時のシロがつくるからレイプされたと語ったことが、グループから追放された原因であったとつくるに告げました。さらに、アオはシロが六年前に浜松で絞殺されて亡くなり、未だに犯人は逮捕されていないことも語りました。次に、つくるはアカに会いに行きます。アカはシロが神経を病んでいたこと、そして密かにつくるを好きだったのかもしれないことを語ります。つくるはクロの住むフィンランドに行く決心をします。ところがヘルシンキに行く数日前、偶然、沙羅を見かけます。つくるは沙羅が五〇代前半と思われる紳士と手を繋いで歩いていく姿を見て、嫉妬を感じます。クロはシロがつくるにレイプされたと訴えた後、妊娠が判明したものの結果的には流産をしたことを語ります。クロの献身的な看病によって、シロの拒食症は何とか回復しますが、ピアノをこどもに数える以外、すべてに関心を失ってしまったとのことでした。クロは妊娠中に、シロが亡くなったことを知り、自分の娘にシロの名前であるユズと命名しました。つくるはシロとクロの二人が登場する性夢を思い出し、自分の責任を感じます。シロを殺したのは自分ではないだろうかと思いを巡らせます。つくるはクロと二人でアカもアオも変わりなく、昔と同じ純粋さをもって暮らしていることを語り合います。

つくるは東京に戻り、ある夢でうなされて覚醒し、早朝の四時に沙羅に電話して、愛の告白をします。つくるは沙羅に電話をしましたが、沙羅からのコールバックに応えることなく、明日すべてを賭ける決心をします。

この小説のあらすじは、主人公多崎つくるを巡る思春期のグループの破綻、そのトラウマの克服、喪の作業と再生というものです。大筋は以上のようなものですが、詳細は小説に当たってほしいと思います。

精神分析的考察

巡礼の旅のはじまり

本小説は多崎つくると木元沙羅のデートのシーンから始まります。村上春樹の小説にはしばしば名前にその小説のテーマや鍵が含まれていることがあります。たとえば、『海辺のカフカ』の田村カフカ、ナカタ（中田）さんの姓を重ねて書くと、甲村になるということについては、すでに説明しました（第三章第一節）。多崎つくるという名前は多くのポイントを「作る」ということで、駅を作る人そのものであり、極めて具象的な印象です。父親の名前である多崎利男に関しても、本小説内に記載されている多くのポイントで利益を上げる男というのも具象的です。しかしながら、多崎には多くの険しさという意味もあることから考えれば、この姓は思春期から大人へのプロセスをも隠喩しているかもしれません。木元沙羅の沙羅は、釈迦がクシナガラで入滅したときに、その釈迦の周辺を囲んでいた木の名前であり、沙羅双樹として涅槃図にしばしば描かれています。沙羅はつくるに真実の探求を促し、つくるの未解決な外傷体験を葬り、その解決を促したことからすれば、この名前は適切な役割を表していると言えるでしょう。つまり、この小説のテーマは、つくるが沙羅という協力者を得て、それまでに直面することのできなかった未解決の出来事を巡礼する旅に出かけるというものと考えるのが自然なようです。

しかし、このグループのメンバーが誰も、一六年の間、真実を明らかにしなかったのは不可思議なことです。つくるは沙羅への愛情のために真実を明らかにする決心をします。経緯は異なっているものの、これは戯曲『オイディプス王』の幕開けと同じ設定です。つまり、テーバイの先王ライオスが亡くなった事実に、一七年間、目を背けていたエディプス、その一族、テーバイの市民が、疫病によって真実を明らかにしなければならない状況に陥ったことに相似しています。シュタイナーは「見て見ぬ振りをする」という機制に関して論じています。ここには真実に対する尊敬と恐怖によって、共謀と隠蔽が導かれることが記述されています。これは真実の倒錯であり、現実からの心的逃避、不安と罪悪感に対する防衛でもあります。つくると生き残った三名との会話からすれば、本当は誰もつくるがシロをレイプしたとは思っていなかったにもかかわらず、シロの精神的混乱のなかで真実を明らかにすることから目を背けたのでした。これは各々のメンバーがこのシロの発言に、恐怖だけでなく、罪悪感を抱いたために生じた事態であったのでしょう。

思春期のグループ

この小説の主題のひとつは、仲良し高校生グループからつくるが追放された理由とその顚末です。そのグループは男女五名からなり、もともとボランティア活動に端を発していました。若者に限ったわけではありませんが、ボランティアといった援助行動、愛他主義は一見、優れた健康な行為とされています。このグループはボランティアという領域を超えて、他の活動でも親密な関係を形成しました。ここには一切の秘密もなく、男女関係も諍いのない理想的なグループでした。つくるを除く四名はある意味、このグループの維持のために名古屋の大学に進学します。つくるが東京の工科大学に進学した後もグループは維持されましたが、シロがつくるにレイプされたという発言によって、このグループは真実を追求することなく、つくるはグループから追放され、グループは崩壊しました。

①グループ心性

ビオンは、グループには作業達成のための「作動グループ」(Work Group) 心性とそれを阻止する「基底的想定」(Basic Assumption Group) 心性があることを指摘しました。作動グループとは、メンバーが協同して基本的作業に集中し、合理的、科学的な方法を用い、作業に伴う困難という欲求不満に耐え、現実原則に従うことによって、グループ全体、個人ともに発達するというものです。しかし、基底的想定という原始的な情緒衝動によって、作動グループの基本的作業は阻止され、それは回避されてしまいます。この基底的想定は当初、混沌としたものですが、それがグループ全体の共通の幻想から発していると仮定すると、まとまりのある心性となることを記しています。また、フロイトは集団心性を個人心性に極めて酷似したものとして捉えています。それに従えば、作動グループ心性は意識的であり、基底的想定心性は無意識的なものということになります。ビオンはこの基底的想定グループを、①依存基底的想定、②闘争・逃避基底的想定、③つがい基底的想定に分類しました。依存基底的想定とは、物質的、精神的な援助や保護のために依存しているリーダーのために集まったものです。闘争・逃避基底的想定とは、グループの存続のために闘ったり、逃げたりするように振る舞うことを特徴としています。つがい基底的想定とは、グループの存続と維持が魔術的な性的関係によって生まれてくると予期される救世主によって維持されるだろうという幻想に依拠しています。

つくるを含むグループはボランティア、友情、勉学などに基づく作動グループとして機能しましたが、同時にこの優等生グループの維持のためには男女関係、つがい（ペア、カップル）になることが暗黙の了解としてタブーとなっていました。このように性を抑圧、否認したことによって、このグループにおいては無意識的につがい基底想定が活発に作動することになりました。これによって、このグループはつがい基底想定の特徴である幸福感、楽観、親しみ、穏やかさ、心地のよさという側面を有していました。つくるを除く四名も、本来、名古屋という土地に残る必要はなく、特にアカとアオは名古屋以外の大学に行ける境遇にありながら、グループ存続のため名古屋に留まることを決めました。それもこのグループの心地よさに由来していたと考えられます。そして、つくるが東京の工科大学に進学したことから、このグループは破綻への一歩を踏み出してしまいます。つくるが抜けたことによって現実的な作動グループとしての機能がなくなり、グループ全体で否認されていた性欲は無意識の幻想ではなく、一気に現実化して表現されました。それはレイプという恐ろしい現実としてシロに襲いかかり、さらに妊娠によって戦慄を伴った救世主が具現化することになります。つまり、救世主として人々が望んだイエス・キリストが処刑されたことと同じように、これは流産という悲惨な末路を辿ります。

つがいグループ基底的想定では、決して希望は現実化されてはならず、その途端にグループは崩壊への道を辿ることになります。シロは、つくるにレイプされたことを他のメンバーに詳細に語り、他の三人を充分に納得させました。これは事実ではありませんが、無意識的にはユートピア的グループを崩壊させた犯人であったつくるがレイプの犯人とされたのは当然のことであり、その結果、闘争・逃避基底的想定が表面化することになりました。

メルツァーは、この基底的想定グループは本来互いに連続的な関係にあるということを提案しています。例として、次のような物語によって構成される神話として紹介しています。はじめにグループにおけるすべての欲求は、リーダー（両親）の知恵によって叶えられます。そのため、周辺のグループ（部族）が自然と抱く羨望と恨みは抑制されます。しかし、リーダーが年を取り、さらには引退するとき、その継承を熱望する若い人々の間で意見の不一致が起こり、葛藤的な方針が生じます。それが闘争と逃避です。結果として、リーダーの死後、その結果グループは二つに分割され崩壊します。一方は闘争に留まり、もう一方はより平和な隣人を求めて避難します。前者は次第に殺されたり同化されたりしますが、後者は新しいリーダーの誕生を待ちます。このリーダーは時が来れば登場し、その知恵などによってグループのすべての欲求を満たします。そしてその闘争精神によって、新しい隣人との関係を打ち立て、安定化させます。これはひとつの神話ですが、基底想定グループというのは、基盤がなく儚い宿命を担うものです。

②コンテイナー／コンテインド

このグループは〈共同体〉（二一頁／以下、小説からの引用を〈　〉で示し、（　）内に頁数を示す）であり、〈僕らの間に生じたケミストリー〉（二一頁）であったとあります。しかし、つくるは自分の姓に色がないことに違和感を覚え、いつか自分がグループから排除されるのではないかと危惧していました。つくるはアオとの会話のなかで自らを、〈空っぽの容器。無色の背景。これといった欠点もなく、とくに秀でたところもない。そういう存在がグループに必要だったのかもしれない〉（一六八頁）と語りますが、アオは〈でもおまえがそこにいるだけで、おれたちはうまく自然におれたちでいられるようなところがあったんだ。おまえは多くをしゃべらなかったが、地面にきちんと両足をつけて生きていたし、それがグループに静かな安定感みたいなものを与えていた〉（一六八頁）と反論します。クロとの会話でも〈僕はいつも自分を空っぽの容器みたいに感じてきた〉（三二二頁）と評しています。クロは陶器という容器を作成する作家としてフィンランドに行きますが、これはクロがシロの看病するという容器として機能したことを表象しているかのようです。容器とはどのようなものでしょうか。ここでは、つくるが自ら語る容器について考えてみることにします。

ビオンは早期母子関係をコンテイナー（容器）／コンテインド（中身）モデルとしてコンテインメント（包容容器）の概念を提唱しました。この世に生を享けたばかりの幼児は空腹ですら死の恐怖と感じ、その恐怖を母親に投げ込みます。母親はその恐怖のコンテイナーとなって、乳児に空腹という名前を与え、授乳をし、その恐怖を緩和します。これは自然な母子関係のひとこまを究極的に精神分析的思考に落とし込んだものです。ビオンはこの過程をコンテインメントと名称しました。これは心的過程の起点であり、この過程に支障が起きると重篤な精神状態に陥ります。ヘレン・デュビンスキーは、コンテイナーの機能を「感覚データ（感覚印象）＋情緒→象徴的思考」と定義し、発達障害や被虐待児の心的世界を精神分析的な見解から、コンテイナーの欠損、障害の結果であるとしています。つまり、発達障害や被虐待児は、心的要素となるアルファ要素の生成に支障を来たしているために、①具象的思考、②万能感、(隠された無力感)、③受動的なスプリッティング、④第二の皮膚、⑤分解、⑥閉所(侵入同一化)などの精神病状態に至ることを論じています。これは思春期になると、一気に表面化して精神病状態となり、その後の治療は難航することになります。

フロイトは、思春期が潜伏期までの精神性的発達に続くものであり、そこでのテーマは幼児性欲を性器性欲に統合することであり、思春期が乳幼児のやり直しであると示唆しています。思春期が時に平穏でないのは、この乳幼児のやり直しで大きな躓きを経験するからです。さらに、思春期はこどもから大人への過渡期であり、両親への依存から大人という自立した個人になるまでの時期でもあります。多くの思春期の若者は両親への依存を嫌いますが、かといって一人の個人として機能することはできず、グループを形成しなければなりません。しかし、思春期の若者はそれぞれ乳幼児期の未消化な葛藤を抱えているため、グループは恒常的に不安定で流動的です。この小説のつくるを含めた五名も思春期になり、乳幼児期の葛藤の無意識的な再燃に苛まれながらも、それを乗り切るためにグループを形成しました。ビオンはグループに関してもこのコンテイナー／コンテインドを応用しました。つくるが自認している通り、つくるがこのグループで担った無意識的役割は容器です。ビオンはコンテイナーとグループの関係について、共生(symbiotic)、共在(commensal)、寄生(parasitic)のどれかに該当すると考えました。共生的な関係では、対決は起こりますが、その結果としてコンテイナーとメンバー双方は有益な発達を成し遂げることができます。共在的な関係では、コンテイナーとグループは互いに影響することなく共在し、ここには対決も変化もありません。寄生的な関係では、羨望が優勢となり、コンテイナーとグループの双方にとって破壊と剝奪を生むことになります。

さて、これを小説のグループに当てはめて考察すれば、このグループは対決も変化もなく、コンテイナーと共在的な関係にあり、メンバー双方は決して発達することはありませんでした。名古屋という自分の出身都市に留まることは、将来に大きな夢をもつべきである思春期の若者とすれば物足りないものです。つまりここでは「少年は大志を抱く」ことなく、変化は望まれず、新しい自己発達も自己発見もありません。永劫回帰的に争いもなく、穏やかな平和な関係のみが存在していました。この後、コンテイナーであったつくるは現実的に自らの発達、自立のために名古屋を離れ、コンテイナーと他のグループメンバー（コンテインド）はそれぞれにこれを喪失することになりました。これは自己の速読関係をバラバラにする壊滅的なものとして体験されました。そして、グループ内では羨望が竜巻のように起こり、メンバーは寄生的関係に陥り、破局的変化に至ったと考えられます。

ロナルド・ブリトンは、ビオンのコンテイナー／コンテインドに関し、理想的コンテインメントという絶対的な適合が存在するとすれば、それはその後に迫害感が追従し、失敗することになることを論じています。さらに、コンテイナーとコンテインド間の相互の不適合、葛藤は必要なもので、人生とはそうした摩擦を避けられないと記しています。この小説のグループのメンバーは同じ社会階層の平和な家庭に育ち、ボランティア、勉学に勤しみ、一見すると過度に品行方正で、グループは理想的なものでしたが、その後に迫害的なものとなったことは、ブリトンの記述に合致しています。

さいごに

思春期の若者にとって、グループ形成は必須のものですが、その顚末は安定的なものではなく、常に典型的な基底想定グループであり、自立という作業目標に円滑に向かうことができないことを論じました。また、この作業グループとはあくまで理想的なものであり、基底想定グループよりも儚い運命を担っているように思います。

2　思春期のこころの発達

思春期は乳幼児期の残された課題のやり直しの時期ですが、同時に両親以外の対象を理想化し、新たな心的状況を創造できる時期です。この思春期をどのように生き抜くかは、そしてその顛末がどのようなものであるのかは、まさしく必然だけでなく、出会いや偶然の賜物のようでもあります。ここでは、このつくるとシロが、どのように思春期を生き抜いた／生き抜けなかったのかを考えてみます。最後に、この巡礼の旅に関する精神分析的な考察を行ないたいと思います。

思春期を生き抜く

多崎つくるのこころの発達

多崎つくるは、手広く不動産業を営む父親、やや過保護な母親、優しい二人の姉のいる家庭に育ちました。父親は多忙で、ほとんど自宅に不在で、つくるは女性に囲まれてすくすく育ちました。父親は初めての男の子の名前を「つくる」にすることを決めましたが、その漢字を「創」あるいは「作」のどちらかにしようかと悩みます。その結果、父親は「創」にすると負担になりすぎると考え、人生の目的は単純なほうが生きやすいという理由で

「作」を選択します。父親は息子に創造的な人、クリエイティブになってほしいという期待を抱くことはありませんでした。また、つくるに家業を継ぐように強要するわけでもなく、父親は会社を娘婿に譲ってしまいます。〈物心ついて以来、父親と親しく関わった記憶がつくるにはほとんどないのだが……〉（六〇頁）とつくるが回想しているように、つくるにとって父親はエディプス・コンプレックスのテーマとなるような、権威的でも影響の強い人物でもありませんでした。小説の後半で、つくるは父親の形見の時計を見ながら、〈以前より頻繁に時刻を確かめるようにもなった。そしてそのたびに父親の影が微かに彼の脳裏をよぎった〉（三五九頁）と感じる程度の人であったと述べています。つくるの父子関係にはエディプス葛藤に伴う去勢不安、エディプス葛藤は認められません。つくるは人生の単純な目標に従って素直な青年として成長したかのように思えます。つくるは実質的に母親、二人の姉に育てられ、同一化したことによって、グループ内でビオンの記号では「♀」と記されるコンテイナーの役割を果たしたように思われます。一方、つくるはグループに対する未練を感じることなく、幼い頃から関心があった駅を作ることを学ぶために、ひとり東京の大学に進学しました。コンテイナーそのものであったつくるには、情緒といったコンテインドは存在しなかったかのようでした。また、つくるが悩んでいた自らの存在のなさは、情緒体験の乏しさに起因するものであり、それはつくるが一見すると物心ともに恵まれた家庭に育ち、情緒的葛藤に巻き込まれたことがなく、情緒発達の必要性もなかったためなのかもしれません。

つくるはグループから排除された真相を明らかにすることなく、その後の五カ月間、〈つくるは死の入り口に生きていた。底なしの暗い穴の淵にささやかな居場所をこしらえて。そこで一人きりの生活を送った〉（四〇頁）というような瀕死状態に陥ります。つくるにとって、〈ケミストリー〉（五一頁）、化学反応によって生成された〈完璧な共同体〉（五一頁）を失うことは、自分自身の一部を失い情緒体験も麻痺された喪失体験を意味し、死に直面する状況に至ってしまいました。ウィニコットは、自他未分化な状態での喪失体験を意味し、自分自身の一部が失われたかのように感じられ、生命の危機にも迫る原初的鬱病として、重篤な鬱病について記述しています。

つくるの五カ月間は正しくこうした体験であったに違いありません。それは中身のない空虚な容器としての存在でした。その後、つくるはクロとシロと性交をしている夢を見ますが、このときに心あるいは身体のどちらかしか選択できないと伝えられ、嫉妬を感じて生きる決心をします。メルツァーがこどもとの精神分析療法のプロセスを論じた『精神分析過程』によれば、こどもは過大な投影同一化によって自我境界を破壊し、自他分離のない世界を形成しますが、精神分析療法では面接の休みによって母親転移下にある分析家を自分とは分離した存在とみなさなければなりません。この際、こどもは分離に対して怒りと嫉妬を感じ、分析家を眼差しや乳房のある上半身と臀部や陰部などの下半身に、水平にスプリットします。これは性欲と愛憎が統合される以前の段階であるとされます。クロとシロとの性交の夢は、つくるもようやく性欲、愛情をそれぞれ別個のものとして感じることができるようになったことを示しているようです。

これに続いて、つくるは灰田という大学の後輩と知り合います。灰色は当然、シロとクロが混じり合った色であり、性欲と愛情の合体を示しています。しかし、これは同性愛であり、夢か幻の状態での灰田との関係につくるは狼狽します。思春期における同性愛に関してメルツァーは、保護者からの分離に伴い思春期の若者は相互に投影同一化をするために、そこには時に同性愛傾向が生じると論じていますが、つくるは嫉妬を感じるようになり、思春期のメンタリティに一歩足を踏み入れることができたと考えられます。その後のつくるの性的関係は、激しい愛憎を伴うことなく、淡々とした情緒関係に裏打ちされたものでした。つくるは、本当に人を好きになったことがあるのかという沙羅からの問いに、そんな経験がないと答えています。フロイトは、精神－性的発達の理論で、最終的に性器と性器だけの結合だけでなく、相手の全人格を相互に認め合う全体的対象愛の段階を性器統裁と論じましたが、つくるにはフロイトの語る性器統裁の経験はなく、性欲と愛情は近づきつつあるものの、依然として分離した状態であったようです。つくるにとって沙羅との出会いは、性欲と愛情の統合という人生最大のクライマックスでした。

次に、つくるのパーソナリティの発達に関して、メルツァーが自閉症の研究からこころの発達に関して論じた心的次元論を参照して考察してみます。メルツァーは、自閉症児が刺激物に一直線に通過する直線的対象関係を一次元性、病的に記憶したり真似をしたりする平面的対象関係を二次元性と考えました。さらに、無意識的空想が外界に投影同一化されたものの、その恐怖が緩和されずに自らを襲うといった精神病状態を三次元性、投影同一化／摂取性同一化が円滑にコミュニケーションする健康な状態を四次元性と考えました。つくるの最大の関心事であった駅を作るという仕事は、独創性を必要とする建築家の仕事とは異なり、列車と人の流れという機能を優先的枠組みとして設計するものです。また、駅の構造は平面を何層かに重ねた立体構造であり、二次元から三次元の問に存在しています。二次元性の世界とは平面であり、人の行動を模倣し知識を優先させて、情緒的体験なしに生きる世界です。次に、三次元性の世界では、空間はできるものの時間性がなく、一方的な出入りしかありません。つくるのこころはこの世界に留まっており、他のメンバーの入口としての容器を提供しただけで、そのために自らを空っぽの容器と感じたのでしょう。情緒体験は、三次元性のこころ、心的空間が形成されており、投影性同一化／摂取性同一化が行なわれるような時間性が加わって、初めて可能になります。沙羅との関係においても、当初、沙羅の容貌や服装といった表面的な事象への関心が高いようでしたが、最終的に沙羅の気持ち、こころのなかへと関心を高め、夜中の電話ですら我慢できなくなります。これはつくるのこころの変化が二次元から四次元へと発達したことを意味しているようです。これはつくるのこころの発達、すなわち次元性の展開と考えることができるでしょう。

つくるは沙羅と会う前に夢を見ます。つくるはピアノを弾き、黒い服を着た女性が分厚い譜面を完璧に捲ります。しかし、五〇名ほどの聴衆はそれに飽きて、ピアノの音が聞こえないほどの騒音を立てます。つくるがふと、その女性の手を見ると、六本の指があったことに気づき目が覚めます。つくるは沙羅とともにリストの「冬の巡礼」を弾いていましたが、五〇代の男性はそれに辟易として、軽蔑したかのような騒音を立てたということでしょう。沙羅の指が六本であったのは、五人グループに沙羅が参加していたということでしょう。しかし、すでにシロは亡くなり、今は五人です。駅長の語る困った忘れ物である指、緑川の指が入っていると思われる布袋、またリストの六本指の伝説があります。この六本の指は、この小説の登場人物に共通する人数のメタファーではないかと考えられます。

シロの思春期心性

シロは産婦人科医の娘として養育されましたが、父親の堕胎という仕事に大きな罪悪感を抱き、この苦慮のなかで成長しました。思春期のグループはシロの苦慮をコンテインし、シロはこの罪悪感をリストの「冬の巡礼」の「ル・マル・デュ・ペイ（郷愁）」を奏でることで癒し、自分の死に場所を求める気持ちを音楽で象徴的に昇華していました。また、メルツァーとマーサ・ハリスは思春期グループの特徴として、マインドレスを挙げていますが、シロは思考することなく、コンテイナーに包容されていました。特にシロはクロが比喩しているように「白雪姫」、クロは「七人の小人」であり、自主性や能動性が乏しく、思考することは破滅的であり、思考することのできないメンバーだったように思われます。そのため、つくるの上京は特にシロにとって、とても大きな無意識的な喪失体験となりました。シロはつくるというコンテイナーの喪失における喪の作業を行なうことができず、その現実から必死の逃走を試みました。ルネ・スピッツは、乳児院に入所した依託性鬱病の乳児は発達初期の思考作用、意識、注意、判断と結合したすべての自我機能からも意図的に逃れようとして死に至ることがあると述べていますが、つくるを失ったシロはこれに通じるところがあるように思われます。コンテイナーを失ったシロのパーソナリティはばらばらになって、生気と意味が失われました。

ビオンはパーソナリティに関して、すべての人のこころには精神病パーソナリティと非精神病パーソナリティの双方が存在しているとしました。精神病パーソナリティとは、些細な欲求不満にすら耐えることができず、考えることや衝動のコントロールができず、著しい破壊衝動と相俟って、内的、外的現実に対する暴力的な憎悪となって表現されます。これは外的にはサディズム、内的には絶滅恐怖を孕むことになります。シロは父親の仕事に激しい憎悪を抱き、内的には過酷な罪悪感を抱いていましたが、これは精神病パーソナリティそのものでした。つくるというコンテイナーの喪失で、これが一気に露呈し、発病に至ったのでしょう。ここでは、ベータ要素からアルファ要素への変換が為されず、ベータ要素膜という意識と無意識、睡眠と覚醒、真実と虚偽の区別のつかない心的状態が作り出されました。つくるにレイプされたというシロの語りはこうした状態でなされ、シロの心的現実のなかでつくるが犯人であったのは、当然の結論でした。さらに、この憎悪と罪悪感は胎児に向かい、胎児が流産の憂き目に至ったことも、因果関係上、必然的でした。

その後、シロは重度の拒食症を発症し、クロの必死の看病で生き延びます。シロはすでにすべて自我機能そのものを失い、ベータ要素膜という精神病の世界のなかに生きることになりました。シロにはすべての外的現実から自分に降りかかるものはレイプ時の出来事と重なり、食物は精液とも同一視されるかのような地理的混乱（メルツァー）に至り、発症したのでしょう。ビオンによると、作動グループと結合していない残りの二つの基底的想定は精神と身体に分化していないプロトメンタル・システムを構成し、これがグループの特有の感情やエネルギーを作り出します。この仮説によって、ビオンは心身症や感染症などを論じています。つくるのグループは基本的につがい基底的想定であり、依存基底的想定、闘争・逃避基底的想定がプロトメンタル・システムを構成していました。グループの喪失によって、このプロトメンタル・システムが顕在化し、シロはつくるを犯人としてグループの敵とみなしてグループから追放しました。しかし、その後、すべての外的現実から逃避し、さらに生命の維持に必要な食物からも、生命からも逃避しようと試みることになりました。重篤な拒食症の患者に心理的なアプローチは無効であることが多いのは、こうした精神と身体が分化していない状態に置かれているからでしょう。クロの献身的な看病はシロの依存感情を引き起こすことを可能にしました。ここに依存基底想定の発動という展開となりました。クロはシロの母親として依存感情を引き受け、母親のようにシロを赤ん坊のように関わり、つくるの代わりにコンテイナーとして機能し、シロは改善に向かいました。

クロはシロに対して、〈あの子には悪霊がとりついてた〉（三〇四頁）、〈そいつはつかず離れずユズの背後にいて、その首筋に冷たい息を吐きかけながら、じわじわとあの子を追い詰めていった〉（三〇一頁）と語ります。シロの悪霊とは如何なる存在であったのでしょうか。シロはコンテイナーを失い、精神病パーソナリティに侵されました。フロイトは人の存在を生の本能（エロス）と死の本能（タナトス）とのせめぎ合いであると考え、本能二元論を提唱しました。そして、死の本能は一般的には生の本能と融合し、その実態は間接的にしか垣間見ることができないとしました。クラインは乳幼児の精神分析から早期超自我を発見し、この破壊性、衝動性は死の本能に直接的に由来しているとして、フロイトの理論を発展させました。死の本能を包容するコンテイナーを喪失したために、シロの本能が身体外に存在するようになったことを、クロは敏感に察知していたのでしょう。シロは最後に謎の死を遂げますが、これはシロが死の本能に蝕まれた結果と考えることができるかもしれません。

これに加えて、灰田の父親が語ったジャズピアニスト緑川の死のトークンの語りも、コンテイナーを喪失した死の本能の外在化を意味し、コンテイナーの観点からするとシロの悪霊と同じことだと考えられます。緑川はこの死のトークンを譲り渡す方法として、〈簡単なことだ。相手が俺の話を理解し、受け入れ、事情をしっかりと納得して、その上でトークンを引き取ることに合意してくれればいい〉（八六頁）と語ります。これはコンテイナー／コンテインドの関係であり、心理療法の専門家であれば、クライアントからの希死念慮を受け入れ、情緒的にしっかりと苦痛とともに理解するということになります。

巡礼の旅──Oを巡って

つくるは沙羅の後押しで巡礼の旅に出かける決心をします。巡礼とは聖地、殉教者の足跡を巡るものです。この小説での聖地は名古屋であり、殉教者はグループの永続を願ったメンバー全員で、特にシロを示唆しています。グループが崩壊したために大きなトラウマ、喪失体験に至りました。巡礼の旅をするためには帰るべき駅のホームではなく家庭というホームが必要でしたが、その役目を果たしたのが沙羅だったのでしょう。つくるは沙羅から四名のメンバーの現状を聞き、シロの悲惨な末路という漠然とした事実だけを知らされます。巡礼の旅はつくるが過去の事実を知り、克服しようとする意図にその端を発しています。ビオンは窮極的事実、絶対的事実を「O（origin）」という記号を用いて表しました。つくるが目指したのはこの事実、Oであったかのように思われます。しかし、Oについて知ったり、伝えたりすることは可能ですが、Oそのものを知ることはできません。なぜなら、Oはあらゆるものの真性、ものそのもの自体であるからだとビオンは語ります。Oは常に変形を受け、人はその変形されたものだけを知覚しえます。ビオンは風景の絵画を例にとって、風景というOは画家によって変形され、最終産物（Tβ）となります。同じ風景を描いても、最終産物は画家によって異なるもの（変形物）となりますが、そこには不変のものがあります。この比喩を用いれば、つくるは自分自身のOを知るための旅に出て、キャンバスにその絵を描きはじめたと表現できるでしょう。起源となった事実Oはすべてのメンバーに降りかかった災いですが、つくると他のメンバーの絵には当然、変形した部分と不変な部分がありました。ビオンはOの変形に関して、硬直性運動変形、投影性変形、幻覚心性変形の三タイプに分類できると記述していますが、ここでそれぞれのメンバーの変形を見ていきます。

つくるは、まずアオと会い、事情を説明します。つくるとアオの会話に〈「僕は昔からいつも自分を、色彩とか個性に欠けた空っぽな人間みたいに感じてきた。……空っぽであることが」……アオは「いや、おまえは空っぽなんかじゃないよ……」〉（一七三頁）とあります。アオはおそらく空っぽの容器の意味を理解していませんが、これはアオが過去も、そして今も家庭という適切なコンテイナーを有しているからでしょう。〈「おまえに会えてよかった」、彼はつくるの目をのぞき込みながらそう言います。相手の目をまっすぐ見て話をし、力を込めて握手をする。昔から変わらない〉（一七五頁）と、アオの高校時代から変わりない気質が記してあります。これは硬直性運動変形であり、過去と現在の関連が明確にあります。つまり、この変形はある感情や思考が過去のある領域から他の現在の領域へと至ったのかについてわかるかどうかということにあります。これは神経症性パーソナリティに属することであり、精神分析における重要な転移神経もこの変形に含まれます。こうした観点からすれば、アオは健全なパーソナリティの持ち主であることが示唆されます。

次に、つくるはアカに会いに行きます。アカは名古屋で「最も成功した三十代の独身男性」の一人であると、ある女性誌に掲載されていました。しかし、そのビジネスの実態は自己啓発的なセミナーの主催であり、アオはそれに嫌悪感を抱いていました。アカは「クリエイティブ・ビジネスセミナー」の代表取締役となっていました。他のメンバーは皆、アカが父親のようにアカデミックな舞台で活躍するものと思っていました。しかし、アカは大学卒業後、大手銀行に入社し、三年後にサラ金会社に転職します。そこでは上司と意見が合わずに退職し、現在に至っているということでした。アカはアオと異なり大きな変貌を成しており、つくるはアカの変貌振りに〈「ただ不思議な気がするだけだよ。君がそんなビジネスを始めるなんて、十代の頃は想像がつかなかったものな」〉（一九一頁）と語っています。また、つくるはアカの会社の設立の意味に、〈「でもそこには社会に対する、君の個人的な復讐という意味合いもあるかもしれない。アウトキャスト的な傾向を帯びたエリートとして」〉（一九二頁）と率直な感想を述べます。アカは父親のようなアカデミックな世界にも、一流の金融機関にも自分の居場所を見つけることができず、我慢できずにサラ金にまで身を落としますが、そこでも欲求不満に耐えることができずに、組織に属することから離脱してしまいました。アカの変化は高校時代からのアカからは想像するに難く、また、アカの社会への怒りは知性化されて真綿にくるまれているようでしたが、そこには激しい攻撃性が認められます。アカのプログラムは〈「そしておれは自分が好きじゃないこと、やりたくないこと、してほしくないことを思いつく限りリストアップしてみた。そしてそのリストを基に、こうすれば上からの命令に従って系統的に動く人材を、効率よく育成できるプログラムを考案した」〉(一九一頁)というものでした。アカは意識的に感じないようにしていますが、父親とのアカデミックな場での対決に敗北し、大手銀行という公の社会、さらにはサラ金という時にアウトロー的な組織にも居場所を見つけることができませんでした。この怒り、攻撃性をアカはセミナー受講生に向けて投げ込んでいます――〈上から命令を受けてその意のままに行動する層があり、その層が人口の大部分を占めている。全体の八十五パーセントとおれは概算している〉(一八八頁)。これはアカが社会から敗北したことへの否認であり、投影同一化による徹底支配です。ビオンはこうした精神病的部分が優位な変形を投影性変形としました。その特徴は、自他の区別のできない混乱状態にあります。アカは無意識的な屈辱感を排泄するコンテイナーの役割を果たす受講生を必要とし、この情動は注目を確実にするために誇張され、コンテイナーはさらに暴力的な排泄によって反応します。アカの過剰な投影同一化は、セミナー受講生と一体化することで感動、洗脳することを可能にしていました。アカはつくるに、シロがつくるを好きだったのかも知れないこと、名古屋から外を出て行くだけの勇気をもてなかったことを、初めて弱音とも本音とも思えることを語ります。そして、アカは自分が女性に欲望を感じないこと、男性への欲望を口にします。アカはエディプスの敗者であり、アオのような家庭、女性というコンテイナーを見つけることができず、男性という倒錯的なコンテイナーに向かわざるをえなかったのでしょう。このように考えてみると、アカにおいては否認、投影同一化、誇張など精神病パーソナリティが優位であることが示唆されます。しかし、アカとの会話の最後に、〈自分が相手に向かって「おまえ」と呼びかけていたことに、つくるはふと気づいた〉(二〇六頁)とあるのは、つくるがアカに昔から変わらないものを発見したことを意味しているようです。

シロに関しては、つくるというコンテイナーの喪失に耐えることができず、幻覚心性変形に至りました。これは心的現実への憎悪、欲求不満への耐性の欠如、精神装置の排除、身体化などが挙げられますが、こうした機制は「シロの思春期心性」ですでに記述しました。この変形は心的現実への憎しみを伴う人格の精神病部分による変形です。

つくるは最後に、フィンランドにいるクロに会いに行きました。クロはグループの破綻後に、拒食症になったシロを必死に看病しました。その後、クロは陶芸の世界の出会い、そこでフィンランド人の陶芸家と知り合い、シロの看病を断念し、フィンランドに渡りました。つくるはクロに会う前に、夫からクロの陶器の作品を見せてもらいます。クロの作品は〈全体的に肉厚で、緑が描くカーブも微妙に歪んでいたし、洗練されたシャープな美しさはうかがえない。しかし、彼女の作品には、見るものの心を不思議にほっとさせる温かな持ち味があった〉（二七六頁）、〈色彩はごく淡く、寡黙に、しかし効果的に模様に背景を担っていた〉（二七七頁）と記述されていますが、これは正しくグループでのつくるの属性そのものであり、クロはつくるというコンテイナーを喪失した後に、陶器という藝術作品で喪失したコンテイナーを創作していました。そして、暖かい家族という実質的なコンテイナーも形成することができました。つくるの突然の訪問に、クロは狼狽しながらも、つくるを確かめます。そして、クロは自分とシロの名前を昔の呼び名でなく、エリ、ユズと呼んでほしいと伝えます。これはクロとシロがペアであった過去との決別だけでなく、エリが一人の個人としてコンテイナーを獲得したことを意味するのでしょう。エリはつくるへの昔の恋心を語り、それにユズが嫉妬したのかもしれないという仮説を語りますが、ユズの発言との了解可能な連結は見出せませんでした。二人は真実Oを知ろうと試みますが、納得した結論を見出すことはできませんでした。双方ともに、正面からこれを考えることはできなかったにしても、グループの破綻から一六年、ユズの惨事から六年の歳月が経過していました。二人は早急に理由を求めることをせず、不確実さ、謎のなかで時を一緒に過ごしました。これはビオンの強調する負の能力（ネガティブ・ケイパビリティ）であり、自分の無知、理解力のなさに気づくことができる力です。そして、二人はOを知ることを断念することになります。ビオンはOについて、Oを知るといった既述の三つの変形のほかに、「Oになること」を語っています。ビオンは現実を定義することで現実を知ることはできませんが、それでも現実は存在する（be）、在りつづける（been）ことはできるとし、このことを「Oになること」と考えました。Oになることは、自分自身をあるがままに受け入れ、その受け入れに抵抗した自分自身の事実に目を向けることです。これはOにおける変形であり、大きなリスクを伴うものです。Oにおける変化は破局的変化であり、それは暴力、体系の転覆、不変物という危険を孕みますが、同時に大きな成長を導く可能性もあります。エリは〈「ねえ、つくる、あの子は本当にいろんなところに生き続けているのよ」〉（三〇七頁）と語り、ユズがピアノを弾くときの思い出がつくるの頭を占めます。そして、二人は強く抱きしめ合います。一六年間を飛び越えて、〈それは過去と現在と、そしておそらくは未来がいくらか混じりあった時間だった〉（三〇九頁）と記載されているように、二人は超越した時間軸のなかに存在しました。二人がOを知ることではなく、Oになることを選択した瞬間であったように思えます。つくるは〈「僕はこれまでずっと……僕は犠牲者であるだけじゃなく、それと同時に自分でも知らないうちにまわりの人々を傷つけてきたのかもしれない。そしてまた返す刀で僕自身を傷つけてきたのかもしれない」〉（三一八頁）と過去の信念の体系を転覆し、さらに〈「そして僕はユズを殺したのかもしれない」〉（三一八頁）と暴力について語ります。エリは〈「ある意味においては、私もユズを殺した」〉と語り、〈「私たちはそれぞれに、そういう思いを背負っている」〉と続けます。そして二人はアカのカソリック施設への寄付、アオの純粋な心という不変物について語り合います。ここでの二人の関係はビオンの語る共在的関係です。つまり、二つの対象が第三者を共有して、それが三者すべての益となるものでした。二人は自らの真実を語り、それはユズへの大きな喪の作業となりました。

さいごに

村上春樹の『色彩を持たない多崎つくると、彼の巡礼の年』について、ビオン、メルツァーの精神分析理論を中心に参照しながら論じました。つくるは目を背けていた事実に、沙羅との未来のために一六年ぶりに直面します。つくるは情緒体験のない青年から、真実Oを追求する旅によって成長を成し遂げました。また、生き残ったメンバーはグループの喪失に対する喪の作業を行なうこともでき、これも巡礼の大きな成果となりました。

❖文献

見て見ぬ振り

藤沢令夫＝訳（一九六七）『オイディプス王』岩波書店

高津春繁＝訳（一九七三）『コロノスのオイディプス』岩波書店

Steiner, J.（1993）*Psychic Retreats : Pathological Organaizations in Psychotic, Neurotic, and Borderline Patients*. London : Karnac.（衣笠隆幸＝監訳（一九九七）『こころの退避――精神病・神経症・境界例患者の病理的組織化』岩崎学術出版社）

グループ心性

Bion, W.R.（1948a）Experiences in Groups I. *Human Relations* 1 ; 314-320 ; republished in W.R. Bion（1961）*Experiences in Groups*. Tavistock, pp.29-40.（池田数好＝訳（一九七三）『集団精神療法の基礎』岩崎学術出版社）

Bion, W.R.（1948b）Experiences in Groups II. *Human Relations* 1 ; 487-496 ; republished in W.R. Bion, W.R.（1961）*Experiences in Groups*. pp.41-58.（池田数好＝訳（一九七三）『集団精神療法の基礎』岩崎学術出版社）

Bion, W.R.（1949a）Experiences in Groups III. *Human Relations* 2 ; 13-22 ; republished in W.R. Bion（1961）*Experiences in Groups*. pp.59-75.（池田数好＝訳（一九七三）『集団精神療法の基礎』岩崎学術出版社）

Bion, W.R.（1949b）Experiences in Groups IV. *Human Relations* 2 ; 95-104 ; republished in W.R. Bion（1961）*Experiences in Groups*. pp.77-91.（池田数好＝訳（一九七三）『集団精神療法の基礎』岩崎学術出版社）

Bion, W.R.（1950a）Experiences in Groups V. *Human Relations* 3 ; 3-14 ; republished in W.R. Bion（1961）*Experiences in Groups*. pp.93-114.（池田数好＝訳（一九七三）『集団精神療法の基礎』岩崎学術出版社）

Bion, W.R.（1950b）Experiences in Groups VI. *Human Relations* 3 ; 395-402 ; republished in W.R. Bion（1961）*Experiences in Groups*. pp.115-126.（池田数好＝訳（一九七三）『集団精神療法の基礎』岩崎学術出版社）

Bion, W.R.（1951）Experiences in Groups VII. *Human Relations* 4 ; 221-228 ; republished in W.R. Bion（1961）*Experiences in Groups*. pp.123-137.（池田数好＝訳（一九七三）『集団精神療法の基礎』岩崎学術出版社）

Bion, W.R.（1955）Group-dynamics : A review. In : M. Klein, P. Heinmann & R. Money-Kyrle（eds.）（1955）*New Directions in Psycho-Analysis*. Tavistock, pp.440-447 ; republished in W.R. Bion（1961）*Experiences in Groups*. pp.141-191.（池田数好＝訳（一九七三）『集団精神療法の基礎』岩崎学術出版社）

Bion, W.R.（1961）*Experiences in Groups and Other Papers*. New York : Basic Books, Karnac Books.（池田数好＝訳（一九七三）『集団精神療法の基礎』岩崎学術出版社）

Cassese, S.F.（2002）*Introduction to the Work of Donald Meltzer*. London : Stylus Pub.（木部則雄他＝訳（二〇〇五）『入門メルツァーの精神分析論考――フロイト・クライン・ビオンの系譜』岩崎学術出版社）

de Board, R.（1978）*The Psycho-Analysis of Organization*. Tavistock.

Freud, S.（1921c）Group psychology and the analysis of the ego. GW 13, pp.73-161 ; SE 18, pp.65-143.（藤野寛＝訳（二〇〇六）「集団心理学と自我分析」『フロイト全集17』岩波書店、一二七―二二三頁）

Grinberg, L. (ed.)（1977）*Introduction of the Work of Bion*. New York : Jason Aronson.（高橋哲郎＝訳（一九八二）『ビオン入門』岩崎学術出版社）

Hinshelwood, R.D.（1991）*A Dictionary of Kleinian Though*. 2nd ed. London : Free Association Books.（衣笠隆幸＝総監訳、福本修・奥寺崇・木部則雄・小川豊昭・小野泉＝監訳（二〇一四）『クライン派用語辞典』誠信書房、二七九―二八二頁）

Meltzer, D.（1984）A one-year-old goes to nursery : A parable of confusing times. *Journal of Child Psychotherapy* 10 ; 89-104 ; republished in, Meltzer, D.（1986）*Studies in Extended Metapsychology*. Perth : Clunie, pp.136-153.

Menzies, L.I.（1981）Bion's contribution to thinking about groups. In : J. Grotstein（ed.）（1981）*Do I Dare the Universe?* Beverly Hills : Caesure, pp.661-666.

Pines, M.（ed.）（1985）*Bion and Group Psychotherapy*. Routledge & Kega Paul.

Rioch, M.（1970）The work of Wilfred Bion on groups. *Psychiatry* 33 ; 56-66.

Symington, J. & Symington, N.（1996）*The Clinical Thinking of Wilfred Bion*. London : Routledge.（森茂起＝訳（二〇〇三）『ビオン臨床入門』金剛出版）

Trist, E.（1987）Working with Bion in the 1940s. *Group Analysis* 20 ; 263-270.

Wilson, S.（1983）Experiences in Groups. Bion's debt to Freud. *Group Analysis* 16 ; 152-157.

コンテイナー／コンテインド

Bion, W.R.（1959）Attacks on linking. *Int. J. Psycho-Anal* 30 ; 308-315 ; republished in W.R. Bion（1967）*Second Thoughts*. Heinemann, pp.93-109.（中川一郎＝訳（二〇〇七）「連結することへの攻撃」、松木邦裕＝監訳『再考 精神病の精神分析理論』金剛出版、一〇〇―一一五頁／中川慎一郎＝訳（一九九三）「連結することへの攻撃」、松木邦裕＝監訳『メラニー・クライン トゥデイ①』岩崎学術出版社）

Bion, W.R.（1962）A theory of thinking. *Int. J. Psycho-Anal* 33 ; 306-310 ; republished in W.R. Bion（1967）*Second Thougts*. pp.110-119.（中川慎一郎＝訳（二〇〇七）「考えることに関する理論」、松木邦裕＝監訳『再考 精神病の精神分析理論』金剛出版、一一六―一二四頁／白峰克彦＝訳（一九九三）「思索についての理論」、松木邦裕＝監訳『メラニー・クライン トゥデイ①』岩崎学術出版社）

Bion, W.R.（1970）*Attention and Interpretation*. Tavistock.（福本修・平井正三＝訳（二〇〇二）「注意と解釈」、福本修・平井正三＝訳『精神分析の方法II―セブン・サーヴァンツ』法政大学出版局）

Britton, R.（1992）*Keeping Things in Mind : Clinical Lectures on Klein and Bion*. London : Routledge.（小此木啓吾＝監訳（一九九九）『クラインとビオンの臨床講義』岩崎学術出版社）

Grinberg, L. (ed.)（1977）*Introduction of the Work of Bion*. New York : Jason Aronson.（高橋哲郎＝訳（一九八二）『ビオン入門』岩崎学術出版社）

ハフシ・メッド（2003）ビオンへの道標．ナカニシヤ出版．

Hinshelwood, R.D.（1991）*A Dictionary of Kleinian Though*. 2nd ed. London : Free Association Books.（衣笠隆幸＝総監訳、福本修・奥寺崇・木部則雄・小川豊昭・小野泉＝監訳（二〇一四）『クライン派用語辞典』誠信書房、三一二―三二一頁）

Hinshelwood, R.D.（1994）*Clinical Klein*. London : Free Association Books.（福本修・木部則雄・平井正三＝訳（一九九九）『クリニカル・クライン』誠信書房、一三一―一四二頁）

Rosenfeld, H.（1952）Notes on the analysis of the superego conflict in an acute catatonic schizophrenic. *Int. J. Psycho-Anal* 33 ; 111-131 ; republished in M. Klein et al. (eds.)（1955）*New Directions in Psycho-Analysis*. Tavitock, pp.180-219 ; and H. Rosenfeld（1965）*Psychotic States*. Hogarth, pp.63-103.（古賀靖彦＝訳（一九九三）「急性精神病者の超自我葛藤の精神分析」、松木邦裕＝監訳『メラニー・クライン トゥデイ①』岩崎学術出版社）

Rustin, M., Rhode, M., Dubinsky, H. & Dubinsky, A.（2002）*Psychotic States in Children*. London : Karnac.

Segal, H.（1975）A psycho-analytic approach to aesthetics. *Int. J. Psycho-Anal* 33 ; 196-207 ; republished in H. Segal（1981）*The Work of Hanna Segal*. New York : Jason Aronson, pp.185-206.（松木邦裕＝訳（一九八八）「美学への精神分析的接近」、松木邦裕＝訳『クライン派の臨床――ハンナ・スィーガル論文集』岩崎学術出版社）

Symington, J. & Symington, N.（1996）*The Clinical Thinking of Wilfred Bion.* London : Routledge.（森茂起＝訳（二〇〇三）『ビオン臨床入門』金剛出版）

Winnicott, D.W.（1967）Mirror-role of mother and family in child development. In : P. Lomas（ed.）（1967）*The Predicament of the Family.* Hogarth. ; republished in D.W. Winnicott（1971）*Playing and Reality.* Tavistock, pp.111-118.（橋本雅雄＝訳（一九七九）「小児発達における母親と家族の鏡としての役割」、『遊ぶことと現実』岩崎学術出版社）

多崎つくるの心的発達

Freud, S.（1905d）Three essays on the theory of sexuality. GW 5, pp.29-145 ; SE 7, pp.123-243.（渡邉俊之＝訳（二〇〇九）「性理論のための三篇」、『フロイト全集 6』岩波書店、一六三―三一〇頁）

Meltzer, D.（1967）*The Psycho-Analysis of Prosess.* London : Heinemann.（松木邦裕＝監訳（二〇一〇）『精神分析過程』金剛出版）

Meltzer, D.（1973）*Sexual States of Mind.* Perthshire : Clunie Press.（古賀靖彦・松木邦裕＝監訳（二〇一二）『こころの性愛状態』金剛出版）

Meltzer, D., Bremner, J., Hoxter, S. Weddell, D. & Wittenberg, I.（1975）*Evplorations in autism.* Perth : Clunie.（平井正三＝監訳、賀来博光・西見奈子＝訳（二〇一四）『自閉症世界の探求――精神分析的研究より』金剛出版）

Meltzer, D. & Harris, M.（2011）*Adolescence.* London : Karnac.

Winnicott, D.W.（1965）*The Maturational Process and the Facilitating Enviroment.* London : Hogarth Press.（牛島定信＝訳（一九七七）『情緒発達の精神分析理論――自我の芽生えと母なるもの』岩崎学術出版社）

シロの精神病理

Bion, W.R.（1957）Differentiation of the psychotic from the non-psychotic personalities. *Int. J. Pscyo-Anal* 38 ; 266-275 ; republished in W.R. Bion（1967）*Second Thoughts.* pp.43-64 ; and in B. Spillius（ed.）（1988）*Melanie Klein Today : Volume 1, Mainly Theory.* pp.61-78.（中川慎一郎＝訳（二〇〇七）「精神病パーソナリティの非精神病パーソナリティからの識別」、松木邦裕＝監訳『再考 精神病の精神分析論』金剛出版、五二―七二頁／義村勝＝訳（一九九三）「精神病人格と非精神病人格の識別」、松木邦裕＝監訳『メラニー・クライン トゥデイ①』岩崎学術出版社）

Freud, S.（1920g）Beyond the pleasure principle. GW 13, pp.3-69 ; SE 18, pp.1-64.（須藤訓任＝訳（二〇〇六）「快原理の彼岸」、『フロイト著作集17』岩波書店、五三―一二五頁）

Klein, M.(1923)The role of the school in the libidinal development of the child. WMK 1, pp.59-76.(村山正治＝訳(一九八三)「子どものリビドー発達における学校の役割」、『メラニー・クライン著作集 1』誠信書房、六九―九〇頁)

Klein, M.（1927）Symposium on child analysis. WMK1, pp.139-169.(遠矢尋樹＝訳（一九八三）「児童分析に関するシンポジウム」、『メラニー・クライン著作集 1』誠信書房、一六五―二〇四頁)

Klein, M.（1929）Personification in the play of children. WMK1, pp.199-209.(安倍恒久＝訳（一九八三）「子どもの遊びにおける人格化」、『メラニー・クライン著作集 1』誠信書房、二三九―二五一頁)

Klein, M.（1930a）The importance of symbol-formation in the development the ego. WMK 1.(藤岡宏＝訳（一九八三）「自我の発達における象徴形成の重要性」、『メラニー・クライン著作集 1』誠信書房、二六五―二八一頁)

Klein, M.（1930b）The psychotherapy of the psychoses. WMK1, pp.233-235.(増井武士＝訳（一九八三）「精神病の精神療法」、『メラニー・クライン著作集 1』誠信書房、二八三―二八六頁)

Klein, M.（1932）The Psycho-Analysis of Children. WMK 2.(衣笠隆幸＝訳（一九九七）『メラニー・クライン著作集 2』誠信書房)

Klein, M.（1946）Notes on some schizoid mechanism. WMK 3, pp.1-24.(狩野力八郎・渡辺明子・相田信男＝訳（一九八五）「分裂的機制についての覚書」、『メラニー・クライン著作集 4』誠信書房、三―三二頁)

Klein, M.（1960）A note on depression in the schizophrenic. WMK 3, pp.264-267.(皆川邦直＝訳（一九九六）「分裂病者における抑うつに関する覚書」、小此木啓吾・岩崎徹也＝責任編訳『メラニー・クライン著作集 5――羨望と感謝』誠信書房、一二五―一二八頁)

Meltzer, D., Bremner, J., Hoxter, S. Weddell, D. & Wittenberg, I.（1975）*Explorations in Autism*. Perth : Clunie.(平井正三＝監訳、賀来博光・西見奈子＝訳（二〇一四）『自閉症世界の探求――精神分析的研究より』金剛出版)

Meltzer, D. & Harris, M.（2011）*Adolescence*. London : Karnac.

Rosenfeld, H.（1947）Analysis of a schizophrenic state with depersonalization. *Int. J. Psycho-Anal* 28 ; 130-139 ; republished in H. Rosenfeld（1965）*Psychotic State*. Hogarth, pp.13-33.

Rosenfeld, H.（1965）*Psychotic State*. Hogarth.

Segal, H.（1950）Some aspects of the analysis of a schizophrenic. *Int. J. Psycho-Anal* 31 ; 268-278 ; republished in H. Segal（1981）*The Work of Hanna Segal*. New York : Jason Aronson, pp.101-120.(松木邦裕＝訳（一九八八）「精神分裂病者の分析のある局面」、松木邦裕＝訳『クライン派の臨床――ハンナ・スィーガル論文集』岩崎学術出版社)

Segal, H.（1956）Depression in the schizophrenic. *Int. J. Psycho-Anal* 37 ; 339-343 ; republished in H. Segal（1981）*The Work of Hanna Segal*. New

York : Jason Aronson, pp.121-129.（松木邦裕＝訳（一九八八）「精神分裂病者での抑うつ」、松木邦裕＝訳『クライン派の臨床――ハンナ・スィーガル論文集』岩崎学術出版社／松木邦裕＝訳（一九九三）「精神分裂病者での抑うつ」、松木邦裕＝監訳『メラニー・クライン トゥデイ①』岩崎学術出版社）

Spitz, R.A.（1945）Hospitalism : An inquiry into the genesis of psychiatric conditions in early childhood. *The Psychoanalytic Study of the Child* 1 ; 53-74.

変形

Bion, W.R.（1965）*Transformations.* Heinemann.（福本修・平井正三＝訳（二〇〇二）「変形」、福本修・平井正三＝訳『精神分析の方法Ⅱ――セブン・サーヴァンツ』法政大学出版局）

Grinberg, L. (ed.)（1977）*Introduction of the Work of Bion.* New York : Jason Aronson.（高橋哲郎＝訳（一九八二）『ビオン入門』岩崎学術出版社）

ハフシ・メッド（二〇〇三）『ビオンへの道標』ナカニシヤ出版

Symington, J. & Symington, N.（1996）*The Clinical Thinking of Wilfred Bion.* London : Routledge.（森茂起＝訳（二〇〇三）『ビオン臨床入門』金剛出版）

第五章

自閉的世界と藝術

――マグリットとダーガーの世界

1　シュルレアリスムと自閉スペクトラム症の心性——マグリットとブルトン

ここでは、シュルレアリズムの代表的な画家であるルネ・マグリット、シュルレアリストの創案者であり旗手であったアンドレ・ブルトンの自動記述について考え、これが自閉スペクトラム症の心性と類似していることについて論じてみます。

シュルレアリスムは第一次世界大戦と、その後の社会状況を背景として展開しました。欧州の近代国家は科学技術の進歩と合理主義によって、戦前のベル・エポックを満喫していました。しかし、その結果は大規模な破壊と殺戮をもたらし、多くの人々は戦場の惨事に唖然とし、茫然自失のまま戦後を迎えることになりました。戦後の理性による「進歩と調和」の復旧は、お題目にすぎず、現実はどこか希薄で非現実的な「嘘っぽい」ものに映っていました。与えられた現実でなく、真の現実（超現実）に触れるためのさまざまな試みがなされました。このひとつの運動がシュルレアリスムです。〝surréal〟は「超現実」と訳されますが、それは現実を超越することではなく、むしろ過度の現実、強度の現実であるといった意味合いです。

問題意識——ごっこ遊びなのか、そうではないのか

ここでは、自閉スペクトラム症のこどもにとって世界はどう見えるのか、という疑問から始めてみます。ある

知的な発達に問題のない自閉スペクトラム症の幼児は、アニメのＴＶの主人公とまったく同じ服装をして受診し、「私は＊＊ちゃん。知ってる？」と質問しました。私は「＊＊ちゃんの真似をしているんだね」と伝え、その後、「あなたのお名前はＡちゃんで、Ａちゃんが＊＊ちゃんの服を着てるんだね」と明確化しました。するとＡは「違う！」と大声で絶叫し、「私は＊＊ちゃん！」と言いながら、皮膚を掻き毟り、頭を壁にぶつけるなどの激しい自傷行為を行ないました。私は事態の収拾のために、「あなたは＊＊ちゃんなんだね」と伝えることで、こうした行為が一旦、消失しました。これはいわゆる「ごっこ遊び」とはまったく異なるものだと実感した瞬間でした。「ごっこ遊び」には、空想として自分は何かの真似をしているのであり、そこに自分というものが存在しています。しかしＡの遊びには、こうした空想がまったくなく、そのものになっています。このように、自閉スペクトラム症のこどものなかには空想の存在する余地が乏しい世界にいる人がいます。この世界とシュルレアリズムの世界との関連を、ここで論じたいと思います。

ルネ・マグリット

その生涯

マグリットについて、おそらく知らない人はいないでしょう。あるいはその名前を知らないとしても、マグリットの絵はどこかで見たことがあるはずです。ここでは、マグリットの生涯、技法、絵画について論じて、それを精神分析的な知見から考えてみようと思います。

マグリットは一八九八年ベルギーのユノー州で生まれました。父親は紳士服商を営む事業家であり、二人の弟がいました。生活はほどほどに裕福だったようですが、一九一二年、母親レジナが近くの運河で入水自殺をしてしまいます。母の死の直後から、三人の兄弟に女中と家庭教師が雇われました。早口で何度も十字架を切る奇妙なお祈りの仕方をするマグリットの姿は家庭教師を驚かせました。一九一三年のある祭りの日、回転木馬に乗った未来の妻となるジョルジェット・ベルジャと出会い、一九二二年に偶然ブリュッセルで再会し、結婚しました。一九二五年、マグリットの絵画に深い影響を与えたキリコの「愛の歌」の複製を見て、感動しました。この頃、マグリットは壁紙工場に勤め、そしてポスターや広告デザインで生計を立てていました。一九二六年、「迷える騎手」を制作し、ベルギー・シュルレアリズムの舞台にデビューしました。しかし、一九二七年に催された初個展がまったくの失敗に終わり、パリの郊外に転居することになりました。パリでは、ブルトンらのシュルレアリズムの仲間と親交を深め、多くの作品を発表しました。しかし、ブルトンと不和になり、一九三〇年ブリュッセルに戻ることになります。その後、ブルトンと和解し、活発な制作活動を行ない、個展などで成功を収めます。第二次世界戦後、王立劇場の天井画やカジノ・クノックスの壁画「魅せられた領域」を制作しました。以後、個展を世界各国で開催し、名声を博しましたが、平凡な一市民としての日常を変えることなく、一九六七年に自宅にて死去しました。

マグリットの生涯において、大きなインパクトを与えたのは母親の入水自殺であることは間違いないでしょう。この自殺についてマグリット自身はわずかしか言及していません。平和な家庭に突然降りかかった災難であり、謎の死であるとも言われています。母親はある深夜、窓から寝間着姿のまま家を飛び出し、数週間後にマグリットは寝間着で覆われた母親の遺体を見ただけであったと言われています。この事実についてマグリットは、「急に周囲の関心の的になったことしか覚えていない」とだけ言及しています。この衝撃的な経験は、マグリットが度々描いた「恋人たち」と題された絵に表現されていると思われています。二人は白い布で覆われ、顔は一切見えません。この二人は、どんな容貌をし、どんな気持ちを抱き、どんな関係なのかもわからない、まったくの謎に覆われていました。西洋で心中は稀なこととされていますが、マグリットは母親の自殺を心中として考えていたのかもしれません。マグリットにとって母親の死は究極の謎であり、空想の余地もなく、現実こそ謎に満ちた世界であると考えたのではないでしょうか。オブジェクトをありのままにリアルに描写するマグリットの作品にも、空想の余地は乏しく、同じ印象を受けます。そうした現実への執着は、マグリット自身の日常生活にも深く影響を与えていました。ブリュッセルに定住してからのマグリットの生活は、私たちが想像する藝術家の生活とはかけ離れたものでした。マグリットはアトリエも持たず、台所で絵を描き、絵の具で床を汚すことなく仕事をしました。服装はあたかも普通の公務員や銀行員のようにきちんとし、時にはネクタイをしながら作業をしたようです。午後になると、決まって近くのカフェに行き、チェスに興じ、夕方から夜半にかけて友人たちとの会食に費やされ、そこで自分の絵のタイトルや藝術論などの話題に花を咲かせました。また、初恋の人である最愛の妻との生活は生涯にわたり続きました。こうした日常生活は、マグリットが世界で著名になってからも、変わることなく死ぬまで継続しました。

マグリットには自閉スペクトラム症を疑わせる発達歴や、重篤な精神疾患を患った記録、記載などはまったく認められません。正しく平凡な生活を送った一市民でした。ただ家政婦の記憶による、母親の死後、儀式的に十字架を切っていたという奇癖のみです。これは、母親の自殺に伴い急性の強迫神経症を患ったと思われます。この状態がどれほど続いたのかわかりませんが、マグリットの言うように「注目されて嬉しかった」ということが心的事実でなかったことだけは確かでしょう。強迫神経症の症状は、不潔恐怖、確認癖、儀式、凡帳面さ、反復的な同一行動などですが、後年のマグリットの同一的な生活パターンの維持は、強迫傾向の表現であると考えると合点が行くように思います。自閉スペクトラム症の症状のひとつは、強い強迫傾向であり、同じおもちゃにしか関心を示さないとか、同じ質問を再三再四、繰り返すといった強迫的固執です。マグリットの生活と自閉スペクトラム症の症状は程度、質ともに異なるものの、一定の枠組みのなかで生きることへの執着という点では近いものがあるように感じます。

自閉スペクトラム症の世界とマグリットの技法

メラニー・クラインは、レオ・カナーによる自閉症の報告より一〇年以上も前に、ディックと呼ばれる少年の精神分析を行ないました。クラインはこの症例から、象徴を形成することができないことが精神病理の中心であり、こどもの象徴形成の重要性について記載しました。おそらくクラインは、象徴形成に初めて言及した人だと思います。この象徴形成は現在の診断基準でも、象徴的な遊び（「ごっこ遊び」など）ができないことが重視されています。クラインの後に、ドナルド・メルツァーは、自閉症の研究から「こころ」について考察し、「心的次元論」としてそれをまとめました。それによれば、健康な「こころ」は空間性と時間性、つまり四次元性を有しています。人は「こころ」という空間のなかで自分の思いや情緒を感じ、そこには意識的、時に無意識的なものが混在しますが、それを他者に伝達します。次に他者からのメッセージを、自分のなかに受け取ることができます。ここには時間性が存在しているために、混乱することなく整理することができます。しかし、時間性が存在しなければ、コミュニケーションは円滑に行なうことができず、特に他の人からのメッセージを適切に取り入れることが困難になり、自らの無意識的な空想の排泄のみに終始してしまいます。これは精神病の世界であり、排泄された空想は被害妄想として自らに降りかかってくることになります。空間性はあるものの、時間性が存在しない三次元性の「こころ」です。さらに、空間性がなく平面の「こころ」（二次元性）であれば、そこには自分の思いや考えも感じることなく、まったくコミュニケーションが存在しません。ここでの適応は、ただ他の人の模倣をすることしかできず、他の人との区別もなく、インサイドもアウトサイドも存在しません。これは、自閉スペクトラム症の「こころ」の状態の一側面を表しています。さらにメルツァーは、まったく平面もない直線の「こころ」（一次元性）も想定しました。ここには行きつ戻りつするしかなく、ある刺激に一直線に向かうだけ、あるいは同じことを反復的に繰り返すだけの自閉症の「こころ」の状態です。つまり、自閉症の「こころ」には、時間性や空間性が存在せず、本来の「もの」の意味や象徴も自明性も存在しません。平面的で、具象的かつ意味を剝奪された世界に住まなければなりません。

さらに、フランセス・タスティンは、自閉症の空想は出生後も一貫して継続する「母子単一感」であり、これは空想というよりも感覚的なものであると語っています。この「単一感」を必死に維持するために、他者との交流を拒絶し、自閉的な世界へ引きこもることになります。完璧に自分だけの世界に引きこもれば、全世界が自分だけの感覚の世界で、そこには他者も存在せず、言語も必要ありません。タスティンは、自閉症児にとっての対象には生命も意味もなく、「もの」そのものとして存在しているにすぎないと考えました。

マグリットの主な技法は、デペイズマン（転置法）と呼ばれるものです。ものは本来ある場所や組み合わせではなく、奇妙なところに置かれていたり、サイズや本来の材質とは異なっています。また、デペイズマンとともに、デリエゾン（脱関連性）によって、本来結びつくはずのないものが並列的に描写されています。個々のものは、古典的に緻密に描写されていますが、ものの関連性や象徴を剝奪されています。オブジェクトをより現実的に描写することで、深みを感じさせない平面性も特徴的です。これは、見る側の想像力の発揮や、象徴に基づく連想の余地を断絶しています。さらにマグリットは、「私は展覧会には行きません。あまりに退屈過ぎるからです。……第一、作品なんて見る必要がありません！　無数の複製や美術書があるではありませんか。私には、複製が一枚あれば十分です！　文学と同じで、ある作家の本に興味を持つのに、その人の手稿を見る必要はないのです」と、複製を積極的に推進していたのは興味深いことです。

マグリットの代表的な多くの絵画には、前述の技法が用いられています。ここでは自閉症の精神分析的知見とも考え合わせて、二作品を検討してみることにします。

「突き通された時間」と題された作品があります。ここに描かれているマントルピースと置き時計は、正しくマグリットの自宅のものであり、現実をありのままに模写しています。この日常生活に、壁を突き破って突如、蒸気機関車が進入しています。インサイドであるはずの室内に、アウトサイドの対象である蒸気機関車が突然に走る姿は、真剣に見ると混乱を引き起こさざるをえません。マグリットの絵画には、こうしたインサイドとアウトサイドを混乱させるものが多々あります。一方、自閉スペクトラム症の人では、視覚優位であるために、しばしばビデオや昼間の出来事が映像として勝手にフラッシュバックのように湧き出たり、病的に画面を記憶してしまうことがよくあります。自閉スペクトラム症の人には、マグリットの描く作品のような現象が起きているのではないかと推測することもできるように思います。

さらにマグリットは「光の帝国」と題された作品を好んで連作として描きつづけました（カバー装画参照）。空を見上げれば、そこには青空と雲が存在し、明らかに昼間の風景です。しかし、湖畔に隣接する家屋に注目すれば、街頭に照らされた、あたかも真夜中のような風景があります。ここにどんな人が住んでいるのだろうかという想像を呼び起こすことなく、奇妙に昼と夜が対比されています。そこには、生き生きとした活動性もなく、奇妙な静寂しか存在していません。ただのオブジェにしか見えないようでもあります。ここにも本来あるべき場所に、他のものが存在しています。自閉スペクトラム症の人にとって、こうした生気のない物体のみの世界が展開されているように思います。マグリットの作品は、このように自閉スペクトラム症の人のイメージに近いものではないかと思います。

マグリットの作品は、林檎、青空、窓、山高帽の紳士、森などの反復される素材で満ちています。これは反復的固執と考えても差し支えないことです。また、深みを感じさせない表層性は、二次元的にしか描画できない自閉スペクトラム症の人の平面性の世界そのものであるように思われます。

マグリットの技法には、前述のように、①デペイズマン（転置法）、②デリエゾン（脱関連性）、③具象というの具象性について、たとえば著名な作品「イメージの裏切り」では、パイプはまさしくパイプに見えるのですが、しかしその下に「これはパイプではない」と記載されています。パイプにしか見えないもののわずかな想像（空想）も粉砕し、観る者を奈落の底に陥れます。自閉スペクトラム症の人たちは、まさしく想像力がなく、このために「ごっこ遊び」ができないことなどが特徴的です。マグリットの絵画はあまりの具象性のために生命を感じられず、こうした世界も自閉スペクトラム症の世界に相通じるように思えます。さらに、内外の区別がつかないことも特徴です。自閉スペクトラム症の人は「こころ」の空間が不充分であり、相手にぴったり貼りついたりし、外的世界との交流もなく、自分の世界のみにすべてが存在するかのような錯覚的で自他未分化で空虚な自閉を形成しています。対象は本来あるべき「こころ」に空間がないために、内部に存在することもできず、外部と内部の区別が存在できません。マグリットの代表作である室内を走る競走馬と騎手にも、インサイドとアウトサイドの区別がありません。自閉スペクトラム症の人の「こころ」には、空間性の乏しさゆえに対象が存在することがなく、これらが適切にリンクをすることもありません。また、自閉スペクトラム症の人は全体の雰囲気の把握ができずに、場違いな発言や行動をしばしばしてしまいます。マグリットの技法であるデリエゾンは、自閉スペクトラム症の人のこうした特徴を想起させます。

付記的ですが、マグリットの精神分析へのスタンスには興味深いものがあります。マグリットは自らの藝術観を『マグリットと広告』の翻訳者への書簡で、「作家の独創性とかファンタジーほど、ちっぽけなものはない。私の藝術は、それとはおおよそ無縁のところから生まれる。私の藝術は世界の思考、世界の神秘の書き取りだ。世界はごく平凡などこにでもある事物——雲、空、林檎、鳥、月、樹木等がはっきりと目に見える形で現れる。私の藝術は、これらの事象の特異的な組み合わせにより、世界の神秘が光波の如く擦過するのを受け止めるようにしつらえた装置だ」と語っています。つまり、マグリットは創造性や空想を否定し、藝術の真髄はあるがままの現実の世界に存在する神秘と思考であると断定しています。マグリットは講演会で、自らの神秘についての体験を語っています。こどもの頃、田舎の町である少女と一緒に基地で遊んでいたとき、二人は重たい鉄の扉を持ち上げ、地下の納骨堂に入り、そこを歩き回っていました。地下から上がってくると、明るい光に満ちた基地の並木道で、都会からやってきた一人の画家が枯葉の上に横たわっている墓石の美しい光景を描いていたことを自らの藝術の原点としました。闇と光、生と死という正しく対極にあるものを、彼は一瞬にして味わい、キャンバスに撤密に描き出すことに全作品は終始しています。このエピソードは母の死以前から、死というものと隣接的に生きていたマグリットを語っているのかもしれません。空想そのものの価値を否定するマグリットの藝術観は、精神分析に対しても拒絶的であったようです。当時シュルレアリストであるブルトンやダリがフロイトの信奉者であったのに対し、マグリットはまったく異なる態度に終始しました。一九三七年にロンドンで開業した南アメリカの精神分析医を訪れたとき、マグリットは彼らと婦人用ブーツの形をした二つの素足の「赤いモデル」の絵の意味について語り合いました。マグリットは、分析医たちがこの絵を去勢不安の一例とみなしたことに、「(精神分析とは)すべてのことをいかに単純にしてしまうのか」と嘆いています。さらに、「精神分析は翻訳(解釈)可能なものしか解明しない。いわゆる幻想藝術や象徴派的藝術は精神分析に対し翻訳(解釈)の機会を与えるが、多分それは妄想に類するものであろう。他方、私の藝術は精神分析に反し、解読不可能なものだ。私は、それなしに世界が存在しえない神秘を呼び起こすイメージを描こうと、ひたすら専念する。そのために、私は自分をきわめて目覚めた状態にしておく必要がある。それは私自身の感情や想念と自分とが自己同一状態になることを阻止することを意味する。夢や狂気は、それとは逆に絶対的な自己同一に近い」とも語っています。

精神分析の技法である自由連想法は、カウチに横になり、自分の過去や現在の出来事を想起し、これを語ることで、情緒的に分析家との間で体験し直すことです。マグリットは友人に宛てた手紙で、過去の出来事に対して、「私も苦い思い出はいやというほどもっています。けれども、私には、『後悔』はまったく無縁です。私には『罪悪感』

があるだけです」と記しています。後悔とまったく無縁の罪悪感とは、一体どのような感情でしょうか。後悔は過去の失策に対して別の対応をすべきであったと悩むことであって、これは言語的過程に属しています。それに対して、罪悪感はより宗教的な見地に則っているもので、論理や理論といった言語的過程を超えた情緒であるように推測されますが、正しいかどうかわかりません。マグリットの友人やサロンのメンバーには詩人が多く、言語の重要性について高い関心がありましたが、それを論理的に思考することがいかにも希薄と感じ、マグリットは精神分析への拒否を顕にしたのではないでしょうか。

こうしたマグリットの精神分析への拒否的態度は、解釈されることへの拒否です。あたかも解釈をせせら笑うかのようなその態度は、解釈に対して関心を示さない自閉症スペクトラム症の人の臨床での態度にも通じるかもしれません。マグリットは多作の画家ですが、ほとんどの作品に顕になった感情や情緒を見出すことは決してできません。

自閉スペクトラム症の言語発達と自動記述

自閉スペクトラム症児には言語の発達が遅い人もおり、これを主訴として初診することも少なくありません。自閉スペクトラム症の言語発達はその重症度と知能に関係し、生涯話すことができない人もいますが、ほとんどのこどもたちは健常児よりも遅い時期から、言語を話すようになります。しかし、これは会話として自然なものでなく、オウム返しから始まることもしばしばあります。たとえば、母親が「ジュース欲しいの？」と尋ねると、まったく同じイントネーションで「ジュース欲しいの？」と答えるなどです。こうした段階では、自閉スペクトラム症児は言語内容の理解はできずに、音のみを模倣しています。また、日本語では主語が曖昧であるために、奇異な感じも緩和されますが、英語のように主語が明確な言語ではそのまま模倣すると、さらに奇異に聞こえます。こうしたオウム返しとともに、場違いな言葉やCMの台詞を反復して話したりすることもあります。場違いな言葉は、ある体験とある言葉が偶然に結びついたもので、固執的にこれを繰り返すこともあります。CMの台詞の反復では意味も十分に理解することなく、病的な記憶力を頼りにかなりの長文まで覚えていることもあります。この段階では構音能力は十分ですが、意味は理解されずに、コミュニケーションの手段となってはいません。唯一、理解できるのは名詞類であり、特に食べ物の名前は比較的覚えることができます。ただ、「ママ」「パパ」「私」などの人物に関することの理解は著しく遅く、その単語は食べ物よりも遅れます。この段階から、遅々とした言語発達ではありますが、言語と欲求の対象（主として食べ物）が結びつくことによって会話らしきものが始まります。これからさらに、会話として二語文、三語文へとほとんどのこどもたちは発達します。しかし、こだわりも少なく、知的にも高い自閉症スペクトラム症のこどもですら、文章を構成する際の助詞などの不適切さや、イントネーションの不自然さが修正されないことが多いようです。

シュルレアリズムは、フランスの詩人アンドレ・ブルトンを中心とした藝術運動です。『シュルレアリズム宣言』でブルトンは、シュルレアリズムを「思考の実際の働きを、口頭、筆記、ないし他のあらゆる手段によって表現しようとする目論みのための純粋の心的自働運動」と定義しています。「自動記述」は、書く内容をあらかじめ用意することなく、かなりのスピードで次々にものを書きつづける実験です。ブルトンは、ゆっくりした筆記ペースから段々と速度を上げ、最後はほとんど記述不能になる筆記スピードにしました。これは、時に狂気に近い精神状態を導き、奇妙な幻覚を伴うようになってきたとも言われています。ゆっくりとした自動的なテキストは、「私」という主語をもっていることが多いのですが、動詞はだいたい過去形であり、思い出のような内容が多かったようです。この速度を上げると、主語がなくなり、動詞も現在形になっていきます。ここで、書き手としての主体がなくなり、ランボーの言うところの「誰かが私を考えてくる」状態になります。さらに行きつくところは、動詞もなくなり、過去でも現在でもなく、「もの」と「もの」、概念と概念がただ脈絡もなく併置されるだけの世界が展開されます。シュルレアリズムには、〝sur〟における「超える」「超越する」という意味と「過剰」という意味とがありますが、超現実の「超」はむしろ現実の度合いが強い「現実以上の現実」と考えられています。瀧口修造は、超現実の「超」は「超スピード」の「超」に似た意味合いであろうと指摘しています。「超現実」はまさに現実に内在しているということになります。現実は決定的なもの、自明なものではなく、もともとは謎を孕む、つかみどころのない現実空間のなかに、現実と称するものを惰性的に私たちは見ているのではないか、そうした意味合いです。しかし、この謎が見えた瞬間に、未知の驚きあるいは恐怖が引き起こされます。超現実は、空想のように現実の別世界ではなく、現実と連続した世界です。超現実では、システムや規制に左右されることなく、裸のオブジェ（客体、対象）との関係が現れてきます。シュルレアリズムは、主観的にこちらがでっちあげる幻想などではなく、客観的にオブジェクトが配列されるものになります。

　こうして考えると「自動記述」は、前述のように人称代名詞や時制のなくなった「もの」だけの世界です。一方、自閉スペクトラム症の言語発達は、人称代名詞を充分に使えず、また時制の混乱がしばしば認められます。言語発達が不充分な自閉スペクトラム症の人たちでは、単語の羅列のみとなり、これは「自動記述」での表現と極めて似ているものと思われます。

さいごに

　シュルレアリズムは自我を拡散あるいは消失させようとする試みの途上にあるもので、そこにあるのは現実そのものであり、マグリットの絵に代表される極めて具象的な世界、「自動記述」で見られる名詞だけの世界です。

私たちは人為的な操作によって、このシュルレアリズムの世界を知ることができますが、自閉スペクトラム症の人たちはこの世界に囚われた人たちではないかと思われます。瀧口修造は「超スピード」という喩えで超現実を説明しています。自動車で超スピードに至る過程では、スピードを上げていくにつれて、恐怖心や快感といった情緒体験を伴いますが、まさしくこれを超えてスピードを上げれば、視野は狭まり、こうした情緒は消失してしまいます。フロイトは下意識（subconscious mind）という概念を当初、創案しましたが、論文「無意識について」で意識・前意識・無意識と整理して、この下意識という概念は誤解を招くものとして破棄しました。この下意識は、無意識よりも大きく、精神分析の対象とはならず、情緒的な体験を伴わないもの、あるいは感覚だけの世界を含んでいるのではないかと思います。いずれにせよ、超現実の住人である自閉スペクトラム症の人たちへの精神分析療法は、従来の古典的技法のままでは困難を来たすのは当然のことです。したがって、積極的に情緒を読み取ることが大切なように思います。

2　ヘンリー・ダーガー①
――自閉スペクトラム症とパーソナリティ障害の関連と診断

　ここでは自閉スペクトラム症に関して、クライン派、対象関係論学派の見解を述べようと考えています。この題材として、ヘンリー・ダーガーというアウトサイダー・アートの画家を取り上げます。今回はこどもの素材ではありませんが、ダーガーの心的世界は自閉症の世界を鮮烈に表していると思います。

　ダーガーについて考える前に、昨今の発達障害事情に関して感じていることを記してみます。発達障害は今やトレンドですが、これは私が精神科医になった頃にパーソナリティ障害が流行っていたことに酷似しています。当時、若い精神科医たちは口々に、自分をボーダーとかシゾイドなどと称し、同僚のことも「あいつはボーダーだからさ……」と噂したりしたものでした。パーソナリティ障害の定義を、自分が自分の性格に悩む、あるいは周囲がその人の性格について悩むものだとすれば、無くて七癖というように、すべての人はそれぞれの個性を持ち合わせていて、パーソナリティ障害という概念はすべての人を包括してしまいます。パーソナリティ障害は境界が曖昧な概念であり、今も重要な疾患概念ですが、濫用されることはなくなりました。

　それに対して発達障害は、元来こどもの精神障害の概念であり、こどものときであれば、それなりの確固たる診断の基準がありました。しかし、今や虐待によって多動になっているこどももＡＤＨＤと診断されています。問題行動のあるこどもはすべて発達障害とされてしまい、軽度発達障害などという、これも曖昧な概念が流布されるようになりました。これはＭＢＤ（微細脳障害）というゴミ箱的な診断の再来のようでもあります。発達障害ではないかという主訴で受診するこどもは鰻登りですが、ほとんどに、こどもの育てにくい気質、養育困難、親の過度な不安、夫婦の不和、時に虐待といった要因が絡んでいます。そして、発達障害は養育不備の免罪符にもなっています。

こどもの問題行動を診る医師は、今やＤＳＭやＩＣＤという操作的診断基準に当てはめることを強要されているようです。操作的診断基準にはメリットとデメリットがあります。統一された診断基準がなかった二〇年ほど前、それぞれの専門家には、それぞれが考える統合失調症がありましたから、論文を書く際には診断そのものが大きな問題でした。操作的診断基準は研究、論文、疫学統計に大きく貢献しています。本書でも、ダーガーの精神医学的診断基準として活用しています。しかし、実際の臨床現場で、私たちが患者やクライアントと関わるときには、大きな支障となるように感じています。特に、こどもの発達は「神経的発達（認知機能）」「心的発達（象徴機能）」「養育環境」の相互作用によって為されるので、操作的診断基準に該当しないことも多く、そこには養育不備、虐待などの影響による問題行動は含まれていません。最新のＤＳＭ－５には虐待に関する診断基準も含まれていますが、これも線引きがとても難しいものであることは確かです。つまり、臨床場面でこどもの精神障害を操作的診断基準に従って類型化することは不可能であるということです。私たち臨床家は「ＤＳＭに別れを告げる」必要があるように思います。

さて、話題を元に戻しますが、こどもの発達障害は、他罰的文化という時代の今、操作的診断基準によって増加の一途を辿っています。発達そのものは、ある意味で個性とも考えられます。皆さんは大学進学を考えたときに理系と文系に大きく分かれたと思いますが、これも認知の個性の結果でしょう。誰しも得意不得意がありますし、たとえばＷＡＩＳを自分自身が受けてみれば、すべてが平均値ではなく大なり小なり歪んでいるはずです。発達障害とパーソナリティ障害の共通点は境界が曖昧であるということです。つまり、すべての人はパーソナリティ障害であり、発達障害です。昔であれば境界性パーソナリティ障害と診断されていた人が、今はＡＤＨＤと診断されていることもあります。大人の発達障害はさらに曖昧で、発達障害という診断は本人の責任ではないという新しい免罪符になっているようです。ここまで、「偽」発達障害に関して述べましたが、実際の発達障害のお子さんを抱える親の苦労には頭が下がる思いです。

発達障害とパーソナリティ障害という、この二つの障害には大きな関連があります。私はこどもも大人もかなりの患者数を診察しているのですが、以前から大人の患者を診察しているときに、その発達歴に注目していました。振り返ると十数年前から、たとえば統合失調症と診断されていた広汎性発達障害の大人、境界例や反社会性パーソナリティ障害と診断されていたＡＤＨＤの大人の存在などに気づいていました。当時、精神科医たちと雑談をしていたときに、統合失調症と診断されていたある患者をアスペルガー障害ではないかと語ったら失笑を買ってしまいました。アスペルガー障害はこどもの精神障害であり、統合失調症は大人の精神障害であり、これらの障害の連続性が見出されていなかった時代でした。今はこのような風潮はなくなりましたが、双方の関連に関して論じることは、治療的な観点からも重要です。

ヘンリー・ダーガーについて

さて、本題に入りましょう。ヘンリー・ダーガーという画家をご存知でしょうか。日本では、一九九三年に世田谷美術館の「パラレル・ヴィジョン展」で最初に紹介され、その後、ダーガーの大きな展覧会がワタリウム美術館、原美術館などで開催され、その後ラフォーレ美術館でも開催されたアウトサイダー・アートの第一人者です。もっとも、本人はすでに他界しており、こんなに有名になろうとは想像していなかったでしょうし、有名にもなりたくなかったに違いありません。

本節と次節では、ヘンリー・ダーガーの精神医学的診断、そしてその精神病理を精神分析的に考察することで、自閉症の精神分析的見解を紹介したいと思っています。

ダーガーの生涯と作品

ダーガーの作品は、アウトサイダー・アートに関係する書籍には必ず掲載されています。ダーガーの作品を集めたジョン・M・マグレガーによる、『ヘンリー・ダーガー――非現実の王国で』では、詳細な解説もされています。ここに記述されていることを引用しながら、ダーガーの生涯と作品を紹介することにします。

なお、マグレガーは精神障害者の藝術に関する専門家であり、精神分析の正式な訓練も受けています。また、ダーガーの生涯に関しては、ジェシカ・ユー監督の映画「非現実の王国で――ヘンリー・ダーガーの謎」が公開されています。この映画は実際にダーガーを知っている隣人たちの発言と、『非現実の王国で』のアニメーションで構成されています。隣人たちの証言は、ダーガーの人柄や実生活を知るうえで大きな参考となりました。この二つの資料をもとに、ダーガーに関してご紹介します。

①ダーガーの生涯

ダーガーは一八九二年四月一二日、シカゴで生まれました。母親はダーガーが四歳になる直前、妹の出産後に亡くなってしまい、妹は里子に出されたそうです。ダーガーは妹の消息を一切知らずに亡くなっています。その後、ダーガーは洋服の仕立屋であった足の不自由な父親に育てられました。ダーガーは知的関心が高く、小学校入学前から新聞を読むことができ、小学校一年から三年に飛び級をすることができました。しかし、八歳のときに父親が体調を崩したために、今でいうところの児童養護施設に入所することになりましたが、友だちとのコミュニケーションがうまく取れず、退所させられるという憂き目に遭っています。この当時、口や喉を鳴らして奇妙な音を立て他児から嫌われたと言われていますが、ダーガーの自伝によれば、皆が嫌がれば嫌がるほどこの音を鳴らし、しばしば喧嘩になったようです。

一二歳の頃、情緒的混乱が激しく、おそらく精神科と思われる病院に連れて行かれ、イリノイの知的障害児施設に措置されました。知的障害がないにもかかわらず入所させられたことは、かなり顕著な混乱、コミュニケーション障害が認められていたためと推測できます。ただし、これは第一次世界大戦前のことですから、自閉症の概念はありませんでした。カナーが自閉症児についての論文を発表したのは一九四三年です。現在も、自閉症児はしばしば知的障害児施設に入所していますから大きな違和感を抱きませんが、今では適切な対応と思われないことでしょう。

一五歳のとき、ダーガーは父親が亡くなったことを施設で知りました。施設での生活は厳しい規則と体罰の連続で、ダーガーは何度か施設からの脱走を試み、一六歳のときにようやく脱走に成功し、数百キロ離れたシカゴまで歩いて到着することができました。そして当時繁栄していたシカゴに戻り、病院の掃除人として働きはじめました。

一九〇九年、ダーガーは一九歳のときから『非現実の王国で』の執筆を開始し、一九七三年に八一歳で亡くなる死の半年前まで続けられました。一九一七年、二五歳のときに第一次世界大戦に徴兵されましたが、目が悪いことを大げさに演じて除隊となり、掃除人の仕事に復職します。

三三歳頃から、教会にたびたび養子の申請をしますが却下されています。ダーガーは毎日、教会に通う熱心な信者であり、最前列に座り、聖体拝領を受けていました。ダーガーはベッドで寝ることはなく、睡眠時間を削って『非現実の王国で』を執筆しつづけました。隣人の証言によれば、ダーガーはよく多彩な声で独り言を発し、それはあたかも複数の人が会話をしているように聞こえたそうです。

一九五三年から一〇年間、詳細な天候日誌を付けはじめ、自分の予想と天気予報士の予想を比較し、ノートに詳細な記録を残しています。七三歳で老齢のために退職させられるまでいくつかの職場を転々としましたが、決まって病院の清掃の仕事を淡々と続けました。その後、自伝『私の人生の歴史』を執筆しはじめます。一九七二年の暮れ、老衰のため老人施設に入所しました。

その後、アパートの家主であるネイサン・ラーナーがダーガーの部屋に入り、その作品を発見して驚嘆しました。ネイサン・ラーナーはシカゴ・バウハウスの一員である写真家で、そこで教鞭も執っていました。そのため、藝術に造詣が深く、ダーガーの作品を一目見ただけで素晴しさを理解したようでした。その作品は三百枚の挿絵と一万五千ページ以上の文章から構成されていた『非現実の王国で』です。ラーナーが作品について尋ねたときに、ダーガーは物語の存在を明かさず処分を希望したとされています。

そして一九七三年四月一三日、父親が亡くなったのと同じ施設で、八一歳の生涯を閉じました。ラーナー夫妻はダーガーの死後、二〇〇〇年まで部屋をそのままの状態で保存していました。ダーガーの部屋は現在、移設された場所で博物館とされ、物語の原文と絵画が公開されているようです。

②『非現実の王国で』について

『非現実の王国で』は、正式には『非現実の王国として知られる地における、ヴィヴィアン・ガールズの物語、子供奴隷の反乱に起因するグランデコ・アンジェリニアン戦争の嵐の物語』（The Story of the Vivian Girls, in What is Known as the Realms of the Unreal, of the Glandeco-Angelinnian War Storm, Caused by the Child Slave Rebellion）です。これはアウトサイダー・アートの代表とされる作品であり、世界一長い長編小説と言われています。物語の抜粋は『ヘンリー・ダーガー――非現実の王国で』に収録されています。ダーガーは物語をタイピングされた一五冊の冊子にし、最初の七冊に自身の手で装丁、製本を施しています。

作品は、こども奴隷制をもつ軍事国家である「グランデリニア」と、「アビエニア」と呼ばれるカソリック国家との戦争を描いた大長編小説です。アビエニアを率いる七人の美少女戦士、ヴィヴィアン・ガールズと呼ばれる姉妹が主人公です。ヴィヴィアン・ガールズについてのダーガーの記述は「彼女たちの美しさは言葉にできない。しかし彼女たちの性格と行ない、徳と魂はさらに可憐で一点の染みもなかった。言われたことはいつでも進んでやり、悪い連中から身を遠ざけ、毎日ミサと聖体拝領に出かけ小さな聖人のように暮らしている」というものです。ヴィヴィアン・ガールズは何度も敵に捕まりますが、勇気と機転で抜け出し最後には勝利します。しかし、この小説の随所に「グランデリニア」の人々によるこどもへの殺戮など残酷な場面の描写が認められます。このような描写がなされた理由のひとつは、ダーガーの生活上で起きた事件とも関連しています。

一九一二年、ダーガーは新聞に掲載されていた、殺された少女の一枚の写真を紛失してしまいます。ダーガーの日常生活は、教会に行くこと、執筆活動に勤しむことのほかに、描画の題材を求めて古新聞や雑誌類の写真や漫画を探すことでした。そのために街をうろつき、そうした類のものを必死に集めました。そのなかのお気に入りが、誘拐されて殺害された「アニー・アーロンバーグ」と名づけたこの少女の写真でした。ダーガーは写真が手元に戻るように神に祈りはじめます。しかし、数カ月経っても写真は見つからず、ダーガーは神への怒り心頭で祭壇を破壊し、グランデリニアを勝利させると宣言し、こどもの大量殺戮の描写を行ないました。そこには、首を絞められたり、吊るされたり、火炙りにされたり、内臓を引き出された少女たちが描かれています。

こうした殺戮の描写の一方、ダーガーはこども奴隷の救世主となるブレンゲンと呼ばれる異様な動物たちを創案します。今のポケモンのようなキャラクターですが、それよりも精密に描かれています。ブレンゲンたちの特徴はこどもをこよなく愛し、こどもを傷つける人を憎悪していることでした。これが戦いの永劫回帰的な展開の新たなマテリアルとなり、物語はより混沌とした様相に展開します。

この小説の顚末は二つ用意されていますが、同時に結末がないとも言えます。まず、エヴァンス将軍に率いられたアビエニア軍は、宿敵であるマンレイを追い詰めます。そしてマンレイは投降し、ヴィヴィアン皇帝の前で自らの行為を悔いたという結末でした。しかし、次のページではまったく逆の発想が記されています。それは、エヴァンス将軍は侵略したものの、マンレイに逆に攻撃され悲惨な大敗北をしたというものでした。また、小説のなかにダーガー自身がたびたび登場しますが、その役割はアビエニア軍の将軍、新聞社の特派員、時に敵の一員となることもあり一定していません。

三百枚を超える挿絵は、物語の完成後にすべてダーガーの手によって描かれています。ダーガーは絵画で世間の注目を浴びましたが、ダーガーがはじめに長編小説を書いたことを勘案すれば、世間の評価と異なり、ダーガーの言語能力は視覚能力よりも卓越していたようです。絵画の多くは物語の一場面を描いた通常の挿絵ですが、なかには物語に該当する箇所が見つからない挿絵独自のシーンもあると言われています。

美術教育を受けなかったダーガーは、挿絵を付ける際にゴミ捨て場などから拾った新聞、雑誌、広告などの切り抜きを多用しています。技法の中心は、切り抜いた写真や絵のトレースに、こどものときから得意だった塗り絵のように自分で色付けするというものでした。さらに、コラージュの技法を用いましたが、現実味を帯び過ぎたためか、これは途中で放棄しています。その後、新聞の連載漫画の『リトル・アニー・ルーシー』を幾度となくトレースしています。この連載漫画の少女こそ、まさしくヴィヴィアン・ガールズの一人になっています。この少女は修正されてヴィヴィアン・ガールズの姉妹となり、ダーガーの『非現実の王国で』の主人公になります。一九四四年からダーガーは、当時とても高価であった写真の引き伸ばしによって、トレースではできなかった人物のサイズ変更を自由にできるようになったようです。この技術によって、ダーガーは独自のコラージュ＝ドローイング技法を完成させ、あらゆるダーガーのイメージは変幻自在に表現されるようになりました。

絵画の主題はヴィヴィアン・ガールズの冒険ですが、少女たちはしばしば裸で描かれたり、嬰児殺戮などの残虐な拷問や殺戮の対象にもなっています。また少女たちに小さなペニスが描かれていることも、顕著で不可解な特徴となっています。

ダーガーの人柄

ダーガーの人柄については、ジェシカ・ユー監督の映画「非現実の王国で――ヘンリー・ダーガーの謎」の記述を引用しながら説明します。

隣人たちはダーガーについて「影の薄い、普通の貧しい老人」「ひどいひきこもりで自分の世界に生きていた。自分だけの小さな世界に生きていた」「変な人、おかしな人」「人と話すのが苦手だった」「周囲の人やものと全く関係の築けない人」「目を逸らして通り過ぎた」「他人を意識することを恐れていた」「ほっといてくれ」「天候の話しかしたことがない」「周囲のことすべてに無頓着だった」と口々に語っています。ダーガーは人と会話が成立せず、視線も合わすことができない奇妙な人で、重篤なコミュニケーション障害があったことは明らかです。また、ダーガーはよく独り言を言っていたようです。それも声帯模写のように複数の人の声で、まるで人が大勢いるのかと思うほどで、ある隣人は「ダーガーほどお客の多い人はいない」とすら語っています。時に内容が聞き取れたかと思うと、おそらく病院の掃除人として勤務中にシスターに叱られたときの再演であったために、「うっぷん晴らし」だったのかもしれないと、ある隣人は語っています。その隣人は口答えすることができない施設の生活が染みついてしまったためなのかもしれないと、同情的な見解も付け加えています。

ダーガーが毎日教会に行って聖体拝領を受けていた敬虔なクリスチャンであったという証言は一致しています。ダーガーの生活は教会のミサに行くことで規則正しく送られていたようです。

一九一七年以後、ダーガーは教会に何度も養子縁組を願い出ましたが、当然のことながら教会は却下しています。こどもに関して、ダーガーは自伝で「私は幼い頃、子ども心に幼児を憎んでいた。兄弟もなく、ただ一人の妹を里子に出された恨みだろう。私は妹の顔も名前も知らない。だが、成長するにつれ変化して、世界中の何よりも幼児が好きになっていった」と記しています。しかし、隣人はダーガーがこどもに関心があるとはまったく思えなかったと語っています。

さらに、ダーガーの現実と空想の混乱に関して、ダーガーの家主であったネイサン・ラーナー夫人であるキヨコは「時々、名乗っていたわ、〝ヘンリー・ダルガリアス〟と。ブラジル生まれと言っていたけれど、出生証明書はシカゴとなっている。虚実が入り乱れて何が本当なのかわからないわ」と語っています。また、ある日ダーガーが血相を変えて自宅を訪れたことがあり、若いイタリア人女性からレイプされたと本気で訴えていたエピソードも紹介しています。

映画における隣人の証言では、身なりや服装にも無頓着で会話が少々できたのは大家のネイサン・ラーナーだけだったようです。ダーガーには一人だけ友だちがいたようですが、いつも食事や入場料などをおごるだけで、ただ利用されていただけの関係だったようです。対等な人間関係は一切ありませんでした。ダーガーの日常は極めて恒常的であり、寝る時間も惜しんで『非現実の王国で』を執筆していた生活でした。

ダーガーの精神医学的見解

操作的診断基準のメリット、デメリットについては前述しました。私はダーガーに会ったことはなく、もちろん診察もしていませんので、あくまでも仮説ということになりますが、ダーガーを考えるうえで、ひとまず米国精神医学会によって提案されているＤＳＭに照らし合わせて考えてみましょう。

ＤＳＭ－Ⅳ－ＴＲの診断基準に照らし合わせて

ダーガーの生育歴や隣人の証言から、精神障害を患っていたことに異論はないでしょう。ダーガーの精神症状をまとめると、①幼児期からの発症、②幼児期から連続している会話を中心としたコミュニケーション困難、③周囲からの孤立癖、④知能は正常あるいはそれ以上、⑤日常生活のパターン化と強迫性、⑥声帯模写のような独り言、⑦脆弱な現実検討識、といったことが列挙されます。こうした症状はアスペルガー障害を疑わせる所見です。ジョン・Ｍ・マグレガーはこの点に関して、詳細な理由には触れていませんが、アスペルガー障害であろうという意見を述べています。

ＤＳＭ－Ⅳ－ＴＲのアスペルガー障害の診断基準では、社会相互作用の質的障害、制限された反復的で常同的な行動、興味および活動のパターンに問題があるものとなっています。具体的には、次のようになります。

診断基準Ａでは、以下の四つのうち少なくとも二つにより示される社会的相互作用の質的障害とされ、①視線を合わせること、表情、体の姿勢やジェスチャーなどの多くの非言語的行動を、社会的相互作用を統制するために使用することの著しい障害、②発達水準相応の友達関係を作れない、③喜びや興味または達成したことを他人と分かち合うことを自発的に求めることがない（例えば、関心あるものを見せたり、持ってきたり、示したりすることがない）、④社会的または情緒的な相互性の欠如、です。ダーガーの人生、人柄はまさしくこの診断基準をすべて満たしています。

診断基準Ｂは、以下の少なくとも一つで示されるような、制限された反復的で常同的な行動、興味および活動のパターンとされます。つまり、①一つ以上の常同的で制限された、強度または対象において異常な興味のパターンへのとらわれ、②特定の機能的でない日課や儀式への明らかに柔軟性のない執着、③常同的で反復的な習癖（例えば、手や指をひらひらさせたりねじったり、または体全体の複雑な運動）、④物の一部への持続的なとらわれ、です。ダーガーの『非現実の王国で』は、たまたま藝術作品として世間の脚光を浴びていますが、本作品はダーガーの執拗な空想世界の表現へのこだわりであり、こどもの残虐な場面など異常な興味のパターンへのとらわれもあり、診断基準Bも間違いなく満たしています。こうした見解から、ダーガーは現代であればアスペルガー障害と診断されるでしょう。

統合失調型パーソナリティ障害の可能性

臨床場面でも、生育歴がはっきりわからず、こうした状態で受診する大人の患者がいます。この現状だけで判断すれば、統合失調型パーソナリティ障害（Schizotypal Personality Disorder）に該当するでしょう。この特徴は、現実のことよりも非現実的な話題を好み、奇異な思考や行動が生活を支配しています。周囲からはとても風変わりに見えることがあり、親密な関係を築くことはできず、対人関係を苦手としています。まさに、ダーガーそのものを言い表しているような記述です。DSM－Ⅳ－TRの診断基準では、以下のうち五つ以上を認めることで診断されます。①関係念慮（関係妄想を除く）――これはレイプのエピソードでも認められますが、緘黙なダーガーには関係念慮がほかにもあったことが推測されるでしょう。②行動に影響し、下位文化規範に合わない奇異な信念、または魔術的思考（迷信や超常現象を信じるなど）――宗教は奇異な信念ではありませんが、神に祈れば写真が戻ってくるなど、数々の魔術的思考が認められます。③身体的錯覚を含む、普通ではない知覚体験――これについては不明です。④奇異な考え方と話し方――これは隣人の証言から明らかです。⑤疑い深さ、または妄想様観念――『非現実の王国で』そのものが、ダーガーの妄想様観念とも考えられますが、この点は議論があるかもしれません。しかし、⑥不適切または限定された感情、⑦特異な外見や行動、⑧家族以外に信頼できる人間や親しい友人がいない、⑨慣れによって軽減せず、時に妄想的恐怖を伴う過度な社会不安、という四項目に関しては異論なく当てはまります。

このように、ダーガーの精神医学的診断は、アスペルガー障害とも、統合失調型パーソナリティ障害とも言えます。これはダーガーが、発達障害が展開された結果としてのパーソナリティ障害であったということを実証しています。

成人のアスペルガー障害の診断

アスペルガー障害は従来、英米圏で知られている障害ではありませんでした。一九八〇年代に、ロナ・ウィングを中心に英国で大規模な疫学検査が為され、典型的な症状をすべて満たさない「非定型自閉症」の存在がクローズアップされました。その結果、当時英米圏では顧みられなかったウィーン大学のハンス・アスペルガーの論文が注目されるようになりました。アスペルガーは一九四四年に、カナーの論文とまったく関係なく「自閉的精神病質」を発表していました。アスペルガーの症例は知的障害が目立たず、対人コミュニケーションの障害が著しいもので、アスペルガーはこれが社会的孤立を招いている基本的障害であると判断しました。ウィングたちはアスペルガーの症例をカナーの「自閉症」と健常児の中間に位置づけ、自閉性障害は連続するスペクトラムとして存在するものとみなして、「自閉スペクトラム」という自閉症の概念の広範化に成功しました。このウィングの提案は全世界的に受け入れられるものとなりましたが、一般精神科臨床での過剰診断という弊害も巻き起こしています。

自閉スペクトラム概念の創案によって、成人のアスペルガー障害にも関心が注がれるようになりました。アスペルガーは自閉傾向が、藝術や科学の分野では稀ながら成功の重要な要素になると論じ、光明を与えていました。そのため、アスペルガー障害の才能、創造性についての論文や著書が発表されるようになりました。そのなかで代表的な著書は、イアン・ジェイムズの『アスペルガーの偉人たち』（Asperger's Syndrome and High Achievement : Some Very Remarkable People）です。ジェイムズは自らもアスペルガー障害という診断を受けている数学者であり、その著書のなかで二〇名のアスペルガー障害と思われる偉人を抽出し論議を行ない、成人のアスペルガー障害の診断基準として、①社会的能力の欠如、②狭い範囲の関心への専心、③反復的な日常生活、④話し言葉と言語の奇妙さ、⑤非言語的コミュニケーションに関する問題、⑥運動の不器用さ、を提案しています。ジェイムズは、これを厳密な意味でアスペルガー障害かどうかを診断する基準ではないと注釈していますが、十分に参考となるものです。

ダーガーに関する今までの記述を考慮すると、ダーガーはジェイムズの診断基準をすべて満たしています。また、これまで記述してきたことを検証してみると、ダーガーが臨床的には狭義のアスペルガー障害であった可能性が高いと考えられます。

さいごに

ここでは精神分析的考察というよりヘンリー・ダーガー論のイントロダクションとして、発達障害、パーソナリティ障害に関して論じ、ダーガーの精神医学的診断を記しました。いささか矛盾する見解ですが、臨床ということを度外視して一人の人に関して議論する際には操作的診断基準は大きなメリットがありますが、実際の臨床場面では診断から患者やクライアントをみることになるため、それは明らかなバイアスとなり、大きなデメリットになることを肝に銘じてほしいと思います。

※――本節は「自閉症のシュルレアリズム」『白百合女子大学研究紀要』三七（一四一―一五九頁）を加筆修正したものである。

3　ヘンリー・ダーガー②——アスペルガー障害、トラウマ、その心的世界

ここではヘンリー・ダーガーだけでなく、現在、注目されている自閉スペクトラム症の心的世界に注目してみます。精神医学的な診断では、ダーガーはアスペルガー障害、統合失調型パーソナリティ障害であることを前節で論じましたが、その心的世界を精神分析的に考察してみましょう。最後に、クライン派の自閉症の精神分析療法を紹介して、本章の幕を閉じたいと思います。

精神分析から見た自閉症児の心的世界

精神医学的診断は精神障害をカテゴリー化するに過ぎないものですから、個々の心的世界について言及してはいません。操作的診断基準であるＤＳＭ－５などは症状の有無に関してのみに焦点が当てられ、その症状形成の背後にある力動的視点を、一切加味していません。ダーガーの心的世界を考察するにあたり、精神分析的観点から論じることの意味はここにあり、画一的でない個別の世界を一層明らかにすることができます。また本節では、ダーガーの藝術性に関しても論じたいと考えています。

投影同一化か母子一体化か

英国の精神分析家であるフランセス・タスティンは、アスペルガー障害を含む自閉症の精神分析に生涯を捧げました。タスティンは精神分析という臨床実践に基盤を置いた経験から、自閉症児が母親からの出産、分離の感覚をトラウマとして感じ、必死に母子一体化の世界に執着するものと考えました。そのために、自己と他者の区別という「こころ」の基本的機能は存在せず、自己の世界が全世界であると感じていると論じました。つまり、自他の存在があって初めて成立する投影同一化は機能することなく、タスティンは「附着合体」という用語を使用しました。

クライン派においてクラインの死後、早期母子関係に関する見解に関して、主に成人患者を診察していた分析家と、ビックやメルツァーという主にこどもに関わっていた分析家との間で議論が起こりました。それは、早期母子関係の段階から、クラインの語るような母子分離が成されており、活発に投影同一化、摂取同一化が作動するのか、それともウィニコットの語るような錯覚といった子宮のなかにいたときの名残り、母子一体化の世界が存在するかどうかという問題でした。最も重篤な成人患者は統合失調症ですが、その主な症状は被害関係妄想であり、そこには自他の分化が成されていますから、クラインの早期母子関係が説明できるものです。一方、主にこどもの精神分析に関わっていた分析家にとって、たとえばカナー型の自閉症を疾患概念として認めていなかったにしても、そうした自閉症児も精神分析の対象となりました。メルツァーの『自閉症世界の探究』に詳しく記載されていますが、投影同一化すら起きることのない心的状態ですから、母子分離も成されていません。つまり、クラインの考えた早期母子関係だけでは説明ができずに、母子一体化の想定が必要となりました。

こうした意味で、重篤な自閉症児はこの世界に完全に呑み込まれている胎児状態が続き、他者との分離感がないことから、コミュニケーションの必要はありません。もちろん、他者の存在がなければ、言語の発達も必要ではありません。また、言語や知的機能が発達した自閉症児・者にもこうした心性は残存し、自分の意思を表現することはできるものの、他者の意思や気持ちを理解することができず、共感性が築かれない結果となります。さらに、分離感の確立できていない自閉症児は、個としての存在感覚が完全に失われている結果、同一性の母体が消失し、無と無意味の状態に落ちていく逃れようもない不安を感じます。存在できないということの根本的な体験の不安は、ブラックホール、底なし地獄、空虚として表現されます。

自閉症児の心的発達

こうした心性を基盤とした自閉症児の心的発達では、乳幼児期からの母親を含めた対人関係コミュニケーションが乏しいために、攻撃性は十分に洗練される機会がありません。クラインは心的発達に関して、フロイトの心的二元論に従って論考を展開しました。生後間もない乳児は、死の本能の派生物である攻撃性を母親に投影し、母親はそれを包容することによって乳児に取り入れ可能な攻撃性の質的な緩和を行ない、そこで母子関係の基盤が形成されるとしました。例えば、乳児は授乳という生理現象を介した関係で吸う力、噛む力などの強弱の程度を母親の反応から知り調整します。こうした相互関係は、乳児は自らの攻撃性を知り、攻撃性を洗練化することを学ぶ機会になります。しかし、成人になっても乳幼児的な攻撃性が残存するということが、時に自閉症者に認められることがあります。乳児期の攻撃性が成人の身体能力で表現されると、それは猟奇的な事件として現実化することすらありえます。また、同一性の基盤のなさは、自我同一性だけでなく、性に関する発達にも影響を与えます。

フロイトは幼児期の健康な発達において、こどもはさまざまな性倒錯傾向を有し、多型倒錯的であることを論じました。性欲は成長するに従って幼児性欲から異性愛に向かい、性器が性欲の中心である性器期という最終段階に発達するとしました。しかし、自閉症者には、時に幼児性欲の特質である多型倒錯的要素が発達することなく、そのまま残存することがあるようです。多型倒錯的要素が残存すれば、正常でない性的行為に性的満足感を感じることとなり、性的倒錯（DSM－5では性的倒錯という用語ではなく「パラフィリア」（Paraphilia）が採用されています）の展開に関連すると考えられます。それは性同一性障害、フェティシズム、小児愛、露出症などの性的倒錯の症状を意味しています。

つまり、自閉症児・者にとってのコミュニケーション障害とは、乳幼児期の情緒的相互関係を享受することができず、そのため時に攻撃性や幼児性欲の発達化が為されず、すべての同一性の確立が阻害され、乳幼児的心性をもちながら成長しなければならないことを意味しています。アスペルガー障害では、知的発達はおおむね正常であり、時に秀でている場合もあるものの、心的世界のみが乳幼児心性に留まることになります。当然のことながら、こころに生じる欲求不満やストレスへの耐性は乏しく、発達過程で身に付けられていくはずの抑圧などの防衛機制が作動していないために、些細な不安にも耐えることができない場合もあります。こうしたこころの発達不全、あるいは発達停止した心性を、「自閉症心性」として提案し、議論を展開してみます。ただし、留意しなければならないのは、自閉症児・者の心的世界も画一的なものでなく、パーソナリティの基盤となる気質、養育環境などの影響を受け、それぞれの心的世界の発達は大きく異なるということです。

なお、メルツァーは、自閉症児の精神分析研究から「ポスト自閉症心性」（post-autistic mentality）について論じています。そこで、メルツァーは固執性と心的次元論による自閉症のこころの発達の歪みとしての心的後遺症に関して記しています。それに対して、私の「自閉症心性」は、攻撃性、幼児性欲の発達不全あるいは停止という観点から論じるものです。

『非現実の王国で』と「自閉症心性」

次に、ダーガーの『非現実の王国で』の作品の特徴である、①技法、②物語の内容と展開、③ヴィヴィアン・ガールズの描写、④嬰児殺戮の描写に焦点を当てて、「自閉症心性」との関連を考察します。

技法

ダーガーの絵画の技法は、マグレガーの著作に記載されていますが、幾多の変遷の結果、コラージュ＝ドローイング技法によって完成しました。コラージュ＝ドローイングによって、ダーガーの技法は格段の進歩を遂げましたが、基本的には自分のお気に入りの新聞の切り抜きからトレースを行ない、時にはそれを拡大して、他の好みの素材を貼り付けることによって自分のイメージを描写することでした。この技法の特徴は、自分でイメージを実際に描くことなく、すべてを他者のものからの借用したことです。つまり、模倣に過ぎず、これだけを取り上げれば、真の創造性を見出すことはできません。

メルツァーは、自閉症児・者がしばしば他者の模倣という手段を用いることについて、附着同一化という概念を提案しました。多くの自閉症児・者は想像力が乏しく、心的表象としてのイメージを抱きにくく、想像的な絵を描いたり、自分のイメージを表出することが苦手であることはよく知られています。こうしたこどもたちが、絵本やカードの模写に終始するという場面に遭遇することもよくあります。ダーガーが、なぜ絵画を描こうと決心したのかは知る由もありませんが、新聞に載っている少女の漫画や挿絵がダーガーのこころを打ったことは確実なようです。ダーガーが収集した膨大な古新聞、雑誌などの大半は、こうした少女たちのものでした。これを自分自身のものにするために、必死に創意工夫した技法の結果がダーガーの絵画だったのでしょう。ダーガーの絵画には自らの筆による創造性は見当たりませんが、能力的に限られた想像性で自らのイメージを創造的に表現したいという必死さが表出されており、それが私たちのこころに大きな衝撃を与えるのかもしれません。

物語の内容と展開

『非現実の王国で』のストーリーは、こども奴隷制をもつ軍事国家である「グランデリニア」と、「アビエニア」と呼ばれるカソリック国家との戦争であり、その顚末は確定されていません。このストーリーは、ダーガーが幼児期から執拗な関心をもった南北戦争に基づいています。さらに、イリノイの養護施設を脱走した翌年から書きはじめていること、登場人物にダーガーが強制的に収容された養護施設の職員やこどもの名前が頻出していることから、ダーガーは自分自身のトラウマの整理のためにこの物語を書きはじめたと推測されます。しかし、その小説の内容は、「グランデリニア」と「アビエニア」の戦争の反復に過ぎず、物語としての起承転結の道筋を見出すことが困難です。これは、ダーガーのトラウマを反復強迫的に再現したものの、未だに癒されず、時を経た思い出になっていなかったことを示唆しています。

「自閉症心性」のひとつの特徴は、不安の処理機能の欠落あるいは脆弱性であり、抑圧だけでなく投影同一化や否認などの原始的防衛すら作動しないことです。そこにあるのは、ただトラウマ体験の視覚的な反復強迫に過ぎません。ダーガーがどれだけ恨み辛みを語って描いても尽きることがなく、その物語は世界最長の小説と言われるほどの長編になってしまったようです。また、結末が二通りあることも、ダーガーがトラウマの経験を整理するまでに至っていなかったことを示唆しています。

自閉症やアスペルガー障害の青年との臨床的な関わりのなかで、「いじめ」や「虐待」がそうした青年の現在の不適応行動に関与していることがしばしば認められます。ある中年の自閉症者は二〇年以上前に遭遇した暴力事件に怯え、それが未だに社会適応できない原因のひとつとなっています。

ヴィヴィアン・ガールズの描写

ヴィヴィアン・ガールズのペニスについては、多くの人が関心を寄せています。ジュシカ・ユー監督の映画「非現実の王国で——ヘンリー・ダーガーの謎」では、このペニスに関して質問が為され、出演者が冗談交じりにそれぞれの意見を述べています。なぜダーガーはヴィヴィアン・ガールズにペニスを描いたのかというのは、重要な問題です。「自閉症心性」での同一性の問題は、青年期の同一性拡散などと異なり、存在そのものの問題であり、すべての同一性に関係します。幼児は生物学的な性器の差異にかなり早期から気づき、身体感覚も早期から発達するとされています。しかし、自閉症児は身体感覚の発達も遅れ、自分の身体という感覚が乏しいものです。母親と一体化しているという無意識的空想に耽ることが、身体感覚の乏しさに影響を与えているようです。ダーガーが、生物学的な男女の差異に関して現実的に知っていたのかどうかはわかりませんが、施設での集団生活からその差異を知っていたと考えることが妥当ではないでしょうか。最愛のヴィヴィアン・ガールズは、ダーガーにとって母子一体化の空想の表現として母親を表象したものとみなすことを提案したいと思います。本論を書く際に調べた限りでは、ダーガーの母親への情緒的な記述はありません。これは母親を意識していないわけでなく、逆に一体化しているからこそ言及する対象とはならないのでしょう。ヴィヴィアン・ガールズのペニスは、ダーガーと母親の母子一体化の証であり、ダーガー自身の性同一性の混乱の証ともなっていると推測することができます。

さらに、より詳細に精神分析的見地からダーガーの心的世界を考察すれば、ディディエ・アウゼルなどの精神分析家は、乳首-乳房は一体化したバイセクシャルな対象であり、乳首は硬い男性的構成物、乳房は柔らかい女性的構成物を表象していて、この分離と統合の関係についての理解の困難が、自閉症の性の混乱の基盤であると考えています。こうした「自閉症心性」の本質的な問題から勘案すれば、混乱した乳房－乳首の表象として、ヴィヴィアン・ガールズのペニスが描かれているという仮説も成り立つかもしれません。実際に、自閉症者が健常な異性関係を築くことは困難であることが多く、カナーが報告した一三の症例もすべて独身のまま生涯を閉じました。一部のアスペルガー障害や高機能自閉症者は健常な異性愛を形成することも可能ですが、同性愛の報告も多数認められています。

アスペルガー障害の天才として著名なルートヴィヒ・ヴィトゲンシュタインの同性愛傾向に基づく行動に関しては、明らかな証言などがあります。ダーガーにはヴィトゲンシュタインほどの社会性がなく、対人関係はまったくなかったことを考えれば、ダーガーは成人としての異性への性的関心がなく、さらには性差を認識することすら実感していなかったと考えることもできるでしょう。

嬰児殺戮の描写

嬰児殺戮のモデルの由来は、ヘロデ大王がイエスの誕生を恐れ、ベツレヘムの二歳以下の男児をすべて殺したという聖書の記載ではないかと連想されます。ダーガーの多数の嬰児殺戮の場面、内臓の正確な描写と残忍性、そして残酷な処刑風景など、描写されたものは常識の域を超えています。ダーガーは嬰児殺戮の絵画を描くことに没頭していたのでしょうが、そこには性的興奮や快感すら垣間見ることができるように感じられます。さらに仮説を展開すれば、ダーガーはこうした物語を記述し、絵画を作成しながら、性的興奮を感じ、自然な生理現象としての排泄がなされたのではないでしょうか。その一方で、ダーガーが、教会に再三、養子縁組を申し入れていたことを考えると、事態はさらなる混乱の坩堝と化してしまいます。ダーガーのこどもへの思いは、一方では残忍な攻撃性の発露として存在し、他方では限りなく愛おしい存在として布置されていたのではないでしょうか。この両価的な態度は、小児愛とされる異常性愛に見出される精神病理です。

ダーガーの生育歴にも見られますが、自閉症児、特にアスペルガー障害児は大人とはそれなりのコミュニケーションが可能ですが、同世代のこどもと遊ぶことが苦手です。アスペルガー障害児にとって、同世代のこどもは自分の領域に土足で踏み込む危険な存在として認識され、迫害的な対象となります。ダーガーのこどもへの敵意の源泉は、自らが受けたいじめなどのトラウマを処理できないという心的機能の障害ですが、それに対する怒りの表現は、幼児期から洗練されることのない生々しい攻撃性に由来していると思われます。

他方では、こどもへの恋慕について、ダーガー自身は名前も顔も知らない妹に関係していると語っています。ダーガーの母親は妹の出産とともに亡くなっていますが、自他未分化な「自閉症心性」においては、ダーガーの妹への言及は妹＝母親＝自分という自己愛的な構図のなかにその原点を見出すことができるかもしれません。ダーガーの養子縁組の希望は、妹という喪失した対象を養子という代理者に置き換えることによって、妹の具体的な復活を目指す行動とみなすことができるでしょう。ダーガーのこどもへの愛憎一体化した偏愛的傾向は著明であり、小児愛に認められるこうした心性は、ダーガーが健康な母子関係による愛情を味わうことなく、愛憎という感情が洗練されていないと判断できるでしょう。

以上、ダーガーの性的倒錯に関して論じましたが、これはダーガーの空想の所産であり、現実に行なわれたものではありません。藝術は現実そのものではなく、現実をデフォルメしたり、空想を表現するものです。ダーガーの心性から考えれば、しばしば空想と現実を混在するときもあったでしょうが、ダーガーは瀬戸際でその一線を越えることなく、自らの空想を表現しました。そこには、藝術家としての瀬戸際の苦悩が表現されているようにも感じます。

アスペルガー障害の藝術的創造性

アスペルガー、フロイト、クライン派

アスペルガー障害の提唱者であるハンス・アスペルガーは、高度な知的機能のある人は予後が良好であり、自閉傾向は藝術や科学の分野で成功を収める重要な要素になると考えました。つまり、強靭な忍耐力、完璧主義、抽象的思考能力があり、他者や社会からの評価に対して無関心であるために、アスペルガー障害の人々は自らの世界を展開できるものとしています。アスペルガーの見解を阻嚼すれば、知的に高度なアスペルガー障害の人は、対人関係や社会での評価を気にすることなく、自らの関心に専心できる能力を備えているということになります。ここで問題となるのは、その関心とは主にどのような関心かということです。アスペルガー障害の天才と評されている人々は、主に科学、藝術領域で活躍しており、物理学者、哲学者、音楽家といった領域にも多いようです。このことが意味しているのは、対人関係に無関心であるアスペルガー障害の天才は、対人関係上の雑事を超えて、絶対者あるいは真理という領域に一気に足を踏み入れることができるのではないかということです。たとえば、ダーガーは気候や気象異常に並々ならない関心を抱き、何年にも及び詳細な天候記録を記しています。これは自然という絶対者に対するダーガーの関心です。

アスペルガーは、藝術や科学に適したアスペルガー障害の大枠の性格について語っていますが、詳細な精神病理に関して考察しているわけではありません。フロイトは藝術に関して、作家は性的エネルギーを藝術作品のなかで非性愛化して、そこに普遍性が見出されたときに藝術作品としての評価を得ると記しています。さらに、こうした性的エネルギーの普遍的な藝術作品への転化を昇華として論じました。クライン派は、乳幼児と乳房の関

係によって、こどものこころの発達を論じています。乳児は生後間もなく、授乳する乳房と授乳しない乳房というスプリットした二つの乳房が存在していると想像していますが（妄想分裂ポジション）、これがひとつの乳房であることに気づくこと（抑うつポジション）が、重要なこころの発達であると考えました。この抑うつポジションで、乳幼児は自らの攻撃性で破壊した乳房への罪悪感、修復という空想世界の願望が創造性に関係すると考えました。

ダーガーの場合、アスペルガー障害という精神医学的診断、そして心的世界の考察から、個人的な性的エネルギーはこどもに向かい、成人のように異性愛からの脱性愛化および昇華といった段階はなく、トラウマの泥沼に呪縛されている心的世界に留まり、抑うつポジションでの修復というほどの心的発達を為していないのは明らかです。

ヘンリー・ダーガーの藝術性

では、ダーガーの藝術性はどのようなものだったのでしょうか。ダーガーの日常生活から勘案するに、ダーガーの最大の関心は「神」の存在だったに違いありません。敬虔なクリスチャンであるダーガーは、人間関係を考慮する必要のない神との交流によってのみ生きつづけることができました。しかし、時にダーガーはその神の存在について自問自答し、写真がなくなったときには、異教徒の如く神への冒瀆行為にも及びました。ダーガーの作品は、神が絶対者であり真実であるというキリスト教の命題への自問自答、さらにその存在の有無を問う信仰に関する葛藤に由来すると考えることもできるでしょう。ダーガーの物語は神と悪魔の戦いであり、神が勝つのか悪魔が勝つのか、その顚末は流動的です。これは、真の信仰に悩む迷える仔羊の姿とも言えるかもしれません。

ビオンは真実に関して、真実は「考える人のない思考」であり、未だ考えられていない真の思考や観念であるとしました。ダーガーをはじめとして、アスペルガー障害者には、「自閉症心性」として記述したように自我同一性に問題があります。つまり、自分という自分は存在せず、個人が確立されていません。ビオンの真意と異なりますが、アスペルガー障害者の真実の探求はまさしく「考える人のない思考」であり、自己の存在そのものにも確信のないアスペルガー障害者に適したことなのかもしれません。

藝術に関して、メルツァーは誕生直後の新生児が母親の乳房の絶対性に魅惑されると記しています。このとき、乳房は審美的対象としても新生児を魅惑しますが、母親のわずかな表情の陰りにより、その乳房から滑り降ちる瞬間に藝術の起源があると記述しています。「自閉症心性」のトラウマは母親からの分離に関するものであり、それはメルツァーが記述している滑り落ちる瞬間の体験のようです。そして、自閉症児・者は、この瞬間を反復的に往来しているものと考えられます。ダーガーは絶対者としての乳房である神の存在を信じ、そして不信感に苛まれる往来の瞬間を表現していると考えることができます。こうした観点から、ダーガーの藝術は絶対者の存在について熱考を重ねた哲学的思考の産物であったと結論できるかもしれません。

一般的に、アスペルガー障害児・者は常に変化する人間関係に関心がなく、不変かつ一定な「もの」との関係に関心を示します。自閉症児のなかには、電車のおもちゃや路線図への飽くなき固執と驚異の記憶力を示す場合がありますが、硬い電車のおもちゃはある意味で、安定感に満ちたものであり、こうしたこどもたちに安心を与えているようです。このような固執的な関心が、ダーガーのように神だけでなく、物理、哲学、藝術などにおいて真理に向かうとすれば、その執拗な執着心と飽くなき努力によって、ビオンの「考える人のない思考」となり、真理の探究者として最適な人となることができると思われます。

自閉症のクライン派精神分析心理療法について

ダーガーについての論考のなかで、自閉症の精神分析療法に関して論じることができませんでしたので、最後になりましたが、簡単にご紹介します。

自閉症の精神分析療法を初めて行なったのは、クラインであるとされています。クラインはディックという四歳の男児の精神分析を行ない、これは「自我の発達における象徴形成の重要性」（一九三〇）という論文にまとめられています。カナーが自閉症の概念を発表したのは一九四三年ですから、それを遡ること一〇年以上前のことです。当時、自閉症という概念はなく、クラインは早発性痴呆（現在の統合失調症）という診断をしています。しかし、タスティンも含め多くの専門家は、その病歴と予後からディックを自閉症であるとみなしています。クラインの伝記作者のグロスカスは、五〇歳代のディックに会ってインタヴューをしています。ディックはよくしゃべり、人懐っこいこどもらしさが残る中年になっていたようです。ディックはオーケストラによる音楽、楽器に関して詳細な知識を有していたようでした。興味深いのは、ディックの記憶にあるクラインとの治療は、クラインの家の待合室でクラインのこどもと犬と楽しく遊んだこと、クラインが「人生はそう悪いことばかりではない」と慰めてくれたことなどでした。中年になったディックの人柄は、自閉症という診断とかけ離れていると思われる人もいるかもしれませんが、カナー型の重篤な自閉症でない限り、自閉症児はコミュニケーション能力を発達させることができます。ある一部の自閉症のこどもや大人はとても人付き合いが好きですし、情緒交流はたやすく成立しますが、とても幼い印象を受けます。

さて、クラインの論文に戻りますが、クラインはディックの攻撃性が母親のなかに留まりつづけ、象徴形成が行なわれないという結論に達しました。象徴形成は空想の基盤となり、一つのものに多義的な意味を見出すことのできる能力ですが、ディックにはこの能力が欠如しており、言語発達も十分でなく、プレイをすることもできませんでした。クラインは従来のプレイテクニックと異なり、プレイを誘導し、ディックが具体的にプレイで表現することができなかったために、一般的な知見から漠然とした表象の解釈を試みました。クラインはこの変更をいかにも言い訳がましく語っています。

このことはビック、メルツァーに引き継がれ、タスティンはクライン派の精神分析技法を基本として、自閉症の精神分析技法を確立しました。タスティンの精神分析技法は、以下の通りです。

(一) 治療構造として、特に空間と時間の境界を明確に設定した。これは自閉症児の混乱した心的世界の治療室外に持ち出さないための方法である。①ルールとして、こどもに上着をかけさせ、終了時にはおもちゃを片付けさせる。②作法として、歓迎とお別れの挨拶をきちんとする。③自分のおもちゃをこどもがセッションに持ち込むことを禁止する。

(二) こどものこころに存在する治療者に生命を与えることである。これについて、アルヴァレツは〝Live Company〟(生きている仲間)として、治療者の生き生きとした態度を重視した。具体的には、①治療者は能動的でなければならない。②治療者は行動や言葉で支配されたり、家具のように扱われてはならない。

(三) こどもの身体的な行動によるコミュニケーションが、言語的な解釈に優先する。これは大半の自閉症児は言語理解の問題もあり、対象となってる自閉症児の言語能力を吟味する必要がある。①自他の分離という根本的な自我同一性の混乱が中心であり、葛藤への耐性は著しく低く、葛藤は行動化され、心的な体験が起こらなくなる。②意識と無意識が分化していないときの解釈は、時に有害なものとなる。

(四) 最初の喪失の外傷体験の感覚を再体験させ、これを理解し克服することである。タスティンは授乳時に乳首を離した瞬間の自分の口の喪失を重視した。ほかには出生時の母親との分離などのテーマもあり、喪失体験を再体験し、それをワークスルーすることに意味があるとした。①治療者との同一化によって、欠損した感覚も含めて改善可能な感覚もある。②統合の体験には常に混乱が伴い、患児によっては情緒的体験での限界もある。③お互いに受け入れ可能な自他の境界を見出す。

こうしたタスティンの技法は、現代の英国で行なわれている自閉症児の精神分析療法の基本技法となっています。自閉症児との精神分析療法は時に退屈で、遅々として大きな進展を見出せないこともありますが、私たち臨床家が「こころの起源」を考える絶好の機会となることだけは確実です。

さいごに

クラインは実際のこどもとの臨床実践を基盤にして、その理論を形成しました。そうした意味で、それだけ臨床的な真実に近いものかもしれません。本章の記述が、いかなる臨床学派、臨床スタンスであろうとも、「こどものこころの情景」について考える機会を提供できたとしたら幸いです。

❖文献

自閉症の心的世界

Alvarez, A. & Reid, S.（eds.）（1999a）*Autism and Personality Finding from the Tavistock Autism Workshop*.（倉光修＝監訳、鵜飼奈津子・慶揮愛子・若佐美奈子＝訳（二〇〇六）『自閉症とパーソナリティ』創元社）

Bick, E.（1968）The experience of the skin in early object relations. *Int. J. Psycho-Anal* 49；484-486；republished in M. Harris & E. Bick（1987）*The Collected Papers of Martha Harris and Esther Bick*. Perth：Clunie, pp.114-118.（古賀靖彦＝訳（一九九三）「早期対象関係における皮膚の体験」、松木邦裕＝監訳『メラニー・クライン トゥデイ②』岩崎学術出版社、一九九三）

Bick, E.（1986）Further considerations of the function of the skin in early object relations. *Br. J. Psychother* 2；292-299.

Fitzgrerald, M.（2005）*The Genesis of Artistic Creativity：Asperger's Syndrome and the Arts*. Jessica Kingsley Pub.（石坂好樹＝訳（二〇〇八）『アスペルガー症候群の天才たち――自閉症と創造性』星和書店）

福本修（一九九六）「フランセス・タスティン――その生涯と仕事１」、『イマーゴ』七（一一）、七二―七六頁

Grotstein, J.S.（1997）One pilgrim's progress notes on Frances Tustin's contribution psychoanalytic conception of autism. In：T. Mitrani & L. Mitrani（eds.）*Encounters with Autistic States a Memorial Tribute to Frances Tustin*. pp.257-290.

Kanner, L.（1943）Autisitic disturbance of affect contact. *Nervous Child* 2；217-250.（十亀史郎ほか＝訳（二〇〇一）『幼児自閉症の研究』黎明書房）

Klein, M.（1957）Envy and gratitude. WMK 3.（松本善男＝訳（一九九六）「羨望と感謝」、『メラニー・クライン著作集５』誠信書房、三―八九頁）

Klein, M.（1930）The importance of symbol-formation in the development the ego. WMK 1.（村田豊久・藤岡宏＝訳（一九八三）「自我の発達における象徴形成の重要性」、『メラニー・クライン著作集１』誠信書房、二六五―二八一頁）

Meltzer, D., Bremner, J., Hoxter, S. Weddell, D. & Wittenberg, I.（1975）*Evplorations in Autism*. Perth：Clunie.（平井正三＝監訳、賀来博光・西見奈子＝訳（二〇一四）『自閉症世界の探求――精神分析的研究より』金剛出版）

Spensley, S.（1995）*Frances Tusitn*. Routledge.（井原成男・粛藤和恵・山田美穂・長沼佐代子＝訳（二〇〇三）『タスティン入門――自閉症の精神分析的探求』岩崎学術出版社）

Tustin, F.（1981）*Autistic States in Childhood*. Routledge & Kegan Paul.

Tustin, F.（1983）Thoughts on autism with special reference to a paper by Melanie Klein. *Journal of Child Psyachotheraoy* 9 ; 119-131.

Tustin, F.（1986）*Autistic Barriers in Neurotic Patients*. Karnac.

Wing, L.（1996）*The Autistic Spectrum : A Guide for Parents and Professionals*. London : Constanble and Company Ltd.（久保紘章・佐々木正美・清水康夫＝監訳（一九九八）『自閉症スペクトル――親と専門家のためのガイドブック』東京書籍）

Winnicott, D.W.（1949）*Birth Memories, Birth Trauma, and Anxiety*.（渡邊智英夫＝訳（一九九〇）「出生記憶、出生外傷、そして不安北山修監訳児童分析から精神分析へ」、『ウィニコット臨床論文集II』岩崎学術出版社、二五一―五三頁）

ヘンリー・ダーガー

MacGregor, J.M.（1996）*Henry Darger : In the Realms of the Unreal*. Foundazione Galleria Gottardo.（小出由紀子＝訳（二〇〇〇）『ヘンリー・ダーガー――非現実の王国で』作品社）

小出由紀子・都築響一（二〇〇七）*Henry Darger's Room*. Imperial Press.

小出由紀子（二〇一三）ヘンリー・ダーガー非現実を生きる．平凡社．

Yu, J.（2005）In the Realms of the Unreal. Fox Lorber.（「非現実の王国で――ヘンリー・ダーガーの謎」（二〇〇八）〔DVD〕ジェネオンエンタテインメント）

精神分析と藝術性

Freud, S.（1907）Delusions and dream in Jensen's *Gradiva*. SE 9.（西脇宏＝訳（二〇〇七）「W・イェンゼン著『グラディーヴァ』における妄想と夢」、『フロイト全集 9』岩波書店、一―一〇七頁）

Freud, S.（1908）Creatives writer and day-dreaming. SE 9.（道籏泰三＝訳（二〇〇七）「詩人と空想」、『フロイト全集 9』岩波書店、二二七―二四〇頁）

Freud, S.（1910）Leonardo da Vinci and a memory of his childhood. SE 8.（甲田純生・高田珠樹＝訳（二〇〇七）「レオナルド・ダ・ヴィンチの幼年期の想い出」、『フロイト全集11』岩波書店、一―九七頁）

Freud, S.（1914）The Moses of Michelangelo. SE 10.（渡辺哲夫＝訳（二〇一〇）「ミケランジェロのモーセ像」、『フロイト全集13』岩波書店、一―三八頁」）

Freud, S.（1928）Dostoyevsky and parricide. SE 21.（石田雄一＝訳（二〇一〇）「ドストエフスキーと父親殺し」、『フロイト全集19』岩波書店、二八九―三一一頁）

Gosso, S.（ed）（2004）*Psychoanalysis and Art Kleinian Perspective.* Karnac Books.

Meltzer, D. & Williams, M.H.（1988）*The Apprehension of Beauty : The Role of Aesthetic Conflict in Development, Violence and Art. Clunie Press.*（細澤仁＝監訳、上田勝久・西枝恵理子・関真粧美＝訳（二〇一〇）『精神分析と美』みすず書房）

Segal, H.（1991）*Dream, Phantasy and Art.* Routledge.（新宮一成＝訳（一九九四）『夢・幻想・芸術――象徴作用の精神分析理論』金剛出版）

Stoles, A.（1955）Form in Art. In, M. Klein et al.（eds.）*New Directions in Psycho-Analysis.* Tavitock, pp.406-422.

ルネ・マグリット

ルーベル・アダット［山梨俊夫・長門佐季 訳］（一九九六）『マグリット』岩波書店

ブルーノ・ベッテルハイム［黒丸正四郎ほか＝訳］（一九七三、一九七五）『自閉症・うつろな砦（上・下）』みすず書房

アンドレ・ブルトン［森本和夫＝訳］（一九七五）『シュールレアリスム宣言集』現代思潮社

リチャード・カルボコレッシ［南雄介＝訳］（一九九七）『マグリット』西村書店

巖谷國士（一九九六）『シュルレアリスムとは何か』メタローグ

ジークムント・フロイト（新宮一成＝訳）（二〇一〇）「無意識」、『フロイト全集14』岩波書店、二一一―二五四

メラニー・クライン［村田豊久＝訳］（一九八三）「自我の発達における象徴形成の重要性」、『メラニー・クライン著作集1』誠信書房、二六五―二八一頁

Meltzer, D.（1975）*Explorations in Autism.* London : Clunie Press.

ジャック・ムーリ（二〇〇一）『マグリット』タッシェン・ジャパン

マイケル・パセ（二〇〇一）『ルネ・マグリット』タッシェン・ジャパン

ジョルジュ・ロック［日向あき子＝訳］（一九九一）『マグリットと広告――これはマグリットではない』リブロポート

Sylvester, D.（1992）*Magritte.* Thames and Eudson Limited.

Tustin, F.（1992）*Autistic States in Children (revised edition).* London : Routledge.

第六章
現代人のメンタリティ
——心的構造論、エディプス神話からの精神分析的考察

精神科、心理臨床に長年関わってきた多くの専門家は、クライアントの主訴、症状の変化に気づき、過去の症例を振り返る機会があると、時に不可解な感覚に襲われることもあります。

最終章となる本章では、第二次世界大戦後から現在までの人々のメンタリティの変遷を、精神分析の基本概念として一般に周知されているフロイトのパーソナリティの構造論、エディプス神話を用いて論じるつもりです。これに伴って、ある時代になぜある特定のパーソナリティ障害、発達障害などの精神障害が、その時代のトピックスとして臨床現場で脚光を浴びたかについても考えてみます。

心的構造論から見たメンタリティの変遷

心的構造論と内在化

フロイトはメタサイコロジーの理論として、意識、前意識、無意識という局所論から、『自我とエス』のなかで自我、エス、超自我という心的構造論を発表しました。周知のことですが、エスは本能的、欲動的なものであり、快楽原則に従います。自我はエスからの意図を満足させるだけでなく、それを現実原則に従わせて、思考過程の枠組みのなかで処理するように試みます。ある意味、自我は現実に適応する機能を有し、理性のようなものです。超自我は自我を監視するものであり、道徳心、罪悪感、理想を与えます。しかし、時に超自我からの検閲があまりに過酷なことがあり、自我はこれに苛まれて現実適応の機能が損なわれることもあります。フロイトは超自我の起源として、エディプス・コンプレックスの遺産として、両親の道徳、理想などが取り入れられ、同一化、つまり内在化されたものであるとしました。

対象の内在化という概念は超自我の形成だけでなく、虐待などで知られる世代間伝達、愛着の連続性など、他の心的領域でも認められるものになりました。特に世代間伝達に関しては、ある世代の人は一つ前の世代の常識や価値観をもった両親などの大人に養育されるために、超自我、無意識の一部には一つ前の世代の伝統が脈々と生きていることに留意することが、メンタリティの変遷を考察する際には重要です。

戦後からのメンタリティの変遷

①終戦後

一九四五年八月一五日の昭和天皇の玉音放送によって、第二次世界大戦は幕を下ろしました。「欲しがりません、勝つまでは」というスローガンは脆くも崩れ去りましたが、この禁欲主義の精神は戦後の焼け野原からの復興に大きな役割を果たしました。昭和天皇は人間宣言を発表しましたが、日本人の超自我としての役割を早急に終えたわけではありません。ご存じのように、ＧＨＱは矢継ぎ早に旧制度を破壊し、民主主義を日本に急速に根づかせようとしました。その政策として日本国憲法、民法、財閥解体、農地改革などが代表的なものでした。この時代には、飢餓という本能からの叫びも顕著であり、我慢という超自我と食欲というイドからの衝動に、自我は必死に全精力を傾けて我慢して働くという適応行動に向かわざるをえませんでした。権威の失墜にいち早く気づいた人々のなかには、戦後のどさくさに紛れて巨万の富を獲得した人もいましたが、ほとんどの人は貧困という宿敵に果敢に挑んだ時代でした。

一九四六年、ルース・ベネディクトの『菊と刀』が出版され、戦前の日本人のメンタリティを論じています。ベネディクトは繊細な菊作りを愛で、その一方で刀による武力を崇拝するという二面性を指摘し、義理・恩・恥に関して論じました。外的な評価や批判を怖れる日本を「恥の文化」、西洋を「罪の文化」として位置づけて論じました。これは超自我的な観点からすれば、日本人には「世間様に申し訳が立たない」といったように至るところに自分を監視する超自我が存在し、逸脱行動を嫌い、集団行動をすることを好むと説明しています。こうした意識は戦後の混乱期もある一定の秩序が保たれていたことを説明するものです。この日本人論は、当時の日本人のメンタリティを知るためだけでなく、対人恐怖、自己臭妄想など日本人に特有の精神病理を語る際にも重要な概念でした。

②復興期

戦後のＧＨＱの支配によって、諸制度は抜本的な改革が行なわれました。一九五一年、サンフランシスコ講和条約、日米安全保障条約が締結され、再び日本は独立国になりました。こうした社会構造の変化は天皇制、家長制度という権威が崩壊し、それに伴いメンタリティの変化が漸次的、必然的に起きました。つまり、人々にとって無意識には依然として権威が存在していましたが、それが少しずつ脆弱化しつつあり、食糧難の深刻さも少しずつ影を潜めつつあった時代でした。過酷な超自我、飢餓から生じる強烈なイドは緩和され、自我が自由を謳歌しはじめることが可能な時代となってきました。

権威の崩壊の最も顕著な実例は、一九六〇年の安保闘争から始まる学生運動でしょう。戦中、戦後生まれの若者は、天皇、家長といった権威が崩壊した混乱期に育ち、戦前の価値観から解放された世代でした。学生運動に関して、土居は「学生運動と桃太郎」において甘えという観点からも論じています。甘えは母子関係の概念であり、土居は自己愛という観点から論じていますが、これは赤ん坊の叫びとそれをあやす母親、背後にいる父親というエディプス的観点から論じたほうが明確になるかもしれません。赤ん坊の叫びというイドが優位になったものの、母親という自我、父親という社会秩序である超自我も健全でした。その結果として、必死に学生運動を行なっていたほとんどの学生は一流企業に就職して、企業戦士となり高度成長期の日本の経済を支えました。学生と社会人という区分は明確であり、今まで許されることのなかった父親や社会への反抗でしたが、それは一時のもので、健康な自立への過渡期とみなすことができます。

この後に、このメンタリティを背景にする精神疾患が境界例パーソナリティ障害（以下、境界例）です。境界例に関しては、多くの著書や論文が枚挙なく今も出版され、多彩な方向から言及されており、一九七〇年代から精神医学、臨床心理領域での大きなテーマでした。境界例の臨床像を簡潔に述べるとすれば、両親あるいは権威に関する過剰な反抗や破壊行動と、その一方、時に極端にまでの罪責感であり、その熾烈なまでの行動が長期間に及び継続することでしょう。このメンタリティは、ある意味、学生運動に関わった学生と同じものであると思われます。つまり、権威に猛然と反抗し、時に学生運動のセクトで行なわれた自己批判と称される懲罰的な自責行為などからすれば、本質的に同じものとみなせるでしょう。ただし、境界例との大きな相違はその持続期間であり、現実見当識の問題だけです。

③高度成長期

一九六〇年以後、日本は高度成長期に入ります。それは右肩上がりの経済成長の時代であり、多くの人は自らの階級を中流階級に属すると答え、「一億総中流」でした。人々は働けばそれだけ収入が増え生活は楽になり、三種の神器と言われたテレビ、洗濯機、冷蔵庫という購買欲も高まり、焼け野原から次々と新しい建物、道路、新幹線に代表される鉄道などが公共事業によって整備されていきました。一九七二年に内閣総理大臣に就任した田中角栄が発表した日本列島改造論はこの時代の象徴であり、公共事業への過大な期待が現実であるかのように信じられました。

この時代の働き盛りの人々は戦中戦後世代であり、この人たちには「働かざるもの食うべからず」といった戦後の食糧難の時代の戒めが意識、無意識を問わず存在していたために、労働環境、時間などは過酷を極めましたが、それに伴う収入の上昇が大きな報酬となりました。これは超自我からの解放と、自我の謳歌の時代と言える変化であり、多くの人々は時代に適応していました。人々は飢餓の恐怖から脱し、未来を信じることができるようになりました。軽度の知的障害や自閉症のこどもたちにも、大企業にも単純作業、その下請けの町工場など地域に十分な受け皿もありました。この時代に生まれ育った人々の生年は昭和三〇年代から四〇年代であり、両親からの精神的な影響を無意識的に受けながらも、現実的には就職には苦もなく、適応できるという時代の恩恵を受けました。つまり、社会に出ることは困難がなく、大きな挫折もなく自立することができたために、自我は脆弱化の傾向に向かい、これは次のバブル期のメンタリティの特徴となりました。

この時代背景のメンタリティの病理性の展開は、境界例に次いで注目された自己愛パーソナリティ障害でしょう。これは肥大化した自我であり、社会との関わりによって挫折しないために必死の試みを行ないます。この時代は、就労場所など難なく探すことができ、こうした自己愛傾向のある人々もある程度適応することができました。

この時代のメンタリティの影響を最初に受けたのはこどもたちだったように思います。一九七〇年代より不登校という問題が教育、臨床現場で社会問題となりはじめました。これはこどもの自己愛の傷つきやすさを示し、他者との関わりを拒否して自らの世界に引きこもることになりました。この不登校に大きな拍車をかけたのは、一九八三年に発売されたファミリーコンピュータのように思いますが、少子化とともにこどもの遊びにも大きな変化を起こすことになりました。ある意味、ファミコンはこの時代の無意識を現実化したものであり、ゲームというヴァーチャルリアリティの世界では不死であり、自己愛を満たすことが自由自在にできることになりました。このヴァーチャルな世界は今も形を変え、コンピュータ、携帯電話においてもさらに展開されています。

④バブル期

一九八六年から一九九一年までが経済学上のバブル期であり、それはインフレによって余った資金が不動産、株式、ゴルフ会員権などに注ぎ込まれた時期です。この時代になると、現実的に頑張ること、真面目に働くことは愚かであり、株や不動産投資などによって、いかに労力を使うことなく、楽に金を稼ぐかということが賢い生き方であるとされました。人々には飢餓の恐怖などといった生命を脅かす可能性すら意識することなく、無意識を担うべき両親世代も甘い現実を生きた世代でした。そのために、超自我は痕跡すらなくなり、現実適応という自我も脆弱になり、イドが優位の時代となりました。

この時代のメンタリティの特徴を引き受けた疾患が解離性障害であり、臨床の表舞台に現れてきました。多重人格のように次々と異なる自我が出現し、外的要因であるストレスがトラウマとして大きくクローズアップされてきました。これはピエール・ジャネの症例のように悲惨な生育歴をもつ女性たちのトラウマではなく、些細なことも含めてトラウマと主張する患者群が目立つようになりました。これは自我の脆弱性に起因し、その原因を外部に見つけ出すという他罰主義的傾向を導くことになりました。これはメンタリティの大きな変化であり、自責的になることなく他罰的になり、抑うつ感に耐えることなく解離に陥ることになりました。

⑤バブル崩壊後

バブルが崩壊すると、長期景気低迷期になり、派遣労働者、ワーキングプアという社会現象が未だに新聞の紙面を騒がせています。既述しましたが、一九八〇年以後に生まれたこどもたちはゲームの洗礼を受け、時には虜になり、現在も多彩なゲームによって多くのこどもたちの遊びは変化しました。対人関係は希薄になり、自我の脆弱性はますます悪化したように思います。これは不登校、引きこもりの症状の遷延化に大きな役割を果たしている一因だと思います。すでに超自我の崩壊と自我の脆弱性を認めていましたが、飽食の時代、デフレ時代に育ったこどもたちはイドとしての物欲、性欲など満足を見つけることのできる領域にすら関心がなくなりました。この結果、現実社会での些細なストレスですら、心的構造によって処理されることなく、そのまま現実世界に投影され、他罰的、被害的なメンタリティを形成することになったように思います。

この時代の適応例は「草食系男子」と言われる若者像のように思います。こうした若者の特徴は恋愛への関心に乏しく、物欲や性欲に乏しく、心優しく、人を傷つけたり傷つけられたりすることが苦手で、表面上の対人関係は良好ですが、深く親密な人間関係を好みません。これは、超自我、自我、イドの脆弱化であり、こじんまりとまとまった趣味の世界を大切にする小市民的生活を望むことに繋がったのではないでしょうか。

この病理的な展開の帰結が、いわゆる新型うつ病です。その特徴として、軽度な抑うつ感、他罰的、仕事以外の日常生活の維持、薬物療法の効果が乏しいなどが挙げられます。また、病休、休職などへの罪悪感に乏しく、大きな問題を起こすことなく、時に引きこもりへと移行することもあります。

さらに、発達障害もこの領域にあります。従来、学校で問題を起こすこどもは家庭の躾が悪かったためとされ、親が責められていました。この極端な例は一九七九年に名古屋の精神科医である久徳重盛が発表した「母原病」で、こどもの身体的あるいは精神的な病気の多くは、養育上の問題に起因するというものです。発達障害という概念に含まれる極端な見解は、こどもの問題は先天的、あるいは偶発的な新生児期の事故であり、両親の養育に問題がないというものです。発達障害が今の時代のトレンドとなっているのは、自責の文化から他責の文化となったからのように思います。二〇年ほど前には、障害児と言われて「家はそんな家系ではありません。障害ではなくて、自分の育て方が悪かったんです」と涙ぐむ母親もいました。この数年、虐待をしているに違いないと思う親からの「この子は発達障害なので、私は困っているんです」という訴えが多くなっていることは困ったものです。

⑥現在

現在の長期に及ぶデフレ傾向、雇用状況が継続するなか、多くの若者にとって就労困難な状況が続いています。バブル崩壊後、一時的と思われていた経済状況は永続的な悪循環のスパイラルにはまり込んだことを実感しなければならない時代になりました。今年、成人を迎えた若者は生まれてからずっと右肩下がりの時代を生きていたことになります。大学は専門学校化し、就職、キャリア支援という科目が重視され、資格を取得すること、「正社員」ということが重要になっています。この時代になって、初めて戦後の人と同じように「働かなければ食っていけない」という現実に遭遇し、超自我がわずかながらでも強化されることになったように思います。しかし、自我は脆弱なままであり、イドもすでに枯れ果てている印象です。

その結果、「働かなければならない」という超自我、「今までのように働かなくても大丈夫かもしれない」というイドが葛藤を起こすようになりましたが、自我にはその調整能力はなく、身体表現性疾患（ヒステリー）が増えてきたという印象があります。

エディプス神話とメンタリティ

エディプス神話

今さらながらですが、フロイトは父の死に際して、自らの父親殺しの願望に気づき、この源をエディプス神話に見出しました。これは古今東西、人類に普遍的な空想であり、フロイトは一連の空想の流れをエディプス・コンプレックスと命名しました。これは精神分析の中核となり、精神分析の創成期にはエディプス・コンプレックスの徹底操作が精神分析の目的であると考えられました。エディプス・コンプレックスが紀元前五世紀にギリシャで活躍したソポクレスの『オイディプス王』の内容に起源をもっていることは周知のことです。また、エディプス・コンプレックスは精神分析という臨床の枠組みを超えて、社会、文化を論じる際に重要な概念となりました。

フロイトが論じたエディプス・コンプレックスの概念は父親殺しのみに焦点を当てていますが、シュタイナーは目を潰してテーバイの国から脱出するエディプスについて詳細に語っています。フロイトのエディプスに関する抜粋は全体のエディプス神話からすれば一部に過ぎません。ここでは、エディプス神話全体から考察するために、エディプス神話の概略をここに記載します。

エディプスの呪いは、父親ライオスが男色に興じてしまい、アポロンの怒りを買ってしまったことに起因しています。エディプスはライオスと王妃イオカステの間に生まれた嫡男でしたが、アポロンの神託によってライオスはエディプスを殺害することを決心します。この際、エディプスの踵を釘で刺し、家来に渡してキタイロンの山中に置き去りにするよう命じました。幸い、エディプスは羊飼いによって一命を取り留めます。隣国コリントスの王ポリュボスとその妻メロペーにはこどもがなく、羊飼いは男児を二人に渡しました。踵が腫れていたため、ポリュボスとメロペーは男児をエディプス（腫れた足）と名づけました。エディプスは青年になったときに、アポロンから父親を殺すという神託を受け、コリントスを去ることになりました。その後、ポーキンスの三叉路で、スフィンクス退治に向かうライオスに遭遇し、本当の父親とは知らずに殺害してしまいます。エディプスはスフィンクスを退治し、テーバイの国王として、実母とは知らずイオカステと結婚し、二男二女をもうけました。

テーバイに疫病が蔓延したときに、戯曲『オイディプス王』の幕が開きます。その結果、エディプスが実父ライオスを殺害した真犯人であることが判明し、イオカステは自害し、エディプスは目を潰してテーバイの国を去ることになりました。この後のエディプスの顚末は『コロノスのオイディプス』に記載されています。娘アンティゴネーに連れられて諸国を転々とし、自らの運命を悟りコロノスの地に落ち着きます。ここでテーバイの王である叔父テセウスから帰国することを勧められ、息子ポリュネイケスから支援を求められますが、これを拒否し、この地で守護神として亡くなることを決心します。エディプスは神と和解し、自らの行動は運命の悪戯に過ぎず、自分に一切の責任はないと断言します。エディプスの娘、息子たちの顚末は『アンティゴネー』に記述されています。父の死後、アンティゴネーはテーバイに帰国しますが、テーバイを追放されていた兄ポリュネイケスは隣国の助けを借りて、テーバイの王位を奪還するために軍を進めます。これに関しては、アイスキュロス『テーバイ攻めの七将』に記述されています。しかし、テーバイの七つの門に攻め寄せた軍は悉く打ち破られ、ポリュネイケスは弟エテオクレースと城外で一騎打ちをして、双方ともに相討ちで戦死してしまいます。クレオンは反逆者の屍を葬ることを禁じましたが、アンティゴネーは自ら城門を出て、市民たちの見ている前でその顔を見せて兄の死骸に砂をかけ、埋葬の代わりとしました。そのためアンティゴネーは、クレオンによって死刑を宣告されます。アンティゴネーは牢で自害し、その婚約者であったクレオンの息子ハイモーンもまた自刃してしまいます。エディプスの父親殺しは因果関係のあるものであり、エディプス神話のなかのひとこまであり、エディプス神話全体から、戦後からのメンタリティの変遷を考察するマテリアルとして見ることができます。

エディプス神話から見たメンタリティの変遷

エディプスの観点からすれば、戦後の焼け野原は両親から命を奪われるかもしれず、踵に釘を打ちつけられ、命からがら偶々の好機によって生き延びたエディプスそのものとみなすことができます。戦後の混乱期は、天皇は神であり、神国日本は決して戦争に負けないという信頼感は一気に崩れ去りました、これは赤子であるエディプスの心情であり、本来テーバイの王子として生まれたにもかかわらず、実の両親に裏切られて、山中に遺棄されたことと同じことです。踵に打ちつけられた釘は、広島、長崎への原爆のようであり、これは未だに戦争の大きな傷となっています。エディプスはコリントスで健康な幼児期を過ごし、青年として成長します。コリントスはギリシャ時代から有数の商業都市であり、繁栄を極めました。この養育環境は天皇という権威から、新たな権威である民主主義、資本主義へ、戦後の復興期から高度成長期へと歩んだことに当てはまります。

しかし、エディプスはコリントスから旅立ち、偶然にも父親殺しを行なってしまいます。エディプスの近親姦願望から語られるエディプス神話ですが、エディプスは赤ん坊の頃に殺されようとした事実に基づく恨みをライオスに向けて発したとしても不思議ではないかもしれません。バブル期にはある意味、すべての権威は具体的な貨幣という経済活動に置かれ、そこには天皇という過去の権威、新たな民主主義という権威も崩壊した秩序なき時代です。

高度成長期の後期からバブル期まで、多くの人々は忍び寄るバブル崩壊の足音を知ることなく、「一億総中流」という幻想を信じていました。テーバイの市民も疫病が本格的に流行る前までエディプスの治世を安定し、繁栄した時代と感じて暮らしていました。バブルは崩壊し、これはエディプスの疫病そのもののように思います。バブルが崩壊すると、バブルの紳士たちはエディプスのように罪人として裁かれました。エディプスはその後、諸国を転々とし、コロノスに終の棲家を見つけ、自らの罪はないと主張し、コロノスで劇的な最期を迎えます。これは現代の引きこもりの若者、新型鬱病の人たちの訴えと類似し、自分が悪いわけではなく社会、学校、上司が悪いと主張しているかのようです。また、エディプスの神となってコロノスの守り神となるという万能的な空想は、引きこもりの若者たちが浸る万能的で、「明日はスターになれる」「有名な小説家になれる」などといった非現実的な空想のようです。その後のテーバイの国は、エディプスの二人の息子が交互に王となる約束でテーバイの治世を行ないました。しかし、その治世は乱れ、二人の息子は戦い、互いに討ち死にしてしまいます。バブル崩壊後、内閣は次々と変わり、政権交代もありましたが、乱れた政情は乳幼児願望を満たしたという見方もできるかもしれません。テーバイの国は滅びましたが、時代は廻り廻るものです。おそらく、私たちのメンタリティは次には超自我の時代となり、これは権威を必要とする時代を意味し、右傾化した時代となりつつあるようにも思います。維新という用語が流行りだしたのは、これらが理由に違いないと思います。

さいごに

フロイトの構造論、エディプス神話から戦後からのメンタリティを論じました。精神分析はフロイトの生きた時代の裕福なユダヤ人の社会、常識の影響を受けています。これは厳しいユダヤ人の戒律を堅持し、それに従った生活を過ごすことにありました。つまり我慢、フロイトの用語で言えば「抑圧」が当然の時代でした。精神分析の自由連想法という技法は五〇分間、顔の見えないセラピストを相手に語るものです。真っ白なキャンバスに課題なく自由にこころの情景を描くという過酷なもので、この技法を受け入れることのできるのは、こころに健康な一面を有する限られた人です。その結果として、精神分析では自己洞察、内省といった治療目標が成り立ちました。精神分析が当初、抑圧の問題を中心に展開したのは、フロイトの背景からすれば当然の結果でした。その後、クラインはフロイトの父子関係から早期母子関係に関心の中心を移し、神経症から精神病の心的世界を明確にしました。ここには、原始的防衛、特に「投影同一化」が展開する世界に焦点を当てました。これは赤ん坊の欲求不満の泣き声、発散そのものであり、バブル期以後の一般の人々のメンタリティの中心となってしまったように思えます。つまり、「投影同一化」は原始的な防衛機制でなく、私たちのメンタリティは飽食に紛れることによって、より乳幼児的な精神性に陥ったと言ってもいいのかもしれません。こうした時代にあって、精神分析が従来の洞察といった治療目標をもつことは困難な時代になってきています。それはメンタリティの変遷から考えれば至極当然なことで、技法の変更などが活発に語られている理由となっています。しかし、デフレという不景気の時代が長引くにつれて、時代は巡り、もう一度、私たちに洞察や内省が必要な時代になりつつあるようです。

❖文献

ルース・ベネディクト＝著、長谷川松治＝訳（二〇〇五）『菊と刀』講談社学術文庫

土居健郎（二〇〇七）『「甘え」の構造 増補普及版』弘文堂

Freud, S.（1923）The ego and the id. SE 18.（道籏泰三＝訳（二〇〇七）「自我とエス」、『フロイト全集18』岩波書店、一―六二頁）

Klein, M.（1946）Note on some schizoid mechanism. *International Journal of Psychoanalysis* 27. WMK 3.（狩野力八郎・渡辺明子・相田信夫＝訳（一九八五）「分裂的機制についての覚書」、『メラニー・クライン著作集 4』誠信書房）

小此木啓吾（二〇〇二）『現代の精神分析』講談社学術文庫

ソポクレス＝著、藤沢令夫＝訳（一九六七）『オイディプス王』岩波書店

ソポクレス＝著、呉茂一＝訳（一九六一）『アンティゴネー』岩波書店

ソポクレス＝著、高津春繁＝訳（一九七三）『コロノスのオイディプス』岩波書店

Steiner, J.（1993）*Psychic Retreats : Pathological Organizations in Psychotic, Neurotic and Borderline Patients.* London : Routledge.（衣笠隆幸＝監訳（一九九七）『こころの退避――精神病・神経症・境界例患者の病理的組織化』岩崎学術出版社）

あとがき――精神分析は「光の帝国」の街灯になりえるか

本書は『臨床心理学』誌に掲載された連載に加筆修正を行い、その後の新しい論文を付け加えたものです。これは元々、クライン派の精神分析理論を論じたもので、こどものこころの発達を入門講座としてわかりやすく論じたものです。これに『色彩を持たない多崎つくると、彼の巡礼の年』論とエディプス状況から論じた現代社会論を加えると、こどもにだけ語っているわけではなくなったことを受け、『こころの発達と精神分析――現代藝術・社会を読み解く』としました。

ここで取り上げた現代藝術作品について、読者の皆さんは私のお気に入りかと思われるかもしれません。しかし、こうした作品に、私のこころが大きく動かされたわけではありません。ある意味、大きく感動することなく、ほどよい距離感があるように感じます。たとえば、「千と千尋の神隠し」は、たまたま珍しく夏の終わりに暇な日があり、ポスターに魅かれて観たものです。二時間を超えるものの寝ることもなく面白い作品でしたが、それ以外の宮崎駿監督の作品を観たことはありません。その数週後の集中講義でネタ切れになり、これによって私はこの作品の精神分析的な解読を行うことになりました。一晩、酔った頭で考えながら、「こういうことか！」と全体の脈絡が繋がったときには夜明け前でした。

村上春樹氏の小説は大学生の頃、『羊をめぐる冒険』を読んで以来、その後の作品をほとんどすべて読んでいますが、特別なファンというわけではありません。ただし、『海辺のカフカ』はエディプスを巡る著作であり、本書を読みながら、大枠の精神分析的な理解が同時に浮かんできたものです。二つのコードの意味がわかれば、難なく解けるパズルのようだと思いました。フロイトは精神分析をチェスに喩えていますが、私のこうした試みは私なりの詰将棋のようなものです。

こうした数年に一度、藝術に関する論文を書くという営みの結果、完成したのが本書です。こうした作業はある意味、とても面白い作業であり、臨床のような切迫感も責任もないために、私にとって「あそび」というか、プレイの領域の楽しみとなりました。

誤解してほしくないのは、本書で記述した私の精神分析的な解読は、あくまでも「私論的試論」ということです。これを面白いと思い納得できる読者もいれば、自分はそうではないと考える読者もいるでしょう。こう理解すべきであると反論していただければ、とても光栄なことです。

一方、こうした距離感がなく、私のこころが大きく動かされたのは、中学生のときの美術の教科書に掲載されていた興福寺の阿修羅像でした。この教科書の阿修羅像の写真は、当時の私の背景に大きな要因があったのですが、私を魅了しました。

興福寺の阿修羅像を、高校一年生のときに学校をさぼって、遠路はるばる奈良まで、一人で見に行きました。当時の興福寺の宝物館は薄汚れた公民館のような建物で、そこに阿修羅像だけ経年劣化したかのようなガラスケースに収められていました。ちなみに他の有名な塑像はその周囲に無防備に陳列されているだけでした。しかし、阿修羅像は想像していたものより遥かに華奢で、理想は完璧に崩壊し、その場で立ち尽くしてしまいました。遥か昔のことですが、この視覚的記憶は今だに鮮明なものです。さらに追い打ちをかけたのは、阿修羅像は天平時代の美と言われていますが、それは運慶たち奈良仏師による修復後のお姿であるという事実を、そこの掲示板の説明で知りました。これにも大きなショックを受け、そのときまで天平の美と信じていたものは、鎌倉時代の運慶による修復、特に有名なその顔貌は運慶作と言っても過言でないものだということでした。このときの体験は、誰に話すこともなく、失望というより、絶望といった感じだったようです。救いだったのは、無著像という運慶の傑作がありますが、これも手に触れる位置にあったことでした。この繊細で落ち着いた感じの像にしっかりと受け止めてもらえたように感じました。この無著像がなければ、何処までも落ちつづけたのかもしれません。

このことについて、一切考えることなく、数年が経過しました。暇だらけの大学生活のあるときに、何気なく阿修羅像と無著像を再度、見に行きました。そこでの背景は記憶にありませんが、そのときの阿修羅像は優美で寛容な微笑みを浮かべる仏さまでした。私は感動とは言えませんが、とても優れて繊細な美を見たような気がしました。その後、数回におよび阿修羅像を見ましたが、そのときの思いと変わりないものです。

ここでの体験は、クライン派的に言えば理想化の崩壊、ウィニコット的に言えば錯覚から脱錯覚（幻滅）ということになるでしょう。しかし、阿修羅像という美は、完璧ではなくなりましたが、統合されたほどほどの美になったのでしょうか。この際、無著像という第三者の存在が重要でした。理想的な母子関係、その崩壊、そして父親の存在といった関係に集約できるかもしれませんが、こうした一見簡単なこころの動きにも、大きな心的疼痛を伴うものだと感じています。これはチェスでも、詰将棋でもなく、情緒に焦点を当てた臨床での営みということになります。ここには熟成のための時の経過が必要で、一朝一夕で為されることではないようです。

これと同じ頃、私はマグリットの絵画が大好きでした。マグリットを論じた章でも書きましたが、マグリットは精神分析的侵入を好まない人でした。ほとんどのシュルレアリストが精神分析に魅了されるなか、マグリットは孤高なポジションを維持していました。恒常的な日常生活と同じアイテムが繰り返される作品、アトリエ・キッチン、山高帽とネクタイといった装いのマグリットは、思春期という必然的に変わらなければならない時期に、この怒涛の思春期の激流においても変動しないこと、変化しないことをサポートしてくれたように思います。マグリットの絵画は、ちょっと奇妙かもしれませんが、私に大きな安心感を与えてくれます。

さて、いささか個人的なことを書きすぎた感がありますが、本書をこの猛暑のなかにまとめることができたことに安堵しています。本書は精神分析に専門家や関心のある人だけでなく、現代藝術、映画や文学など文化に関心のある人にも読んでいただければ幸いなことです。

最後になりますが、この本書のほとんどの内容は、白百合女子大学大学院・臨床心理士コースの精神分析の概論として講義で語っているものです。興味深くこの講義を聞いてくださった大学院生には、時に刺激や不明点を明確にしていただきました。また、私の苦手とする参考文献の整理については、白百合女子大学大学院博士課程の根本泰明さんにご尽力いただきました。最後に、金剛出版の藤井裕二さんの卓越した編集によって、本書が出版できたと思っています。こうした皆さんや、日々の臨床を支えてくれる大学やクリニックのスタッフ、何より私に日々臨床を豊かにしてくれるクライアントのこどもたちに、こころより感謝申し上げます。

令和元年　猛暑の中　荒木町にて

木部則雄

索引

人名

A-Z

あ

[著者略歴]
木部 則雄 | きべ のりお

白百合女子大学人間総合学部発達心理学科教授、こども・思春期メンタルクリニック。精神保健指定医、日本精神神経学会精神科専門医。京都府立医科大学卒業。聖路加国際病院小児科、帝京大学医学部付属病院精神神経科、タヴィストック・クリニック児童家族部門留学を経て、現職。

主要著訳書 『こどもの精神分析――クライン派・対象関係論からのアプローチ』(単著・岩崎学術出版社［2006］)、『こどもの精神分析II』(単著・岩崎学術出版社［2012］)、デビット・テイラー『トーキング・キュア――ライフステージの精神分析』(監訳・金剛出版［2013］)、マーガレット・ラスティンほか『発達障害・被虐待児のこころの世界――精神分析による包括的理解』(監訳・岩崎学術出版社［2017］)、ドナルド・メルツァーほか『こどものこころの環境――現代のクライン派家族論』(訳・金剛出版［2018］)、『精神分析／精神科・小児科臨床セミナー 総論――精神分析的アセスメントとプロセス』(編著・福村出版［2019］)、リサ・ミラーほか『乳幼児観察入門――早期母子関係の世界』(監訳・創元社［2019］)ほか多数。

こころの発達《はったつ》と精神分析《せいしんぶんせき》

現代藝術《げんだいげいじゅつ》・社会《しゃかい》を読《よ》み解《と》く

2019年10月30日 印刷
2019年11月 5 日 発行

著者――――木部則雄
発行者――――立石正信
発行所――――株式会社 金剛出版
〒112-0005 東京都文京区水道 1-5-16 電話 03-3815-6661
振替 00120-6-34848

印刷・製本 三協美術印刷 装丁 戸塚泰雄（nu）

ISBN 978-4-7724-1730-3 C3011